Der
BESTE
MOMENT
deines LEBENS

100 REISEN, DIE DEIN LEBEN VERÄNDERN

VORWORT

Was war der beste Moment deines Lebens? Das ist nicht leicht zu beantworten. Im vergangenen Jahr stellte ich diese Frage vielen Menschen, die den Erdball bereist haben, und musste oft geduldig auf eine Antwort warten. Aber jede einzelne Antwort – mit Bedacht aus einem reichen Schatz an denkwürdigen Momenten ausgewählt – war das Warten wert.

Die Zuschriften, die ich erhielt, waren so unterschiedlich, dass es eine Herausforderung darstellte, daraus die 100 beeindruckendsten Momente für dieses Buch auszusuchen. Was ich mit meiner Auswahl vermitteln will, sind die schier unendlichen Möglichkeiten, wie Reisemomente das Leben positiv beeinflussen können. Jede der beschriebenen Erfahrungen ist in ihrem Verlauf und ihrer Auswirkung auf den Autor (zu lesen im Abschnitt »Der Moment«) so einzigartig wie das Leben selbst. Der beste Moment kann dabei so einschneidend sein, dass er das Leben, wie im Fall meiner ersten Indienreise (Seite 8), buchstäblich in ein Davor und Danach teilt: Am Ufer des Ganges begriff ich, dass die größte Tragödie meines Lebens nicht etwa im Sterben besteht – sondern darin, nicht mit Lebenslust zu leben. Auch der Schauspieler, Regisseur und Schriftsteller Andrew McCarthy erfuhr diesen klaren Schnitt in seinem Leben. Er erfuhr den besonderen Moment während einer Wanderung auf dem nordspanischen Jakobsweg (Seite 36). Doch statt mit Freude und Erleichterung war der Moment mit Tränen und Schmerz verbunden. Interessant ist auch, dass Andrew die Tragweite des Moments nicht sofort, sondern erst am folgenden Morgen bewusst wurde. Andere »beste Momente« im Leben markieren eindeutige Höhepunkte bei sportlichen oder abenteuerlichen Erfolgen – sei es eine Besteigung des Half Dome im Yosemite-Nationalpark (Seite 60), eine 11 000 Kilometer lange Radtour rund um das Mittelmeer (Seite 80) oder der Beweis dafür, dass Kinder zu haben kein Hindernis für Abenteuerlust darstellt (Seite 84). Katalin Thomanns besonderer Moment auf ihrer Tibetreise bestand darin, die wahre Liebe zu finden (Seite 42). Der familiäre Zusammenhalt ist für die meisten von uns der Schlüssel zum Leben, weshalb er auch bei unseren größten Momenten im Leben eine wichtige Rolle spielen kann. Für Cristian Bonetto zum Beispiel war dieser Moment eine Reise ins ägyptische Alexandria, wo seine Mutter aufgewachsen war. Hier sah er die Stadt, die er aus unzähligen Erzählungen seiner Mutter kannte, zum allerersten Mal mit eigenen Augen und entdeckte noch dazu eine ganz neue und wunderbare Seite an der Frau, die ihn großgezogen hatte (Seite 12).

Auch in die eigene Geschichte oder in die anderer Menschen einzutauchen, kann einen Lebensmoment bedeutungsvoll machen. Etwa wenn man bei einem historischen Ereignis dabei ist wie Duff Battye, der Nelson Mandelas erste Rede in Freiheit miterlebte (Seite 22), oder wie Emma Thomson, die sich beim Erkunden der Königspyramiden von Meroe im Sudan (Seite 90) in eine längst vergessene Zeit versetzt fühlte. Die Kraft und Würde wild lebender Tiere zu spüren – sei es bei der Begegnung mit einem Berggorilla (Seite 62), bei der lang ersehnten Sichtung eines Tigers (Seite 92) oder beim flüchtigen Anblick eines Schneeleoparden (Seite 208) –, kann ebenfalls einen bleibenden Eindruck im Leben hinterlassen. Das trifft auch für Erlebnisse, in denen man Zeuge der Schönheit und schieren Größe unseres Planeten wird. Der unermessliche Kosmos, erhabene Wüstenlandschaften, kalbende Gletscher oder funkelnde City-Skylines: Das alles kann zum Erlebnis eines besten Moments im Leben beitragen. Je weiter der Horizont, umso deutlicher nehmen wir unseren wahren Standort auf der Erde wahr. Wie Adrian Phillips (Seite 195) es treffend formuliert: »Es mag seltsam klingen, aber nichts ist so befreiend und berauschend wie die tiefe Erfahrung der eigenen Bedutungslosigkeit.« Oft sind es auch Begegnungen mit unseren Mitmenschen, die zu Sternstunden des Lebens werden können. Sich anderen zu öffnen – und sei es auf Kosten der ausgefeiltesten Reisepläne kann ungeahnte Belohnungen einbringen: »Hier, im Moment zu leben – das ist das Geschenk«, wie mein Vater immer sagt.

Matt Phillips

NORD-
AMERIKA

SÜD-
AMERIKA

Nordpazifik

Südpazifik

Nordatlantik

Südatlantik

Kultur

Abenteuer

Tierwelt

Geschichte

Reisen

Umwelt

Atlantischer Ozean

EUROPA

ASIEN

AFRIKA

Nordpazifik

AUSTRALASIEN

Indischer Ozean

INHALT

1

DAS LEBEN AN DEN UFERN DES GANGES ENTDECKEN

VARANASI, INDIEN

Sadhu im Ruderboot
auf dem Ganges
in Varanasi

Unten: Wenn sich die Hindus
auf den Stufen des Ganges
versammeln, wird es eng

Ich wollte zum ersten Mal im Leben allein verreisen und ich hatte insgeheim Angst, es nicht wieder nach Hause zu schaffen. Es zog mich nach Indien, einen Rucksack mit 300 Injektionsnadeln auf dem Rücken. Ein paar Wochen vorher hatte ich gelernt, mir pünktlich wie ein Uhrwerk alle zwölf Stunden Blutverdünner in den Bauch zu spritzen. Trotz meiner übergroßen Angst vor dem Tod war ich sicher, dass ich reisen musste. Ich war ein erfolgreicher junger Geologe, aber unzufrieden mit meinem Leben, und hoffte, dieses Soloabenteuer würde den Kick bringen, den meine Seele brauchte.

Ich landete in Varanasi, der wohl faszinierendsten Stadt Indiens. Für Hindus ist sie ein besonders heiliger Ort zum Sterben (und vom Kreislauf aus Geburt, Tod und Wiedergeburt befreit zu werden), weshalb unzählige indische Pilger gegen Ende ihres Lebens hierher kommen. Leichen zu sehen, ist hier völlig normal – die erste von vielen wurde Minuten nach meiner Ankunft an mir vorbeigetragen. Die Straßen waren voll mit Leben und Armut und all den Bildern, Gerüchen und Geräuschen, die damit einhergehen. Die Intensität der Eindrücke übertraf alles, was ich mir vorgestellt und jemals erlebt hatte.

Doch als ich das Westufer des Ganges erreichte und über die brennenden Scheiterhaufen auf die grasbedeckten Auen des anderen Ufers blickte, erfüllten mich Frieden und Ruhe.

Von Matt Phillips

Pilger waschen
sich im Fluss von
ihren Sünden rein

Der Moment

Am Ufer des Ganges erlebte ich Leben und
Tod hautnah und wusste im selben Moment,
dass ich in Zukunft nicht nur Indien, sondern
auch mein Leben lieben würde. Meine wich-
tigste Erkenntnis? Die größte Tragödie ist
nicht das Sterben, sondern nicht zu leben.
Ich hatte recht: Der ängstliche junge Geologe kam nie wieder nach Hause. Ich schon.

Der Weg dorthin

Varanasi, eine der ältesten durchgehend
bewohnten Städte der Welt, entstand wahrscheinlich im 12. Jahrhundert vor Christus.
Erst knapp 2000 Jahre später gewann
Varanasi als spirituelles Zentrum an Bedeutung, als dort der indische Theologe
Shankaracharya die verschiedenen Glau-
bensrichtungen des Hinduismus vereinigte.

Leichenfeuer gibt es hier seit Jahrtausenden,
und sie brennen ununterbrochen. Die Pilger
kommen, um zu sterben und am Manikarnika
Ghat eingeäschert zu werden, aber auch,
um sich im Ganges von ihren Sünden rein-
zuwaschen und dem Fluss zu huldigen.
Am eindrucksvollsten ist der Besuch bei
Sonnenaufgang, wenn der Fluss und die
ghats (zum Wasser hinabführende Stufen)
im Morgenlicht schimmern, und in der
Dämmerung während des Ganga-Aarti-
Rituals am Dashashwamedh Ghat. Hierbei
werden für die Göttin Ganga unzählige *diya*
(Tontellerchen) mit Blumen und einer Kerze
aufs Wasser gesetzt. Der Anblick der leuchtenden Opferschalen, die im Dunkeln den
Ganges hinuntertreiben, ist unvergesslich.
Varanasi ist aus ganz Indien per Zug, Bus
und Flugzeug gut erreichbar.

2

EINE ÄGYPTISCHE HEIMKEHR

ALEXANDRIA, ÄGYPTEN

In Australien lauschte ich als Kind gebannt und voller Fernweh, wenn meine italienische Mutter von ihrer Kindheit in Ägypten erzählte, wo sie bis zum Ausbruch politischer Unruhen im Jahr 1967 gelebt hatte. In ihre Erinnerungen flossen verschiedene Sprachen ein, und es ging oft um Kutschfahrten zum Montaza Palace. Etliche Lebenskapitel später reisten wir gemeinsam in ihr beato Egitto (seliges Ägypten). Ich starrte durch das Zugfenster auf die abgeblätterten Belle-Époque-Gebäude der Stadt und dachte an die Erzählungen meiner Mutter. Ich hatte Bilder vor Augen: mein schlanker, schweigsamer nonno (Opa), der mit französischem Gebäck nach Hause kommt, Teenagerträume am Strand von Sidi Bishr... Seltsamerweise war diese Reise auch für mich eine Heimkehr: Oft schon hatte ich in Gedanken in der nostalgischen Straßenbahn gesessen und war die Corniche entlanggegangen. Die Stadt hatte sich verändert – weniger Miniröcke, mehr Hidschābs, der spektakuläre Neubau der Bibliotheca Alexandrina –, doch fanden sich noch Reste der Stadt meiner Mutter: Antiquitätenläden, voll mit den Reichtümern längst heimgekehrter Auswanderer, der angestaubte Prunk der Trianon-Patisserie, die Harmonie islamischer und europäischer Architektur. Auch die kosmopolitischen Ursprünge lebten in der verblichenen Eleganz des Wohnzimmers der Freundin meiner Mutter fort. Unter dem alten Kronleuchter, einem Familienerbstück, holten die beiden 37 Jahre

ihres Lebens nach, wechselten zwischen Italienisch, Französisch, Englisch und Arabisch, nippten Pfefferminztee und betrachteten Fotos. Ich werde das glückliche Strahlen einer Frau, die sich endlich wieder mit ihrer Vergangenheit und ihrer Heimatstadt verbunden hat, nie vergessen. »Hier sind wir, Mama. Wir haben es geschafft!«

Von Cristian Bonetto

Der Moment

Durch Reisen kann man sich selbst, seine Angehörigen und seine Geschichte besser verstehen. Man kann zu seinen Wurzeln finden. Genau wie Migranten und ihre Nachkommen wurde Alexandria von vielen Kulturen und Einflüssen geprägt. Daraus enstand eine lebendige, manchmal auch kontrastreiche Atmosphäre, die mich sehr anspricht.

Der Weg dorthin

Das internationale Einfallstor nach Alexandria ist der Flughafen Burg al-Arab etwa 45 Kilometer südwestlich der Innenstadt. Die meisten Flüge verbinden Alexandria mit der Arabischen Halbinsel und Nordafrika. Der Flughafen Kairo bedient deutlich mehr Airlines und Routen und bietet Direktflüge aus und nach Europa, Nordamerika und Asien. Mehrmals täglich fahren vom Ramses-Bahnhof in Kairo direkte Züge (Fahrtzeit: 2,5 Std.) nach Alexandria (LE70-100).

Der in Alexandria lebende Ägyptologe Tamer Zakaria bietet sehr empfehlenswerte englischsprachige Führungen durch die Stadt an, die per E-Mail gebucht werden können (tamerzakaria@yahoo.com). Verkehrsmittel der Wahl ist in Alexandria das Taxi. Da die Taxameter fast nie funktionieren, handelt man den Fahrpreis am besten vor der Fahrt aus. Es gibt auch öffentliche Verkehrsmittel: inoffizielle Minibusse, die die Corniche entlangflitzen (Achtung: ohne feste Haltestellen! Man muss das Fahrziel daher beim Einsteigen laut ausrufen), ineffiziente Busse und eine fürchterlich langsame Straßenbahn mit einem gewissen Spaßfaktor. Die beste Zeit für Reisen nach Ägypten sind Frühling und Herbst.

Oben: An der römischen Pompeiussäule von Alexandria wacht eine Sphinx
Links: Blick aus dem Montaza Palace auf den Leuchtturm vor der Mittelmeerküste der Stadt

3

EISLAUFEN AUF EINEM SEE AUS GLAS

VÄTTERSEE, SCHWEDEN

»Es ist wie Fliegen«, hatte mir der begeisterte Guide am Vorabend bei einer Flasche Hochprozentigem versichert. Ich verbarg meine Skepsis hinter einem Lächeln und wusste offen gestanden gerade nicht, warum ich überhaupt hier war. Eislaufen? Ging es da nicht um Pailletten, Bolero, Glühwein und fröhliches Chaos? Nein. Am nächsten Morgen befand ich mich auf einer Seeoberfläche, die so makellos war, dass es Mut gebraucht hatte, sie überhaupt zu betreten. In der grellen Wintersonne sah ich zehn Meter unter mir jeden Stein auf dem Seegrund und jeden Schilfhalm mit spektakulärer Deutlichkeit. Man nennt es Glaseis, ein kurzlebiges Phänomen, das bei absolut klarem Wasser und idealen Bedingungen entsteht. Zum Eislaufen in der Natur kann es besser nicht sein – Centre Court am Eröffnungstag von Wimbledon. Unsere Anfängergruppe hatte das Glaseis auf dem Vättern vorgefunden, dem zweitgrößten der 100 000 Seen Schwedens. Nach ein paar unbeholfenen Hackern mit den messerscharfen Kufen meiner Stiefel klappte das Gleiten über das Eis (das Verhältnis zwischen Geschwindigkeit und Energieaufwand ist erfreulich verzerrt). Ich sog die Lungen voll mit eisiger Luft und genoss den wunderbaren Blick über den weiten, glitzernden, von verschneiten Wäldern umgebenen See. Die anderen aus meiner Gruppe waren entenkükengleich weit hinter mir zurückgeblieben. Nichts konnte mich oder meine Gedankengänge aufhalten. Nur der gelegentliche peitschende Nachhall eines frischen Risses im Eis erinnerte mich daran, dass ich nicht flog.

Von Duncan Craig
Assistent der Reiseredaktion, Sunday Times

Wer sie vergisst, hat weniger Spaß!

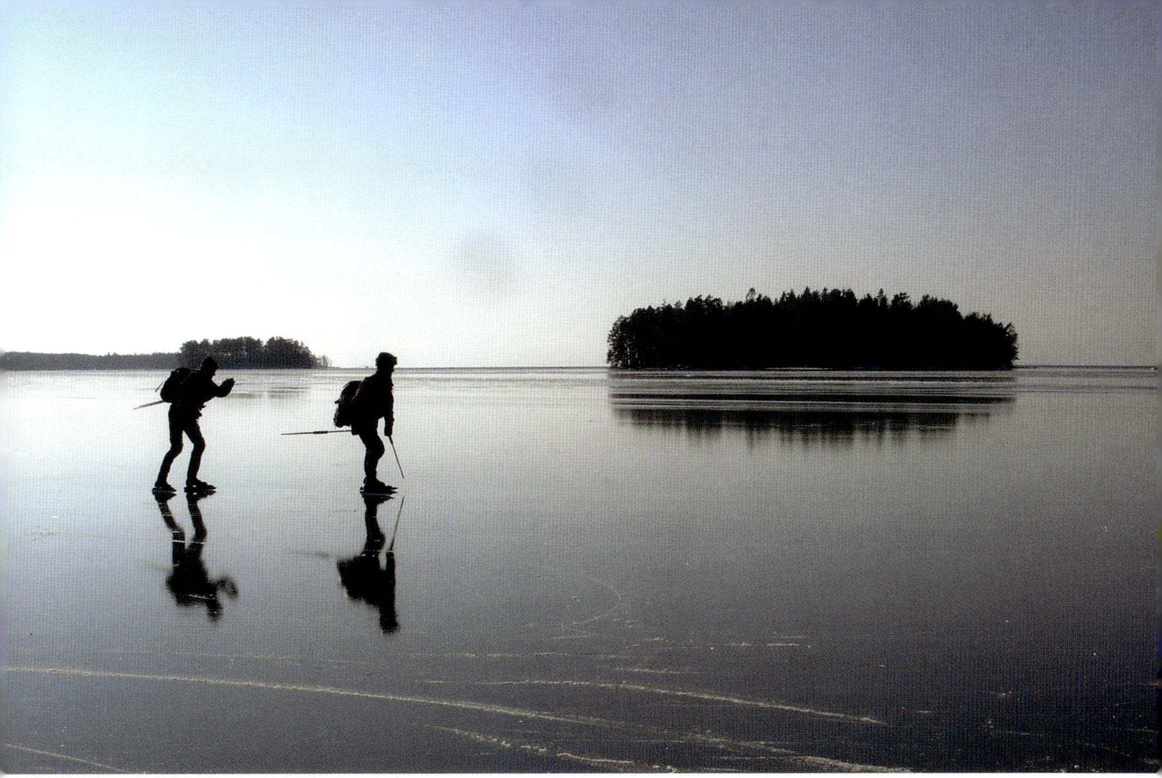

Oben: perfektes Eis für Skater

In Schweden stehen ca. 100 000 Seen für das Eiswandern zur Auswahl

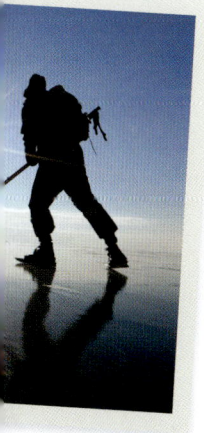

Der Moment

Dieses Erlebnis öffnete mir die Augen für die Großartigkeit des Spielplatzes Natur: Künstliche Eisbahnen werden für mich nie wieder das sein, was sie einmal waren. Außerdem zeigte diese Tour auf dem Eis die erfrischend erwachsene Haltung der Skandinavier, was Risiko und Gewinn angeht, denn sie setzen auf ein zunehmend altmodisches Konzept und bauen auf Eigenverantwortung.

Der Weg dorthin

Schlittschuhtouren auf Natureis in Ostschweden sind von Januar bis März über Nature Travels (naturetravels.co.uk) buchbar. Angeboten werden zwei Niveaus: Anfänger ist, wer ohne fremde Hilfe Rollschuh- oder Eislaufen kann, fortgeschritten, wer problemlos längere Distanzen auf dem Eis zurücklegt. Die Touren sind geleitet, das Mindestalter liegt bei 16 Jahren. Der genaue Ort hängt ganz von den Eisverhältnissen ab, die Distanz, die zzurückgelegt werden soll, wird auf die Gruppe abgestimmt.

Bei den Touren wird die Übernachtung organisiert, ebenso ist für die gesamte Ausrüstung inklusive Skates, Knie- und Ellbogenschoner, Stöcke und Erste-Hilfe-Kit gesorgt. Eiswandern in den Wintermonaten ist auch in Finnland, Österreich und vor allem in den Niederlanden beliebt.

In der niederländischen Provinz Friesland zieht das Elfstedentocht-Rennen Tausende Skater an. Die fast 200 Kilometer lange Rundtour verbindet elf Städte.

Auch an verschiedenen Orten in den USA liebt man das Schlittschuhwandern, zum Beispiel in Vermont und New Hampshire (hier vor allem auf dem Lake Sunapee).

In Kanada ist es ebenfalls äußerst beliebt: Der Rideau Canal mitten durch Ottawa wird im Winter zu einer 7,8 Kilometer langen Strecke für Skater und ist die größte Eislaufbahn der Welt, samt Schlittschuhverleih (ottawatourism.com).

4

NAVAJOZEREMONIE: DIE TÜR ÖFFNEN

MONUMENT VALLEY NAVAJO NATION TRIBAL PARK, UTAH, USA

Der Medizinmann starrte durch die Kristallkugel auf ein Kohlenfeuer, das auf dem verdichteten roten Erdboden seines hogan, des traditionellen Hauses der Navajo, ausgebreitet war. »Das Feuer ist wie ein Röntgengerät«, sagte er, legte eine glänzende Pfeilspitze in meine Linke und fächerte mir mit Adlerfedern Luft zu. »Ich sehe dein Leben darin gespiegelt«, fuhr er fort. Dann begann er, tiefe gutturale Töne in seiner Muttersprache zu singen, rhythmische Wörter wie der Schlag einer Trommel, und bebte vor Ergriffenheit, als er die Heiligen Geister anrief herunterzukommen, um unser Feuer zu segnen. »Warum bist du hier?«, fragte er plötzlich und ließ mich vor den Flammen niederknien. »Was ist deine Aufgabe auf dieser Erde?«

Ich ging nicht in die Kirche, noch betete ich, doch dort, in der Abgeschiedenheit des Monument Valley, wo die Navajo nach alter Sitte ohne Strom und fließendem Wasser leben, war ich vielleicht zum ersten Mal im Leben bereit, aus tiefstem Herzen zu sprechen. Ich sprach von meiner Frau, meinen Kindern. Ich bat darum, meine Dunkelheit nicht in ihr Leben zu tragen, ein stärkerer, besserer Mann zu sein. Während die Worte aus meinem Mund sprudelten, wurde der Gesang lauter. Luftwirbel erschütterten die Wände um uns. Auf einmal hörte ich meinen Namen und wurde von einer Flut der Gefühle überwältigt. Als ich aufblickte, lächelte der Medizinmann. »Diese Macht ist stark«, sagte er. »Sie kommt aus der Erde.«

Von Aaron Millar

Der Moment

Mein Erlebnis öffnete die Tür zu meiner Spiritualität und der Ehrfurcht vor unseer Erde. Die Navajo nennen dies den Weg der Schönheit: »Mit Schönheit vor mir möge ich wandeln, mit Schönheit hinter mir möge ich wandeln, mit Schönheit über mir möge ich wandeln, mit Schönheit überall um mich möge ich wandeln.«

Der Weg dorthin

Es kommt ziemlich selten vor, dass ein Außenseiter an einer solchen Zeremonie teilnehmen darf, doch ist es nicht ausgeschlossen. Die Website discovernavajo.com wird vom Stamm der Navajo betrieben und informiert über das professionelle touristische Angebot der Reservatbewohner.

Vieles der Navajo Nation kann auf eigene Faust erkundet werden. Zu den Hauptsehenswurdigkeiten des 70 000 Quadratkilometer großen Gebietes in Arizona, Utah und New Mexico gehören die Petroglyphen (Felsbilder), der Canyon de Chelly, eine der heiligsten, legendenumrankten Landschaften der Navajo, die faszinierenden roten Tafelberge des Monument Valley, wo die Zeremonie stattfand – und nicht zuletzt die spektakulären Felsbehausungen im Mesa Verde National Park. Diese liegen gleich außerhalb des Reservats in Südcolorado und wurden von Vorfahren der Navajo, den Anasazi, vor fast 1000 Jahren erbaut – eines der besterhaltenen Beispiele der Kultur der Ureinwohner der USA.

Links: Monument Valley, Land der Navajo

5

AM MONT BLANC DAS LEBEN WIEDER NEU FINDEN

ALPEN, FRANKREICH, ITALIEN, SCHWEIZ

»Ich muss einfach mal Pause machen«, sagte ich, ließ mich am Wegesrand nieder und atmete den Tannenduft tief ein. Vor mir posierten der Mont Blanc mit den Zahnreihen der Grandes Jorasses und der Aiguille du Midi wie für ein Familienfoto. Hinter mir markierten spektakuläre Gipfel, Joche und glitzernde Seen die zurückgelegte Strecke. Ein überwältigendes Panorama, aufregend wie eine Achterbahnfahrt. Ich schwebte über den Wolken, doch meine abgewetzten Wanderstiefel standen noch fest auf dem Boden.

Ich war ein 72-jähriger Loser in alten Stiefeln, müde und in der Erholungsphase nach einem lebensbedrohlichen Schlaganfall, doch es trennte mich nur ein letzter Serpentinenabstieg von der Umrundung des Mont-Blanc-Massivs. Der Endorphinkick, einen so lebensbestärkenden Weg zu vollenden, rauschte mir wie eine Schockwelle durch die Adern. Europas höchsten Gipfel zu besteigen, war mein Lebenstraum gewesen, von Hütte zu Hütte wandern – und das auch noch in Kameradschaft mit meinem 36-jährigen Sohn. Zusammen waren wir in drei Ländern 170 Kilometer gewandert und hatten 10 000 Höhenmeter bezwungen. Wir hatten erreicht, was ich an meinem Lebensabend nicht mehr für möglich gehalten hatte.

Einmal noch tief durchatmen, dann war es Zeit für den Abstieg. Ich spürte die pure Euphorie über dem Horizont liegen, zögerte jedoch beim Weitergehen. Ich wollte dieses Gefühl noch etwas auskosten, ein wenig von der Seele des Berges einfangen und mit nach Hause nehmen.

Ian MacEacheran

Der Moment

Das Ende der Reise hätte es bestätigen sollen: Ich war ein alter Mann auf seinem letzten Abenteuer in den Alpen. Doch außer Begeisterung, wechselnden Panoramen und nachmittäglichen Bierpausen war es auch ein Neuanfang. Es war eine Chance – und eine Mahnung daran –, wieder zu leben.

Der Weg dorthin

Je nach Kondition dauert die Wanderung um den Mont Blanc (autourdumontblanc.com) zwischen sieben und elf Tagen. Die Tour beginnt meist in Chamonix am Fuß des Mont Blanc in Frankreich und folgt der klassischen Route gegen den Uhrzeigersinn über mehrere Höhenpässe. Der Übergang nach Italien nimmt den atemberaubenden Col de la Seigne in Angriff (2516 m). Physisch herausfordernder ist der Aufstieg in die Schweiz auf dem Rückweg zurück nach Frankreich, denn er führt über den steil abfallenden Fenêtre d'Arpette (2665 m), den höchsten Punkt des Rundweges.

Am Tag sollte man fünf bis sieben Wanderstunden einplanen. Unterkünfte sind in dieser Höhenlage begrenzt verfügbar, und die Konkurrenz um Mehrbettzimmer in den Berghütten ist, vor allem in der Hauptwandersaison von Juni bis September, entsprechend groß. Für die Rundtour ist keine Registrierung oder Genehmigung erforderlich, doch empfiehlt es sich, eine oder zwei Nächte im Voraus zu buchen: Die gemeinsamen Abendessen und das Zusammengehörigkeitsgefühl in den begehrtesten Herbergen gehören zu den Highlights der Tour.

Links: sommerlicher Wald unterhalb der Baumgrenze
Unten: Blick auf die höchsten Gipfel Europas

6

ZEUGE VON MANDELAS ERSTER REDE IN FREIHEIT

KAPSTADT, SÜDAFRIKA

Mit 19 Jahren war ich auf einer Reise in Kapstadt, als die Nachricht kam, auf die die Welt gewartet hatte: Nelson Mandela sollte endlich freigelassen werden. Seine erste Rede in Freiheit wollte ich unbedingt hören, obwohl mir alle davon abrieten.
Schon auf dem Weg zur City Hall hörte ich Lärm – er kam von rund 250 000 Menschen, die sich auf dem Grand-Parade-Platz versammelt hatten. Dann sah ich die Absperrungen der gepanzerten Bereitschaftspolizei, die versuchte, die anströmenden Menschen anzuhalten. Irgendwie schlüpfte ich durch und tauchte in das Menschenmeer.
Obwohl ich ein weißer Einwohner Yorkshires bin und bis auf ein Filmteam des BBC keine anderen Weißen in der Menge sehen konnte, hatte ich in keine Sekunde Angst. Im Gegenteil: Ich fühlte etwas, was ich nie zuvor (und auch nicht danach) gespürt hatte – eine starke Energie, ein Pulsieren und Kribbeln im ganzen Körper. Alles war so unverfälscht und konzentriert: Geruch von Schweiß und Alkohol, überall das leuchtende Schwarz-Grün-Gelb des ANC, hypnotisierender Gesang in einer mir unbekannten Sprache, Umarmungen von allen Seiten. Als Mandela auftrat, wurde die Lautstärke ohrenbetäubend. Ich badete im Enthusiasmus der Menge, konnte aber nicht viel sehen, bis mir ein junger Südafrikaner, der auf einer Verkehrsampel hockte, ein Zeichen gab, hinaufzukommen. Nach einer herzlichen Begrüßung sahen wir Mandela beim Sprechen und der Menge beim Feiern zu, bis es dunkel wurde.

Von Duff Battye

Der Moment

Es war beeindruckend, diesen entscheidenden Moment im Leben eines so großen Mannes und der Geschichte Südafrikas miterlebt zu haben. Es lehrte mich, auf mein Bauchgefühl zu hören und mich von diesem Gefühl leiten zu lassen – an diesem Tag war es magisch.

Der Weg dorthin

Obwohl Mandela leider nicht mehr unter uns weilt, ist sein Leben noch immer eng mit Südafrika verbunden, dem er so viel geopfert hat. In den Herzen und Köpfen vieler Südafrikaner ist die Erinnerung an Mandela und seine Grundwerte fest verwurzelt. Auch Besuchern wird sein großer Einfluss an zahlreichen Orten deutlich, an denen seiner gedacht wird.

Der bekannteste mit Mandela verknüpfte Ort in Kapstadt ist Robben Island, die Gefängnisinsel in der Tafelbucht, wo Mandela 18 Jahre seines Lebens hinter Gittern verbachte. In der heutigen Unesco-Weltkulturerbestätte finden täglich Führungen statt (robben-island.org.za). Auch auf dem Noble Square an der Victoria & Alfred Waterfront wird Nelson Rolihlahla Mandela Anerkennung gezollt. Hier teilt sich seine Bronzestatue die Bühne mit drei anderen Schlüsselfiguren des südafrikanischen Kampfes um Demokratie: Nkosi Albert Luthuli, dem emeritierten Erzbischof Desmond Tutu und dem ehemaligen Staatspräsidenten Frederik Willem de Klerk. In Erinnerung an Mandelas erste Rede in Freiheit plant die Stadt Kapstadt derzeit die Aufstellung einer lebensgroßen Statue auf dem Balkon, von dem aus Nelson Mandela am 11. Februar 1990 sprach.

Oben: Die Schlagzeilen der Tageszeitungen verkünden Mandelas Freilassung
Links: Nelson Mandela am 11. Februar 1990, nach 27 Jahren Haft endlich frei

7

VON LÖWEN VERZAUBERT

GIR NATIONAL PARK, GUJARAT, INDIEN

Der offene Jeep rumpelte auf der schmalen Schotterpiste durch den Teakwald des Gir National Park. Ich war nicht besonders begeistert, vor Tagesanbruch geweckt zu werden, um einen Park zu besuchen, in dem der seltene Asiatische Löwe kaum noch gesichtet wird. Unser Guide wies uns auf ein paar Schmetterlinge hin. Mein Reisepartner gähnte. Dann sahen wir ein aufgeschrecktes Wildschwein. Das schwarze Borstentier raste auf Hochtouren an uns vorbei. Warum? Sekundenbruchteile darauf blitzte etwas Goldgelbes neben dem Jeep auf: Eine Löwin stürzte sich mit einem Satz auf das Wildschwein. Beide wälzten sich im Staub, das Raubtier um Kontrolle, das Beutetier um sein Leben ringend. Der Gesichtsausdruck unseres Guides entsprach

unserem: ungläubig aufgerissene Augen, Kinnlade unten. Wir waren sprachlos. Als die Löwin ihre Zähne in den blutenden Hals des Schweines schlug, endete sein Quieken schlagartig. Ein kaum wahrnehmbares Geräusch neben mir ließ mich erstarren... nur eine Armlänge vom Jeep entfernt stand ein großer Löwe mit einer wundervollen Mähne. Seine bernsteinfarbenen Augen blickten mich an. Das war also der Asiatische Löwe – einer der letzten seiner Art. Er sah stolz aus. Er sah mächtig aus. Wir starrten uns nur ein oder zwei Augenblicke an, doch mir schien es wie eine Ewigkeit. Dann war der Löwe fort, zwischen den Bäumen verschwunden, bevor irgendjemand sonst im Jeep von ihm Notiz genommen hatte.

Von Korina Miller

Der Moment

Zwischen einem Löwen und seiner Partnerin mit der Beute zu sitzen, ist ehrlich gesagt erschreckend und kann böse enden. Doch dieser Moment war voller Schönheit. Mir wurde bewusst, wie weit wir uns von der Natur in ihrer ursprünglichsten Form entfernt haben und was für ein Privileg es ist, Wildtiere zu beobachten.

Der Weg dorthin

Der 1412 Quadratkilometer große Gir National Park (girnationalpark.in) zwischen Veraval und Junagadh in

Gujarat ist das letzte Refugium des Asiatischen Löwen. Der Park ist vom Dorf Sasan Gir aus erreichbar. Mehrmals täglich pendeln Busse aus Veraval (Fahrtzeit: 1 Std.) und Junagadh (Fahrtzeit: 2 Std.) nach Sasan Gir. Züge zweiter Klasse ohne Platzreservierung fahren von Junagadh (Fahrtzeit: ca. 3 Std.) und Veraval (Fahrtzeit: 1,5 Std.) nach Sasan Gir. Die beste Zeit für einen Besuch im Nationalpark ist von Dezember bis April, doch der Park ist von Mitte Oktober bis Mitte Juni geöffnet. Täglich werden um 6.30, 9.30 und

15.30 Uhr Jeepsafaris angeboten (Dauer: ca. 3 Std.), die unter der Woche 4800 Rupien (ca. 59 Euro), an Wochenenden 6000 Rupien (ca. 74 Euro) kosten. Die Zahl der pro Tag verfügbaren Parkgenehmigungen ist begrenzt. Daher sollte man unbedingt im Voraus buchen. In Dorfnähe gibt es mehrere Lodges. Die beste Wahl ist die Asiatic Lion Lodge (asiaticlionlodge.com).

Rechts: Im Gir National Park leben rund 500 Exemplare des Asiatischen Löwen, der Mitte des 20. Jahrhunderts fast ausgestorben war

8

DIE GESCHICHTE AN DER KLAGEMAUER BERÜHREN

JERUSALEM, ISRAEL UND DIE PALÄSTINENSISCHEN GEBIETE

Unzählige Hände streichelten die ins goldene Licht der Abendsonne getauchte Klagemauer. Ich sah Frauen zu, die ihre tränenüberströmten Wangen an die Mauer pressten und den nackten Stein küssten. Einige Meter hinter den Menschen stehend, vergegenwärtigte ich mir die über 2000-jährige Geschichte der Klagemauer. Die Mauer stützt den äußeren Teil des Tempelbergs, auf dem der Zweite Tempel Salomons bis zu seiner Zerstörung im Jahr 70 nach Christus stand. Der aus bis zu 14 Meter langen Steinblöcken errichtete Tempel galt in der Antike als Wunder der Baukunst. Für Juden ist die Klagemauer der heiligste Ort zum Beten. Doch ist sie auch einer der am heftigsten umkämpften geweihten Orte: Für Muslime, die sie Buraq-Mauer nennen, grenzt sie an den Felsendom, das »edle Heiligtum«, und den nach Mekka und Medina heiligsten Ort des Islam. Beklommen trat ich an die Mauer und legte meine Handflächen auf den sonnengewärmten Stein. In den Mauerspalten steckten gefaltete Zettel. Auf herausgefallenen und geöffneten Papierstücken standen Worte in den unterschiedlichsten Sprachen. Viele Menschen glauben, dass die Bittgesuche in den Spalten der Mauer direkt an Gott geleitet werden. Die Augen zusammengekniffen, machte ich mir meine eigene Winzigkeit in der pulsierenden Menge bewusst.

Ich weiß nicht, wie lange ich so stand – an der Klagemauer steht die Zeit still. Unter dem Andrang der Menschen trat ich von der Mauer zurück, Pilgerinnen nahmen den vorhandenen Platz ein. Ihr andächtiges, sehnsüchtiges Murmeln schwoll an. Mein Herz klopfte die Antwort.

Von Anita Isalska

Der Moment

Vor der Klagemauer zwischen all den Menschen unterschiedlicher Nationalitäten und Religionen erfüllte mich ein Gefühl der Einigkeit, das ich als kostbar und stark empfand. Ich bin ein einzelner Mensch und nur einen Augenblick lang auf diesem Planeten – doch einen flüchtigen Moment lang spürte ich Halt in etwas Ewigem.

Der Weg dorthin

Vom Ben Gurion Airport in Tel Aviv ist man mit dem Sherut (Sammeltaxi) in gut einer Stunde im Herzen des modernen Jerusalem. Durchs Jaffator geht es in die Altstadt, wo man in der David Street, einer belebten Marktstraße, bergab in östlicher Richtung der Beschilderung zur Klagemauer folgt. Hinter der Sicherheitsschranke und den Metalldetektoren wird man zur Plaza hinuntergeleitet. Die Klagemauer ist rund ums Jahr 24 Stunden täglich zugänglich, der Zugang ist nach Geschlechtern getrennt (Männer links, Frauen rechts). Alle Besucher müssen sich vom Schlüsselbein bis zum Knie bedecken. Viele Frauen tragen Kopftücher, doch das ist nicht obligatorisch. Männer dagegen müssen den Kopf bedecken (Papierkäppchen sind notfalls vor Ort erhältlich). Besonders stimmungsvoll ist es am Sabbat (vom Sonnenuntergang am Freitag bis zum Sonnenuntergang am Samstag), wenn jüdische Familien in Festtagskleidung kommen. An diesem Tag ist der Gebrauch elektronischer Geräte auf der Plaza gemäß jüdischer Praxis nur eingeschränkt zugelassen – entspannen Sie sich also und lassen Sie die andächtige Atmosphäre auf sich wirken…

Oben: Jerusalems Altstadt im Abendlicht
Links: Eine Frau betet an der Klagemauer, die von Muslimen Buraq-Mauer genannt wird

9

ALEGRÍA BEIM KARNEVAL

RIO DE JANEIRO, BRASILIEN

Als ich aufwachte, war es schon dunkel. Aschermittwoch nahte, und damit auch meine Deadline. Ich musste meinen täglichen 750-Wörter-Bericht über die Ausschweifungen der vorigen Nacht verfassen. Den Sambódromo im Regen – die Hauptkarnevalsparade hatte uns acht geschlagene Stunden lang geplättet – hatte ich beschrieben. Berichtet hatte ich über den spontanen Rave am Strand von Ipanema, den wir – normalerweise ist es hier nachts gefährlich – im Schutz eines Ghettoblasters bis zum rosa Sonnenaufgang getanzt hatten. Und es gab auch schon einen Artikel über einen winzigen bloco, ein Straßenfest mit perkussiver Musik und Bier in Strömen, der so ausgelassen und einladend war, dass wir dafür einen schicken Ball von Rios Dragqueen geschwänzt hatten.

Doch nun war es Dienstag. Ich litt an einem Kater und den ersten Anzeichen der Melancholie, die Rio am Ende des Karnevals erfasst. Dann hörte ich den bloco unseres Viertels näher kommen. Ich ging auf die Straße, und sofort verwandelte sich mein Blues in die süße, ausgelassene Stimmung des Karnevals: alegría. Alle meine Nachbarn – darunter Macho-Gangster, Transvestiten, Beachfront-Millionäre und Bewohner des Slums ein paar Häuserblöcke weiter – strömten auf die Straße. Ein kleines Mädchen tanzte furios Samba neben ihrer stolzen Mutter. An einem offenen Fenster hopste eine alte Frau in ihrem Rollstuhl und warf die mageren Arme vor Begeisterung in die Luft. Plötzlich weinte ich. Aber warum? Weil ich ins großzügige Herz des Karnevals geblickt hatte, wenn alegría zum gottgegebenen Recht für alle wird. Wie soll man dieses Wort übersetzen? Freude ist ein dürftiger Ersatz. Jubel ist schon besser. Alegría blüht nur, wenn sie bewusst gepflegt und verschwenderisch geteilt wird.

Von Robert Landon

Der Moment

Bis zu diesem Tag war Karneval für mein persönliches Vergnügen da – trinken wie ein Loch und mit Fremden herumknutschen. Es brauchte tausend in *alegría* vereinte Nachbarn, um mir den höheren Sinn des Karnevals klarzumachen.

Der Weg dorthin

Karneval findet zwischen Anfang Februar und Mitte März statt, die Veranstaltungen beginnen aber bereits im Dezember oder Januar. Den Höhepunkt des Karnevals bilden die vier Tage vor dem Aschermittwoch. Dann schwärmen Millionen von Menschen in Rio auf die Straßen. Reise und Unterkunft sollte man so weit wie möglich im Voraus planen. Mit Preisaufschlägen muss man rechnen. *Blocos* (Straßenpartys) und andere Veranstaltungen drängen sich meist um die Strände von Ipanema und Copacabana, an der Marina von Gloria und in Lapa, einem alternativen Viertel im Zentrum von Rio.

Auf keinen Fall sollte man die Show auf dem Sambódromo verpassen, Rios offizieller Karnevalsmeile. Das Ticketsystem funktioniert aus dem Ausland nicht, aber über Reisebüros bekommt man trotzdem Last-minute-Plätze, vor allem in Copacabana. Halten Sie nach günstigen Angeboten Ausschau. Die Preise variieren stark.

Ein paar Hinweise: Am besten nutzt man während des Karnevals das hervorragende U-Bahnnetz von Rio. Da der Karneval in den brasilianischen Hochsommer fällt, sind ausreichend Flüssigkeit (Bier immer im Wechsel mit Wasser trinken) und Sonnenschutz wichtig. Da Taschendiebe unterwegs sind, sollte man auf Veranstaltungen nur das Notwendigste mitnehmen und für den Notfall Geld in Strümpfen oder Unterwäsche deponieren.

Links: Tausende feiern auf der »Banda de Ipanema«, der traditionellen Karnevals-Bandparade am Strand von Ipanema
Unten: Hauptparade im riesigen Sambódromo

10

ENTSCHEIDUNG IN DER TRANSSIBIRISCHEN EISENBAHN

VON BEIJING NACH MOSKAU

Auf meiner Reise mit der transsibirischen Eisenbahn kam ich bei einem Halt in eine heruntergekommene Bahnhofshalle nahe des Baikalsees. Die fettverschmierte Lok behielt ich fest im Blick – nie wusste man, wie lange die Stopps dauerten. Gebannt starrte ich auf eine Schar einheimischer Frauen. Lachend probierten sie das Pelzmantelangebot der fliegenden Händler durch, stolzierten ohne jede Kaufabsicht auf und ab und amüsierten sich königlich.

Zurück bei meiner Freundin in unserem braunen, resopalverkleideten Abteil, kritzelte ich die eben gesehene Szene fieberhaft in mein Tagebuch – der erste Eintrag von vielen.

Wir hatten ein Jahr lang Englisch unterrichtet, ehe wir im chinesischen Beijing die transsibirische Eisenbahn bestiegen. Wir brauchten beide eine Auszeit, um zu überlegen, was wir mit unserem weiteren Leben anfangen sollten. Während der Zug nach Moskau zuckelte und wir sechsmal bei Sonnenuntergang in den Schlaf geschaukelt wurden, hatten wir viel Zeit zum Nachdenken. Draußen zogen herbstlich gefärbte Lärchen und bunte Holzhäuser vorüber. Wir sprachen über unsere Zukunft, mieden die finster blickende provodniza, die Zugbegleiterin, und aßen Backfisch oder Butterkartoffeln von freundlichen Bahnhofsverkäuferinnen.

Ich schrieb – in winziger Schrift, um die Seiten nicht vor Ende der Reise aufzubrauchen – in mein Tagebuch. Endlich trödelte der Zug zwischen rauchenden Fabrikschloten und schmuddeligen Plattenbauten nach Moskau hinein. Inzwischen hatte ich eine lebensverändernde Entscheidung getroffen und die Lehrerlaufbahn aufs Abstellgleis geschoben. Einige Wochen danach erschien meine transsibirische Reisestory in einer Londoner Zeitung. Vor mir öffnete sich eine völlig neues Gleis – seither schreibe ich.

Von John Lee

Passagiere werden von einer Zugbegleiterin betreut

Der Moment

Als ich den Zug bestieg, wusste ich noch nicht, was ich mit meinem Leben anfangen sollte. Doch als ich in Moskau ausstieg, hatte ich eine neue Richtung gefunden. Diese langsame, eindringliche Reise gab mir Zeit zum Nachdenken und Überlegen und lehrte mich, dass sich durch inspirierende Reisen immer Türen zu neuen Möglichkeiten öffnen.

Der Weg dorthin

Auf den drei Hauptrouten der transsibirischen Eisenbahn kann man zwischen Moskau und Wladiwostok sowie Moskau und Beijing (unterteilt in eine transmongolische und eine transmandschurische Strecke) jeweils in beide Richtungen reisen.
Die Zugfahrkarten bucht man am besten im Voraus. Die meisten Reisenden benötigen Visa für China und Russland (und ggf. für die Mongolei), die man sich ebenfalls vor der Reise besorgen sollte. Wer Zwischenstopps einlegen möchte, bucht vor allem in kleineren Städten mit begrenzten Übernachtungskapazitäten auch die Unterkunft im Voraus. Man kann diese epische Reise mit etwas Zeit gut selbst organisieren, doch viele wenden sich lieber an ein Reisebüro, wenn es um Fahrkarten, Unterkünfte und Visa geht. Dies ist zwar teurer, erspart einem aber auch manche Schwierigkeit.
Für die Zugfahrt sollte man möglichst bequeme Kleidung und, für die Aufenthalte auf Bahnhöfen, warme Pullover mitnehmen. Für die manchmal nicht unbedingt sauberen Duschen Flipflops nicht vergessen.
Außer in den Bordrestaurants werden auch in den Bahnhöfen auf den Bahnsteigen jede Menge Lebensmittel und Snacks verkauft. Am besten nimmt man sich einen Vorrat an Teebeuteln und Instant-Nudeln mit, denn in den Waggons gibt es Samoware mit heißem Wasser.

Ganz oben: Der Zug schlängelt sich durch die herbstliche Landschaft
Oben: Fischangebot am Bahnhof von Balesino

11

STERNSCHNUPPE AM SÜDHIMMEL

ANTARKTIS

Alle fragten, wie ich es geschafft hatte, mir für diese Reise einen Last-minute-Platz zu sichern. Als eine der letzten Antarktisreisen des Jahres sollte sie südlicher verlaufen als üblich, und für ein paar Tage verlief die Strecke unterhalb des südlichen Polarkreises. Als wir eines Abends aus der einsamen, nebligen Bucht hinausfuhren, in der wir den Tag verbracht hatten – mit unserer fremdartigen Landung hatten wir Pinguine und Seehunde aufgeschreckt –, hob sich der Wolkenvorhang und gab den Blick frei auf einen feuerroten Sonnenuntergang, der die riesigen Eisplatten am Horizont in ein rosafarbenes Licht tauchte. Über den schneebedeckten Abhängen ging strahlend der Halbmond auf. Im Zwielicht, das in diesen Breiten lange dauert, nahmen die Eismassen die ganze Farbpalette des Sonnenuntergangs an, von Rosa- und Violetttönen bis zu Saphirblau. Schließlich lag die Antarktis weich und wie glasiert in der klaren Nacht. Die Dunkelheit würde nur ein paar Stunden dauern, also schloss ich mich der Gruppe im Whirlpool im Heck des Schiffes an und genoss das Schauspiel um und über mir behaglich – zumindest vom Hals an abwärts. Als ich die Milch-straße betrachtete, zog eine riesige Sternschnuppe über den Himmel und ließ Gletscher und Berge aufleuchten. Ich dachte über einen Wunsch nach. Doch wozu? Alles war perfekt!

Von Jurriaan Teulings

Der Moment

Ich begriff, dass alle Entscheidungen, die ich jemals getroffen hatte, selbst die schlechtesten, mich zu diesem Ausnahmemoment meines Lebens geführt hatten.

Der Weg dorthin

In die Antarktis reist man meist über die argentinische Hauptstadt Buenos Aires. Von dort aus erreicht man mit dem Flugzeug Ushuaia (Flugzeit: 3,5 Std.) an der Südspitze Südamerikas, wo die zweitägige Seereise über die Drakestraße beginnt.

Diese Reise ist nur von November bis März möglich, die übrigen Monate des Jahres liegt die Antarktis unter undurchdringlichem Eis und in Dunkelheit. Beim Buchen sollte man auf die Reisedauer, die Größe des Schiffes und die Kompetenz der Guides achten: Die beiden Überfahrten dauern insgesamt vier Tage, bei einer elftägigen Reise bleibt also eine Woche Zeit auf dem Kontinent und um ihn herum. Bezüglich der Größe des Schiffes gilt die Regel: Je kleiner, desto besser, denn die Zahl der Personen, die an Land gehen dürfen, ist auf 100 begrenzt. Sind also mehr Passagiere an Bord, müssen sie sich abwechseln, sodass sich die Zeit an Land für alle verkürzt. Noch ein Hinweis: Selbst wenn einem vielleicht der Unterschied zwischen einem Esel- und einem Adeliepinguin nicht ganz so wichtig ist, wertet ein Team aus Meeresbiologen, Historikern und Geologen an Bord das Reiseerlebnis ungemein auf.

Oben: Der Halbmond über Meer und Eisflächen
Links: Die Milchstraße erhellt den Südhimmel über der Antarktis

12

AUF DEM JAKOBSWEG DIE ANGST BESIEGEN

CARRIÓN DE LOS CONDES, SPANIEN

Nichts an diesem Dienstagmorgen in Nordspanien in der Nähe des staubigen Dorfes Carrión de los Condes kündigte an, dass der Tag, der vor mir lag, etwas anderes bereithalten würde als einen weiteren mühseligen Tagesmarsch durch Hitze, Einsamkeit und die trockenen Weizenfelder der Hochebene. Begonnen hatte ich meine 800-Kilometer-Wanderung auf dem Jakobsweg in Südfrankreich. Ich hatte die Pyrenäen durchquert, in Pamplona meine mit Blasen übersäten Füße versorgt, in Logroño die schweren ledernen Wanderstiefel gegen ein Paar rote Walkingschuhe ausgetauscht und war weitergeschlurft – jeden Tag einsamer und missmutiger als am Vortag.

Klar, ich hatte Leute aus Europa, Australien, Südamerika und Asien kennengelernt – eine weltweite Wandergemeinschaft – , doch ich kapselte mich zunehmend von anderen Wanderern ab. Meist aß ich allein, zog den schlafsaalartigen Refugios, in denen die meisten Pilger übernachten, kleine Privatunterkünfte vor und wanderte immer, immer allein. Ich war dabei, in die mir nur zu bekannte Falle selbstauferlegter Isolation zu tappen. Das ständige Alleinsein gab mir viel Zeit zum Nachdenken – zu viel Zeit. Meine Gedanken kreisten um den immer gleichen Zweifel, der mich mein ganzes Leben lang schon geplagt hatte, nur dass es jetzt, da mich nichts als der Takt meiner

Schritte begleitete, keine Ablenkung mehr gab. Ich dachte täglich daran, dieses sinnlose Unterfangen abzubrechen, lief aber trotzdem weiter. Etwa auf der Hälfte des Weges erreicht man die Meseta, kilometerweise nichts als Weizenfelder. Ohne Vorwarnung knickten mir plötzlich die Knie ein, und ich ließ ich mich auf den staubtrockenen Boden fallen und weinte. Ich hatte keine Ahnung, warum. Ich wusste nur, dass ich so wie bisher nicht weiterleben und weitergehen konnte. Etwas, ja alles, musste sich ändern.

Durch den Tränenschleier hindurch sah ich einen einzelnen schwarzen Vogel über mir kreisen. Als meine Tränen endlich versiegt waren, griff ich

Galizien in Nordwestspanien: Hier endet die Reise

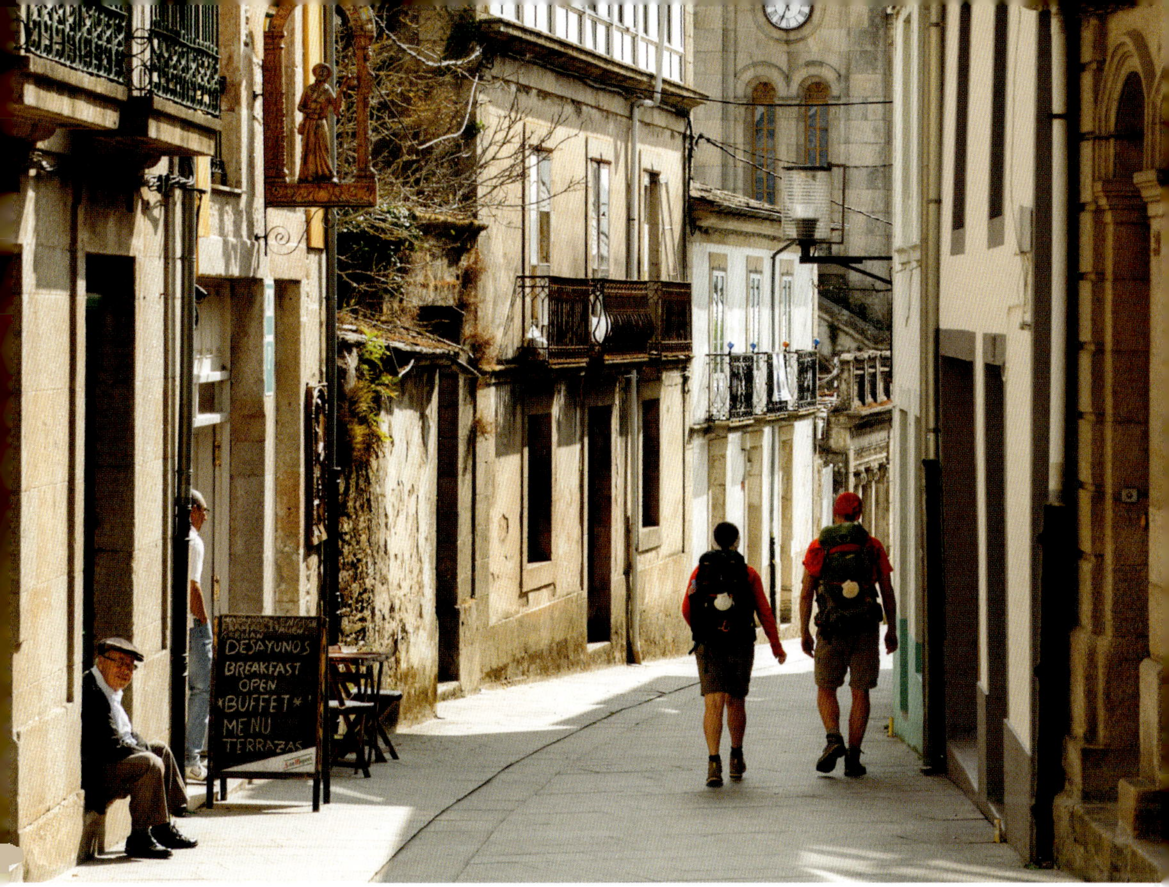

Oben: Jakobspilger wandern durch Sarria in Galizien

Symbol der Pilgerreise ist die Jakobsmuschel

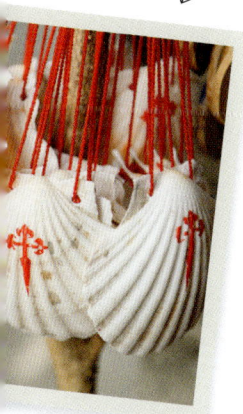

nach meinem Wanderstock – den ich bei meinem Weinanfall weggeworfen hatte – und zog weiter. Am nächsten Morgen bedrückte mich das Gefühl, etwas vergessen zu haben, und ich hielt an, um mein Gepäck zu überprüfen. Alles war da, aber das ungute Gefühl blieb. Nach etwa einer Stunde Wandern setzte ich mich an einer Scheune auf ein Brett, um Wasser zu trinken. Ich war ungewöhnlich aufmerksam und spürte einen leichten Lufthauch um mich. Dann durchströmte mich etwas, langsam, als würde es vom Himmel herabrieseln – und ich begriff. Es fehlte etwas, das mich begleitet hatte, seit ich denken kann, und das ich bis zu dem Augenblick, als es plötzlich verschwunden war, nicht bemerkt hatte: Die Angst, mein innerer Feind und Meister, war entdeckt – und hatte sich nun aufgelöst. Ich nahm mich selbst auf eine nie zuvor erlebte Weise wahr, die mir aber zutiefst vertraut war. Ich fühlte mich plötzlich wach. Seither ist alles anders in meinem Leben.

Von Andrew McCarthy

Der Moment

Etwa auf der Hälfte der Wegstrecke nach
Santiago de Compostela teilte eine unge-
wöhnliche Empfindung mein Leben in ein
Vorher und Nachher.

Der Weg dorthin

Der Jakobsweg besteht aus mehreren ver-
schiedenen Pilgerrouten durch Spanien.
Sie alle führen an ein Ziel: den heiligen Ort
Santiago de Compostela.
Auch weniger bekannte Routen erfreuen
sich zunehmender Beliebtheit, doch der
bekannteste ist der ca. 790 Kilometer lange
Camino Francés. Die meisten Wanderer
brauchen dafür ungefähr einen Monat.
Viele beginnen die Wanderung in Saint-Jean-
Pied-de-Port, einer faszinierenden alten,
mit einer Mauer umgebenen Stadt in den
Ausläufern der französischen Pyrenäen,
ca. 8 Kilometer vor der spanischen Grenze.
Der Ort ist vom Flughafen Bayonne und
dem Flughafen Biarritz-Anglet-Bayonne mit
dem Zug in einer Stunde erreichbar.

Wer keinen ganzen Monat Zeit hat und
dennoch nicht auf die Pilgerurkunde verzichten möchte, die belegt, dass man den
Jakobsweg bis zum Ende gegangen ist,
muss mindestens 100 Kilometer der Strecke
zurückgelegt haben. Das bedeutet beispiels-
weise, dass man die Wanderung im galizi-
schen Dorf Sarria, ca. 114 Kilometer östlich
von Santiago de Compostela, beginnt.
Die Rückkehr eines Pilgers nach Hause ist
bei weitem unkomplizierter: Santiago de
Compostela ist bestens an das europäische
Flug-, Bahn- und Busnetz angebunden.

Rechts: Das Ziel
der Pilgerreise ist
die Kathedrale von
Santiago de Compostela
Unten links: Die
Stempelsammlung
belegt die zurück-
gelegten Etappen
auf der Reise
Unten rechts: Wanderer
auf einem Feldweg
in Nordspanien

RÜCKZUGSTEST BEI ELEFANTEN

SAMBURU NATIONAL RESERVE, KENIA

»Es gibt Benimmregeln, wie man sich einem Elefanten nähert«, erklärte mir Saba Douglas-Hamilton, die zauberhafte Herrin über das Elephant Watch Camp. »Man dringt nicht in ihren Bereich ein«, mahnte sie, »und man überlässt ihnen die Entscheidungen.« Die Tochter von Iain Douglas-Hamilton, dem Experten für Elefantenverhalten schlechthin, musste es wissen, verbrachte sie doch ihr ganzes Leben in Gesellschaft der riesigen ostafrikanischen Dickhäuter. Ich hoffte, Saba würde recht behalten, als vor unserem Landcruiser-Cabrio ein gewaltiger Elefantenbulle auftauchte. »Das ist Edison«, sagte sie, und Edison war offenbar in der Musth, der Zeit, in der Elefantenbullen einen hohen Testosteronspiegel haben, sich paaren wollen und reizbar sind.

Saba stellte den Motor ab. Edison kam auf uns zu und streckte seine Rüsselspitze aus, bis sie ein paar Zentimeter vor mir schwebte. Langsam fuhr er meinen Körperumriss mit dem Rüssel nach, bis ich seinen warmen Atem seitlich neben meinem Gesicht spüren konnte. Dann preschte er unvermittelt am Wagen vorbei und stand nun hinter uns, Stoßzähne und Rüssel der Länge nach auf unserem Segeltuchverdeck abgelegt.
Die Zeit schien stillzustehen. In die Stille hinein hörte ich die Rufe der Ringeltauben um uns herum. Dann war der Elefantenbulle weg – ein gigantischer Schatten, der langsam durch die Bäume fortzog. »Gut gemacht«, flüsterte Saba. »Du hast den Rückzugstest mit Bravour bestanden.«

Von Brian Jackman

Der Moment
Was diesen Moment für mich so unvergesslich machte, war das tiefe Vertrauen, das zwischen den drei Beteiligten, zwei Menschen und einem Elefant, herrschte.

Der Weg dorthin
Mit dem Elephant Watch Camp (elephantwatchportfolio.com) realisierte Sabas Mutter, Oria Douglas-Hamilton, ihren Traum. Man kann sich kaum einen grüneren Ort vorstellen als dieses Camp, errichtet aus Baumstämmen, die von Elefanten umgerissenen wurden. Das Camp steht im Schatten riesiger Akazien am Ufer des Ewaso Nyiro River, ein paar Meilen von der Zentrale der Organisation Save the Elephants entfernt, die von Orias Ehemann Iain 1993 gegründet wurde. Iain erforscht seit 1960 Elefanten und hat seither über 900 dieser Tiere kennengelernt – wild lebende und sporadische Gäste des Camps, die Namen erhielten und in Familien eingeteilt wurden. Saba kennt alle Elefanten im Samburu, genau wie die professionellen Guides, die in ihrer Stammeskleidung in unmittelbare Nähe der Herden fahren.
Die Preise des Elephant Watch Camp sind nicht gerade günstig, wie ein solch einzigartiges Angebot schon erwarten lässt.
Safarilink (safarilink.com) fliegt vom Wilson Airport in Nairobi aus zweimal am Tag nach Samburu. Der Flug dauert knapp zwei Stunden, Mitarbeiter des Elephant Watch Camp holen Gäste an der Landepiste ab.

Links: Elefanten ganz nah im Samburu National Reserve

14

LIEBE, LICHT UND WANDERN IN TIBET

SAMYE-KLOSTER, TIBET

Die schwere Holztür des Klosters wurde geöffnet, ein Mönch in safranfarbenem Umhang steckte den Kopf heraus und ein strahlendes Lächeln hieß mich willkommen. Es war ein geheimnisvoller, die Seele erhebender Ort – das spürte ich schon an den sanft kreisenden Gebetsmühlen und den Regenbogenfahnen, die im Hof flatterten. Doch ich hatte nicht gehofft, dass ich in diesem Heiligtum mit sandgemalten Mandalas und gedämpften Gesängen inneren Frieden finden würde – und die Liebe. Lange hatte ich mir gewünscht, die 80 Kilometer von Ganden nach Samye zu gehen, einen Pilgerweg zwischen zwei der größten Klöster des Himalaja. Als ich ehrenamtlich in Lhasa arbeitete, motivierte mich der Roman Sieben Jahre in Tibet von Heinrich Harrer dazu, meinen Traum wahr zu machen. Die Wanderung erreichte ihren Höhepunkt, als ich das älteste buddhistische Kloster Samye zum ersten Mal sah. Von Weitem war es nur ein Streifen Gold auf Weiß und Purpur, der sich vom göttlich blauen Himmel – schön wie im Traum – abhob. Dieses Hochgefühl wurde in derselben Nacht gesteigert, als meine Augen den Augen eines Mitreisenden begegneten. In dem von Kerzen erleuchteten Raum, der nach Weihrauch duftete, war es, als stünde das Kloster außerhalb von Zeit und Raum. Um Mitternacht betrachteten wir gemeinsam die Sterne über der Terrasse, und der Kloß in meinem Hals war groß wie ein Ballon. Als ich dachte, schneller könne mein Herz nicht schlagen, küsste er mich. Wir waren allein, und für den Bruchteil einer Sekunde wünschte ich, dieser Moment würde ewig währen.

Von Katalin Thomann

Mönche in Samye,
am Ziel von Katalins
Pilgerreise

Der Moment

Beim Gedanken an Tibet scheinen immer
widerstreitende Gefühle im Spiel zu sein.
Ich lernte, dass schwer erreichbare Ziele besonders lohnenswert sein können und dass
die Liebe sich dort verbergen kann, wo man
es am wenigsten erwartet. Damals ahnte ich
nicht, dass ich im Kloster Samye die Liebe
meines Lebens treffen würde, wir zehn Jahre
später heiraten und zu dritt sein würden.

Der Weg dorthin

Tibet ist für Besucher offen, aber die chine-
sische Regierung kontrolliert streng, wer
durch die autonome Region reisen darf – ein
Visum und eine Tour zu organisieren, kann
entmutigend sein. Besucher müssen bei einem registrierten Reiseunternehmen oder
einer Agentur die Genehmigung des Tibet
Tourism Bureau (TTB) beantragen, bevor sie
ein Flug- oder Bahnticket von Beijing in die

tibetische Hauptstadt Lhasa buchen. Die
Genehmigung kostet nichts, doch die meisten Unternehmen verlangen eine Bearbei-
tungsgebühr. Komplizierter ist die Organisation von Reisen außerhalb von Lhasa. Hierfür
braucht man eine zusätzliche Aliens' Travel
Permit (ATP) des Public Security Bureau.
Die Route muss vorher festgelegt werden,
auf eigene Faust zu reisen, ist nicht erlaubt.
Viele Anbieter organisieren zwischen April
und Oktober Kleingruppentouren. Die beliebtesten Trips sind die zum Everest Base
Camp und zum Namco-See sowie die fünftägige Wanderung von Ganden nach Samye.
Von Nepal aus können Reisende auch wieder
die Grenze in Kerung-Rasuwa passieren und
die klassische Route über den Himalaja-
Highway nach Tibet nehmen.

Unten: Samye, das älteste
buddhistische Kloster Tibets

15

BEGEGNUNG MIT KUTSCHI-NOMADEN

ZENTRALAFGHANISTAN

Die Straßen waren so teuflisch, dass der Fahrer uns bat auszusteigen, um Steine zu sammeln und sie als Ballast in den Kofferraum zu legen – in der Hoffnung, damit die Erschütterungen zu mildern. Wir fuhren durch Afghanistans bergiges Zentrum nach Herat, einer alten Stadt an der Seidenstraße. Doch die Reise war bei Weitem nicht so märchenhaft wie man es erwarten würde. Die hohen Passstraßen und die Kiesbetten der Flüsse waren zu einer einzigen holprigen Fläche geworden. Wir kamen an den skelettierten Überresten von Panzerfahrzeugen aus den letzten Kriegen vorbei und sahen von Dschingis Khan geplünderte Befestigungsanlagen. Überall zeigte die Landschaft ihre Wunden. Und dann, hinter einem kleinen Dorf, in dem mehrere Ochsen zum Dreschen von Weizen eingespannt waren, sahen wir sie: Kutschi-Nomaden.

Schafe und Ziegen, die ihnen vorausgingen, wirbelten Staub auf. Die Herde wurden von einer Gruppe von Hütehunden und ein paar Kindern auf Eseln unter Kontrolle gehalten. Dahinter ritten mehrere Reihen von Frauen in bunt bestickten Kleidern auf Kamelen. Weitere Kamele, schwer beladen mit schwarzen Wollzelten und ungewöhnlichen Satteltaschen aus Teppichen wie aus dem Antiquitätengeschäft, wurden von Männern mit kostbaren Turbanen bewacht. Die Anstrengungen der Reise waren mit einem Mal vergessen. Ich fühlte mich in die Zeit Marco Polos versetzt – eine Welt, von der ich glaubte, dass sie längst nicht mehr existierte – und empfand es als besonderes Privileg, hier zu sein. Minuten später waren die Nomaden weitergezogen, doch dieses Erlebnis begleitet mich bis heute.

Von Paul Clammer

Der Moment

In Kabul waren die Nachwirkungen der jüngsten Kriege nicht zu übersehen. Doch hoch in den Bergen begegnete ich einer afghanischen Kultur, die noch stolz auf ihre alten Bräuche ist. Ich verstand, dass es auch jenseits der Schlagzeilen viel über ein Land zu lernen gibt.

Der Weg dorthin

Wenn die Sicherheitslage es erlaubt (zurzeit tut sie es nicht), dauert die Fahrt von Bamiyan nach Herat durch Zentralafghanistan vier bis sieben Tage. Zu den Highlights auf dieser Route gehören die lapislazuliblauen Band-e-Ami-Seen und das mit 65 Meter Schwindel erregend hohe Minarett von Jam. Die Straßenqualität reicht von dürftig bis miserabel. Trotz Vierradantrieb und vertrauenswürdigem einheimischem Fahrer ist damit zu rechnen, dass man aussteigen, steile Abschnitte zu Fuß gehen und Steine sammeln muss (als Ballast oder um sie bei Flussquerungen unter die Reifen zu legen). Die Straße ist von Mai bis Oktober befahrbar – es sei denn, es gibt frühen Schnee oder eine späte Schneeschmelze. Der Nahverkehr ist ab November eingeschränkt, da die hohen Pässe nach und nach geschlossen werden.

Unterkünfte am Weg beschränken sich auf Chaikhanas (Teehäuser), wo man zum Preis des Abendessens einen Schlafplatz auf dem Boden zugewiesen bekommt und unter der eigenen Decke schlafen kann. An entlegenen Orten gibt es manchmal nur Brot, Eier und grünen Tee: also Proviant mitnehmen.

Links: Kutschi-Nomadinnen in Afghanistan in traditionellen bestickten Kleidern

16

CLIFFCAMPING IN COLORADO

ROCKY MOUNTAIN NATIONAL PARK, COLORADO, USA

Es war nur ein kurzer Moment, den die meisten wohl als Traum oder Halluzination abgetan hätten. Er hatte etwas Unwirkliches an sich, einen Hauch von übersinnlicher Kraft. Der winzige Kolibri schwebte wenige Zentimeter vor meinem Gesicht wie Tinkerbell, sein Herz klopfte mit 1200 Schlägen pro Minute. Als wir uns hoch über dem Abgrund neugierig fixierten, Hunderte Meter über Felsen und Bäumen, begann mein Adrenalin-gequältes Herz endlich langsamer zu schlagen. Ich holte tief Luft. Bis zum Morgen waren es vielleicht noch sechs Stunden, aber nun wusste ich, dass ich es schaffen würde. Ich hatte nie unter Höhenangst gelitten, aber in dieser Nacht auf dem schmalen Portaledge spürte ich eine herzzerreißende Angst. Cliffcamping ist aus verschiedenen Gründen besonders populär geworden, nicht zuletzt als ultimative Möglichkeit, den Sonnenaufgang und -untergang im Gebirge zu erleben. Ich aber erlebte die Dunkelheit. In den schlaflosen Stunden in die Schwärze der Nacht starrend, den Mond beim Auf- und Untergehen betrachtend und den raunenden Wald unter mir, erfuhr ich Momente wahrer Klarheit: Zeit für einen bemerkenswert nüchternen Blick auf Vergangenheit, Gegenwart und Zukunft.

Beim Abseilen früh am Morgen nach einem sensationellen Sonnenaufgang – ein wahres Inferno der Farben hatte die Rocky Mountains um mich in Brand gesetzt – dachte ich noch immer an den Kolibri, den Mond und die Weisheit des Himmels. Meine schlaflose Nacht am Felsen war eine persönliche Erweckung gewesen.

Von Jonathan Thompson

Jonathan verbrachte 200 Meter über dem Abgrund eine schlaflose Nacht

46

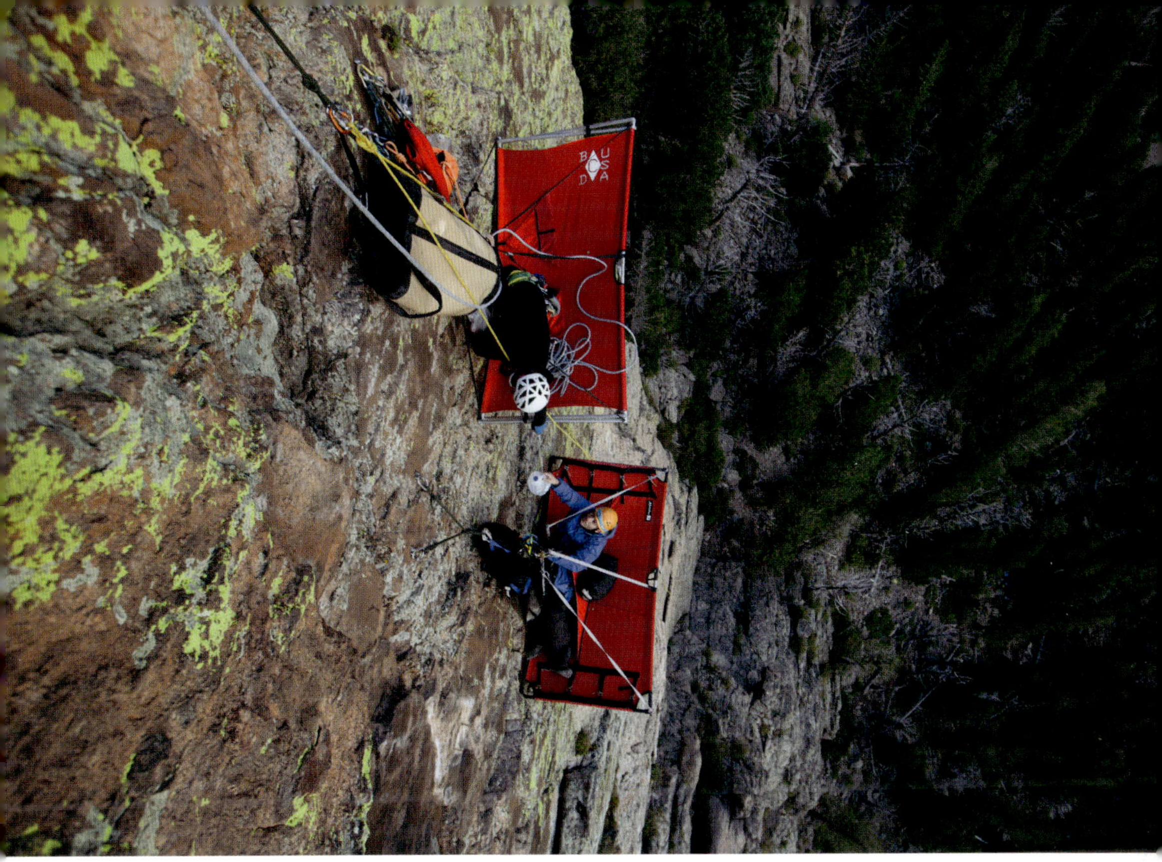

Jonathan und sein Kletterlehrer beim Abseilen von ihrem Übernachtungsort im Rocky Mountain National Park

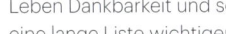

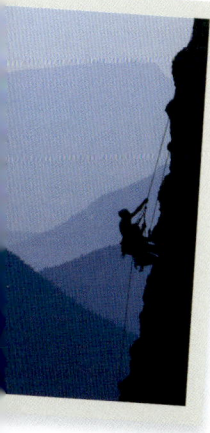

Der Moment

Die Nacht in der Wand war zermürbend und zeigte mir Mut und Angst in Extremform. Ich spürte für so viele Dinge in meinem Leben Dankbarkeit und schrieb in Gedanken eine lange Liste wichtiger Dinge, als ich dort oben in der Dunkelheit hing.

Der Weg dorthin

Kent Mountain and Adventure Centre (KMAC; kmaconline.com) in Estes Park, Colorado, hat in seinem Programm Cliffcamping-Übernachtungen ab 800 US-Dollar pro Person (bei zwei Personen). Im Preis enthalten sind Abendessen, Frühstück, Guide und die gesamte Ausrüstung. Man braucht für die Teilnahme keine Klettererfahrung: Gute Bergwanderkondition und Schwindelfreiheit reichen aus. Das Abenteuer beginnt an der Zentrale des KMAC in Estes Park, die in ca. 90 Minuten mit dem Auto von Denver aus erreichbar ist. Hier erhält man Basis-Seil- und Abseilkenntnisse, bevor man mit den Guides zu Mittag isst. Am Nachmittag wird man dann in den nahe gelegenen Rocky Mountain National Park gefahren und wandert von dort ein Stück bis zum Cathedral Rock – das Ziel für die Nacht. Mit einem Klettergurt beginnt man von dort aus den steilen Anstieg um die Rückseite der Felswand, bevor man sich für die Nacht zum Portaledge abseilt.

Für die Nacht danach empfiehlt es sich, ein Hotelzimmer zu buchen, damit man nach dem Abstieg duschen kann. Das traditionsreiche Stanley Hotel (stanleyhotel.com), in dem zufällig Stephen Kings Roman *Shining* spielt, liegt ganz in der Nähe. Weitere Informationen unter visitestespark.com.

Oben: Bettfertig machen in den Rockies, Colorado

17

ANSICHTEN VON DER SÜDSEE

VATULELE, FIDSCHI

Von dem privaten zweisitzigen Flugzeug aus glich die Insel Vatulele einem Südseeparadies. Doch mir war unbehaglich zumute beim Gedanken an einen Luxusurlaub auf einer abgelegenen Insel, auf der an die tausend Fidschianer noch immer nach traditionellen Bräuchen leben.

Im Resort schwelgte ich zunächst in Champagner und Meeresfrüchten. Doch dann ging ich auf Entdeckungstour. Ich suchte das Dorf auf, ein paar schilfgedeckte Hütten unter Palmen, wurde herzlich empfangen und befand mich bald darauf in einem fidschianischen Gottesdienst. Es folgte darauf eine Art Bonding-Sitzung unter Männern: Auf dem Lehmboden der Hütte kauernd, trank ich mit Dorfbewohnern aus einer Schale Kava, einen pfeffrigen, leicht narkotisierenden hausgemachten Trunk, der das Gesicht betäubt wie eine Spritze beim Zahnarzt. Später wanderte ich zur gegenüberliegenden Küste, setzte mich neben einen Fischer auf einen Felsen und sah den Wellen zu. Es war malerisch, doch bei mir machten sich wegen der Ungleichheit unserer Lebensverhältnisse Gewissensbisse breit. Als habe er meine Gedanken gelesen, drehte sich der wettergegerbte Alte zu mir um: »Ihr Touristen tut mir Leid. Ihr müsst das ganze Jahr über arbeiten, Geld verdienen und um die halbe Welt fliegen, um ein paar Tage an einem Ort wie diesem zu verbringen. Ich habe all dies an jedem Tag meines Lebens.«

Von Simon Heptinstall

Der Moment

Die einfache Erkenntnis des Fischers änderte meine Einstellung zum Wohlstand. Ja, wir haben Mikrowellen, Waschmaschinen mit Trockner und Flachbildschirme zum Fernsehen, aber sind wir deswegen glücklicher als Menschen, die das nicht haben?

Der Weg dorthin

Der südpazifische Inselstaat Fidschi wird von Australien, Neuseeland, Korea, Hongkong und den USA aus direkt angeflogen. Vom Nadi International Airport auf der Hauptinsel Viti Levu kommt man per Fähre oder Leichtflugzeug leicht von Insel zu Insel.

Ob man den Urlaub auf Vatulele verbringt, hängt davon ab, ob das Budget für eines der Top-Luxusresorts der Welt reicht. Weitaus günstiger sind Unterkünfte bei den für ihre Freundlichkeit bekannten Fidschianern auf den anderen Inseln zu haben. Es gibt zahlreiche Strandhotels und Resorts für jeden Geldbeutel, doch eine Privatunterkunft (z. B. B & B) in einem Dorf ist die beste Wahl, wenn man Land und Leute kennenlernen will. Und wo auch immer man hier unterkommt: Das Meer ist nie weit.

Ganz oben: Strandvillen säumen die paradiesischen Küsten der Fidschi-Inseln
Oben: Dorfbewohner beim Brauen des berauschenden Kava
Links: Fidschi-Fischer

18

DEN SKLAVENAUF–
STAND ZURÜCKVERFOLGEN

BERBICE, GUYANA

Der Berbice wird mir immer in Erinnerung bleiben. Noch 80 Kilometer stromaufwärts war er Hunderte von Metern breit. Samtschwarz und spiegelglatt schlängelte er sich durch den gespenstischen, pfeifenden Dschungel. Wellblechdörfer tauchten hier und da auf, und ich sah Frauen Wäsche stampfen und Männer Einbäume aushacken. Es waren Afro-Guyaner, die alte holländische Namen wie Linden und Amsterdam trugen. Die riesigen Baumwollbäume, erklärte mein Fährmann, markierten früher die Grenzen der Sklavenplantagen. Alle dies Plantagen waren im Sklavenaufstand von 1763 zerstört worden. Genau dieses Aufstandes wegen war ich hier. Monatelang hatte ich in London alte Dokumente studiert. Der Aufstand war eine finstere Geschichte: Im Februar 1763 stellten die Sklaven am Fluss ihre Arbeit ein und brachten ihre Aufseher um. Musketen, Messer, Westen und Rum ließen sie mitgehen. Am Ende starben alle Aufständischen, doch fast ein Jahr lang waren sie nicht aufzuhalten.

Nun, 250 Jahre später, erreichte ich die Ruinen von Peereboom, eines der wenigen Backstein-Herrenhäuser in der Kolonie Berbice. Hier hatten die Pflanzer ihr letztes Gefecht. Etwa 2000 barfüßige Aufständische waren damals angerückt. Holländischen Berichten zufolge sollten sie durch zerbrochene Glasflaschen abgeschreckt werden,

die um das Haus herum verteilt worden waren. Ich erwartete nicht, viel zu finden, als ich das Steilufer hinaufkletterte und die Luft erdig und süß roch. Doch alle meine Forschungen wurden mit einem Mal lebendig: Da stand ich, umgeben von lauter dicken, grünen Glasscherben.

Von John Gimlette

Den Berbice hinauf,
mit Kurs auf die
Geschichte

Vergessenes Grab eines holländischen Pflanzers in Peereboom

Der Moment

In dieser gespenstischen Naturkulisse war meine Entdeckung ein erhebender Moment. Für Reisende wie mich ist es eine unverhoffte Erfahrung, wenn an einem Ort Forschung und Geschichte zusammentreffen. Ich spüre noch immer diese Aufregung, den Moment, in dem sich die Gegenwart abschält und plötzlich die Vergangenheit aufscheint.

Der Weg dorthin

Auf eigene Faust auf dem Berbice zu reisen, ist möglich, aber schwierig. Es gibt eine günstige öffentliche Fähre, die einen Teil der Strecke flussaufwärts zurücklegt, aber Fahrten darüber hinaus und in weiter abgelegene Gegenden müssen ausnahmslos im Voraus organisiert werden, z. B. von Georgetown aus (z. B. bei wilderness-explorers.com). Mit einem privaten Schiffer kann man auf dem Weg an interessanten Orten Station machen.

Nicht verpassen sollte man die Ruinen des 1763 zerstörten Fort Nassau, wo sich noch heute Trümmer – und Glasscherben finden. Hotels gibt es an der Flussmündung in New Amsterdam, flussaufwärts allerdings kaum noch. Unterkünfte im Landesinneren muss man oft über Funk buchen, hier können Anbieter wie Wilderness Explorers alles Notwendige organisieren.
Die Berbice-Region ist klimatisch heiß, aber noch angenehm, die mittlere Jahrestemperatur liegt etwas über 27 °C. Die Hauptregenzeit ist im Mai und Juni, eine weitere Ende Dezember bis Ende Januar.

Oben: Am Berbice in Peereboom. Von dieser Anlegestelle aus flohen die überlebenden Pflanzer und Sklavenhalter im Aufstand von 1763 unter schwerem Beschuss

19

NACHTWACHE IM KORALLENMEER

LOUISIADE-ARCHIPEL, PAPUA-NEUGUINEA

Ich war zwölf Jahre alt, meine Mama hatte mir gerade meine erste digitale Armbanduhr geschenkt. Ich trug sie bei meiner ersten Nachtwache: allein vor der Morgendämmerung an Deck unseres Segelbootes, auf einem Törn über das Korallenmeer von Cairns nach Neuguinea. Ich war die Skipperin, während meine Familie schlief, und fühlte mich sehr erwachsen. Auf dem Weg zum Bug, um die Taue zu prüfen, blickte ich aufs ruhige Meer und sann darüber nach, dass uns zwei Segeltage von jedem Festland trennten. Als sich mein Blick zum sternenklaren Himmel hob, nahm ich überdeutlich wahr, dass ich nur ein Winzling auf diesem riesigen Erdball war. Später, als ich ins tiefe Wasser unter mir sah, bemerkte ich Schlieren aus winzigen Lichtern, die sich in der Dunkelheit kräuselten. Zuerst dachte ich, die Sterne würden sich im Wasser spiegeln, doch dann wurde mir klar: Es war Biolumineszenz, aufgewirbelt von einem Schwarm Delfine, der neben dem Boot schwamm. Die Delfine begleiteten uns den ganzen folgenden Tag über, spielten am Bug und warfen uns kokette Blicke aus dem Wasser zu, und doch ist es dieser eine frühe Morgen, den ich nie vergessen werde: das Meer, die Stille der Nacht, die Delfine und ich, die ich in dieser Welt heranwuchs. Magisch.

Von Ruth Cosgrove

Der Moment
Reisen kann den Sinn für das Wunderbare wecken und erhalten, der alles in eine bessere Richtung lenkt.

Der Weg dorthin
Die Fahrt über das Korallenmeer von Cairns im nordaustralischen Queensland aus zum Louisiade-Archipel vor der Spitze Neuguineas dauert je nach Wetter um die fünf Segeltage. Dieser Törn, der im Mai stattfand, war der Auftakt zu sechs Monaten Inselhopping und Tauchabenteuern auf Papua-Neuguinea und den Salomon-Inseln.
Wer an Bord einer der vielen Privatjachten arbeiten möchte, die in der Gegend unterwegs sind (Küste von Queensland, Neuguinea und ganz Indonesien), findet Jobs als Deckarbeiter, Koch, Steward oder Maschinist über örtliche Jachtklubs und auf Internetseiten wie zum Beispiel crewseekers.net, vikingrecruitment.com und gumtree.com.

Es empfiehlt sich, einen Tauchschein zu machen, denn die Riffe rund um die Inseln von Papua-Neuguinea gehören zu den besten Tauchrevieren der Welt.

Links: Ist keine Küste am Horizont zu sehen, wird der Himmel zur beweglichen Landschaft

20

MIT GAUCHOS REITEN

PATAGONIEN, CHILE

Gauchos reiten
durch den Torres
del Paine

Normalerweise würde ich niemanden mit Barett, Halstuch und Cowboyhosen als hip bezeichnen, aber die patagonischen Gauchos, mit denen ich ritt, waren definitiv die coolsten Typen der Welt. Sie handelten mit Zigaretten, machten witzige Bemerkungen, und ihre legendären Pferdekenntnisse waren die Voraussetzung für das Leben in der chilenischen Berg- und Steppenlandschaft des Parque Nacional Torres del Paine. Erste zarte Schneeflocken wirbelten durch das diffuse Licht, als mein Pferd vorsichtig dem lässigen Abstieg der Gauchos folgte. Am Horizont der weiten subalpinen Landschaft konnte ich in einem engen Tal quecksilbrige Wasserfälle und einen See erkennen. Angelockt vom köstlichen Versprechen eines chilenischen Barbecues, sprang die zutrauliche und blitzgescheite Hundebande der Gauchos uns voran und wies die Richtung. Bald kamen die Ställe in Sicht, und als die Aufregung der Hunde ihren Höhepunkt erreicht hatte, stieg ich endlich von meinem Pferd und betrat einen einfachen Pavillon, der vom Duft und Geschmack Südamerikas erfüllt war. Gerade wurden Königslachse aus den Flüssen der Umgebung gegart, und zwei Lammseiten im traditionellen Asadostil aufrecht gegrillt. Einer der Gauchos reichte mir ein Glas robusten Malbecs, den ich zu den herzhaften Empanadas trank. Dann zog er ein langes Messer vom Hosenbund und schnitt ein Stück von dem perfekt gegrillten Fleisch ab. Draußen fiel mittlerweile dichter Schnee. Der Schäferhund zu meinen Füßen leckte sich das Maul, und wir beide wollten an keinem anderen Ort der Welt sein.

Von Brett Atkinson

Empanadas sind
der beste Proviant
beim Reiten

Der Moment

Ich bin ein Fan des urbanen Reisens und liebe lebendige Städte mit Streetfood, Restaurants und Märkten. Aber mit den patagonischen Gauchos und ihren treu ergebenen
Hunden zu reiten, ließ mich die pure Freude
genießen, einen Gang herunterzuschalten
und mich in einer spektakulären Landschaft
dem Rhythmus der Natur hinzugeben.

Der Weg dorthin

Das Explora-Hotel Salto Chico (explora.com)
am Ufer des Lago Pehoé im chilenischen
Patagonien bietet Ausritte zusammen mit
den einheimischen Gauchos an, die an der
Ranch 2 de Enero beginnen. Die 26 Pferde
der weitläufigen Ranch, die alle auf einem
Familienanwesen in Zentralchile aufgezogen
wurden, stehen für 16 verschiedene Halb-
und Ganztages-Expeditionen für Reiter mit

und ohne Vorkenntnisse zur Verfügung.
Für Reitanfänger sind die Touren »Pampas
del Toro« und »Laguna Linda« inklusive Vo-
gelbeobachtung bzw. atemberaubender
Aussicht auf das Paine-Massiv geeignet.
Die Ganztagsexkursionen »Donoso« und
»Tempanos« umfassen herausforderndere
Sumpfgebiete oder das Galoppieren auf
Ebenen und steinigem Gelände.
Von September bis April bildet die Quincho
(Barbecue)-Einrichtung der Ranch den End-
punkt einiger Exkursionen, andere enthalten
einen Lunch im Freien. Um das Hotel Salto
Chico zu erreichen, fliegt man von der
Hauptstadt Santiago de Chile (Flugzeit:
3,5 Std.) Richtung Punta Arenas und fährt
von dort aus in dem Auto (Fahrtzeit: 4,5 Std.).

Unten: Gigantische Bergwelt
im Parque Nacional Torres
del Paine, Chile

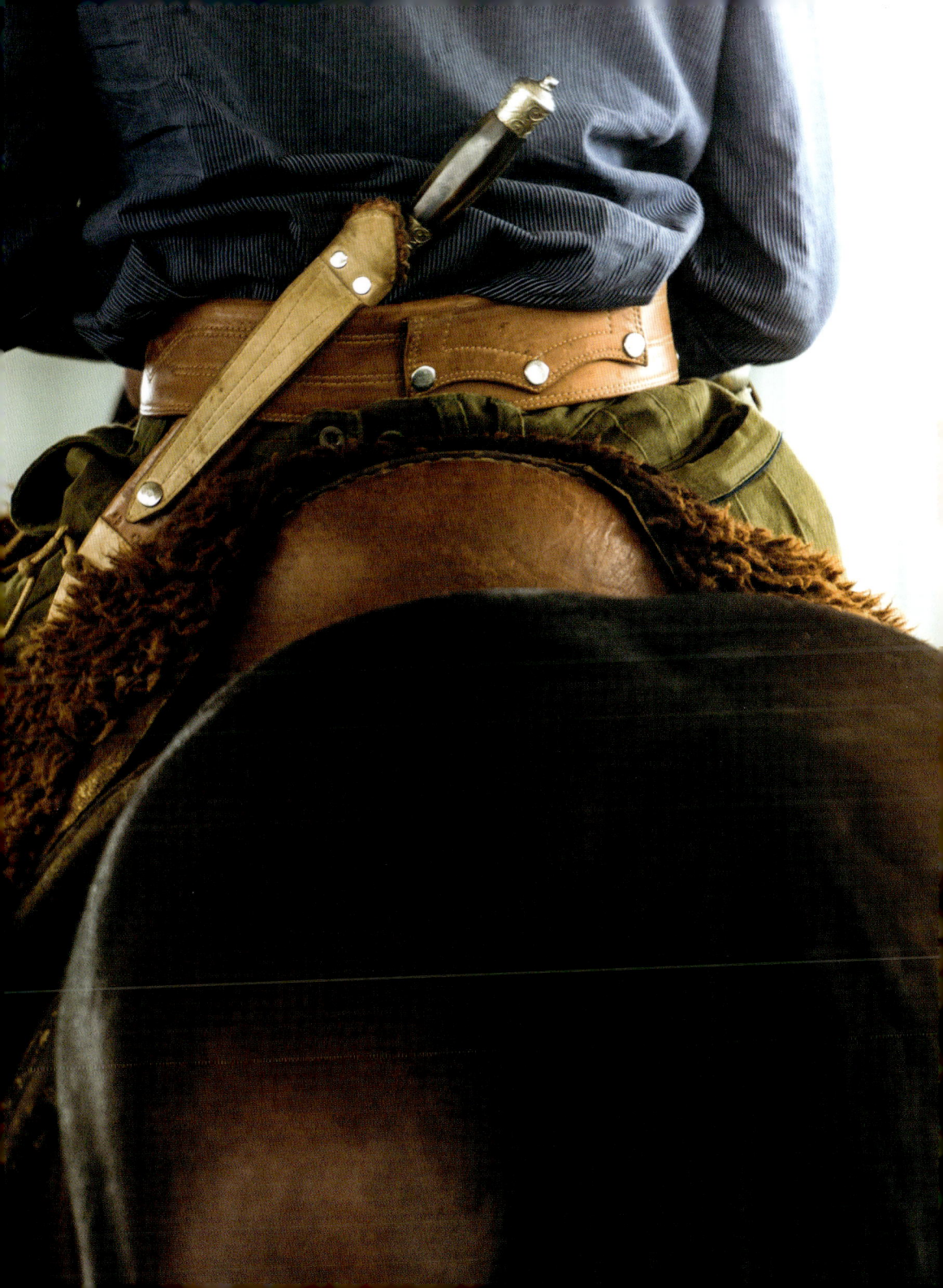

21

AUF DEN HALF DOME KLETTERN

YOSEMITE NATIONAL PARK, KALIFORNIEN, USA

Der Vollmond versilberte die stillen, schneebedeckten Bergketten, als ich mich auf dem Gipfel der blanken Nordwestwand des Half Dome erschöpft fallen ließ. Es war zwei Uhr nachts und vor etwa 42 Stunden hatten wir mit dem Klettern angefangen. Raureif glitzerte auf den Granitkristallen der Felsen. Meine Finger waren taub vor Kälte, ich hatte Hunger und Durst, alle Muskeln taten mir weh. Und doch fühlte ich mich nie besser als in diesem Moment.

Als Teenager entdeckte ich das Klettern für mich, und es war zur Obsession geworden – der Nervenkitzel des Entdeckens, die Freude an der kontrollierten Bewegung, die Herausforderung, mit der Angst umzugehen. Das Yosemite-Tal in Kalifornien ist eine Wiege dieses Sports und der gewaltige Half Dome sein Wahrzeichen. Jeden ehrgeizigen Kletterer lockt seine 671 Meter hohe, vertikale Wand. Für mich war sie wie ein Magnet. Als ich das Seil einholte, um meinen Partner heraufzuholen, dachte ich an die Mühen, die ich auf mich genommen hatte, um hierher zu kommen: sechs Monate Vorbereitung, eine Woche Aufwärmklettern und eine vierstündige Wanderung zum Startpunkt des Aufstiegs. Danach folgten zwei Dutzend Seillängen quälende Risse im Fels, luftige Quergänge, technische Kletterei und eine Nacht auf dem schmalen Ledge, 300 Meter über

dem Boden. Ich dachte an die Anstrengung bis zur Übelkeit, atemberaubende Ausblicke, Wellen des Rausches und der Angst im Wechsel, die letzte Seillänge im Taschenlampenlicht. Und am Ende der Moment stiller Begeisterung, wenn die Gipfel der Sierra Nevada unter dem Sternenhimmel neue Abenteuer verheißen.

Von Neil Wilson

Der Moment

Als ich den Half Dome geschafft hatte, schien mir nichts mehr unmöglich. Ich schrieb meinen allerersten Zeitschriftenartikel über dieses Erlebnis und gab schließlich sogar eine sichere Karriere in der Ölindustrie zugunsten des abenteuerlichen Lebens eines Reiseschriftstellers auf.

Der Weg dorthin

Für die Regular Northwest Face, einen schwierigen Aufstieg ausschließlich für erfahrene Kletterer, braucht man zwei oder drei Tage. Die meisten planen eine Nacht am Einstieg ein, man benötigt dazu einen (kostenlosen) National Park Wilderness Permit. Auf der Route »The Cables« können auch Nicht-Kletterer den Gipfel des Half Dome erreichen. Der durch Stufen und Handläufe gesicherte Weg an steilen Felswänden hinauf gehört zu den beliebtesten Touren im Yosemite National Park (die Höchstgrenze liegt bei 300 Personen am Tag). Eine Genehmigung, die Half Dome Permit, kann man beantragen (nps.gov/yose/planyourvisit/hdpermits.htm), die meisten werden jedoch vor der Saison im März per Losverfahren vergeben. Nur etwa 50 Genehmigungen am Tag werden verlost (Kosten: 20 US-Dollar; zwei Tage im Voraus bewerben).

Im Yosemite gibt es mehrere Campingplätze, doch Camp 4 ist die geistige Heimat der Kletterer und wurde 2003 in das National Registry of Historic Places aufgenommen.

Oben: Die gewaltige Wand des 2694 Meter hohen Half Dome
Links: Den Half Dome kann man auch auf der Route »The Cables« in Angriff nehmen

22

AUFSCHLUSSREICHE BEGEGNUNG MIT BERGGORILLAS

VOLCANOES NATIONAL PARK, RUANDA

Als ich dachte, mein Herz könne nicht mehr schneller schlagen, trat ich vorsichtig aus der Deckung des Waldes und stieg zur Lichtung hinab, wo sich eine Gruppe Berggorillas aufhalten sollte. Die Vorfreude verwandelte sich bald in helle Aufregung, als ich den ersten Gorilla erblickte – ein männliches Jungtier, das sich in der Wärme eines Sonnenstrahls aalte. Kurz darauf entdeckte ich etwa sieben Meter entfernt einen stattlichen, gut 200 Kilogramm schweren Silberrücken. Ich war überwältigt von seiner Größe, seiner Statur und seinem klugen Blick. Er sah zu, wie ein Junges, noch kein Jahr alt, aus dem Unterholz auf mich zustolperte. Nicht weit davon lagerten einige neugierige Weibchen. Den Rest der maximal erlaubten Dauer von einer Stunde über beobachtete ich das winzige Junge, das herumtollte, sich auf die Brust trommelte und vergnügt grunzte, alles aus ein paar Metern Entfernung. Die Weibchen pflegten abwechselnd ihr Fell, fraßen wilden Sellerie und musterten den glücklichsten Menschen der Welt. In dieser Zeit prägten sich mir die kleinsten Details ihrer Gesichter, ihre menschenartigen Hände und bezaubernden Augen für immer ein. Mein verzücktes Lächeln und unkontrollierbares Kichern endeten abrupt, als ich meinen Guide drei Worte sagen hörte: »Time is up.« Just als ich um ein paar letzte Sekunden betteln wollte, schlug ganz in der Nähe ein Blitz ein, dessen Donner die Gorillas in die Tiefen des Dschungels flüchten ließ – das spektakuläre Ende passte zu der Begegnung, die ich nie vergessen werde.

Von Jane Powell

Der Moment

Für immer in Erinnerung bleiben werden mir, einmal abgesehen von der großen Aufregung, die ich körperlich als intensive Energie spürte, meine schiere Faszination in dieser Stunde bei den Gorillas. Ich sah nicht irgendeinem Tier, sondern einem Verwandten in die Augen.

Der Weg dorthin

Genehmigungen für eine Tour zu den Gorillas im Volcanoes National Park in Ruanda bekommt man beim Rwanda Development Board (rwandatourism.com) für 1500 US-Dollar. Zehn an Menschen gewöhnte Gorillagruppen können von jeweils maximal acht Personen am Tag besucht werden, es gibt also nur 80 Parkgenehmigungen am Tag. Entsprechend groß ist der Andrang, vor allem in der Hochsaison von Dezember bis Januar und von Juli bis August. Genehmigungen kann man sich ein paar Monate im Voraus online sichern oder über ein autorisiertes Reisebüro.

Die Tour beginnt um 7 Uhr morgens an der Parkzentrale nahe Musanze mit der Zuteilung einer Gorillafamilie. Von hier aus wird man zum Startpunkt der Wanderung gefahren – einige Dschungelausflüge sind nur kurze Spaziergänge, andere sind dreistündige Wanderungen auf steilen, schlammigen Pfaden durch dichte Vegetation bis auf 3000 Höhenmeter. Zu wissen, was einen dort erwartet, steigert die Vorfreude, doch Aufregung, die Höhenluft und die Strapazen des Anstiegs können den Puls ganz schön zum Rasen bringen.

Ähnlich faszinierende Erlebnisse sind in Uganda (Bwindi Impenetrable National Park und Mgahinga Gorilla National Park) sowie der Demokratischen Republik Kongo (Virunga National Park) möglich.

Oben: Der Muhabura, zweithöchster Gipfel im Volcanoes National Park von Ruanda
Links: Es sind die Details, die bei der Begegnung mit den Gorillas am längsten in Erinnerung bleiben

23

EHRFURCHT ERWECKEND

KŌYA-SAN, JAPAN

Ein Gefühl geheimnisvoller Jenseitigkeit umfing mich schon vor meiner eigentlichen Ankunft in Kōya-san. Am Gokurakubashi-Bahnhof bestieg ich eine Standseilbahn, die mich durch weißen Nebel und über grüne Baumkronen hinweg aufwärts transportierte. In Kōya-san vervollständigte sich dieses Gefühl durch die charakteristische Bauweise der Ryokan-Herbergen, die bewaldeten Bergzüge ringsum und die buddhistischen Mönche in den Straßen. Mir fiel auf, wie ruhig und friedlich es war. Nach dem Trubel und den Lichtern Osakas kam es mir vor, als sei ich aus einem Hochgeschwindigkeitszug gesprungen. Aber Kōya-san wird mir nicht wegen der Sehenswürdigkeiten, die ich sah, oder der Speisen, die ich aß, in Erinnerung bleiben. Mein Aufenthalt an diesem Ort war vielmehr geprägt von der Erfahrung tiefer Ehrfurcht. Ich erlebte Ehrfurcht schon bei der Anmeldung in meiner Unterkunft, wo ein buddhistischer Mönch mir leise und in gebrochenem Englisch jedes Mal dankte, wenn ich ihm eine seiner zahlreichen Fragen beantwortete. Ich spürte Ehrfurcht, als ich vor Sonnenaufgang aufstand und an einem berührenden buddhistischen Gebetsgottesdienst teilnahm. Ich spürte sie, als ich die Stadt und ihre zahlreichen Tempel besichtigte und die Schönheit und Großartigkeit der Natur und der menschlichen Schöpfungen bewunderte. Ehrfurcht umgab mich bei meinem Weg durch die »Hintere Halle«, Oku-no-in, mit ihren Hunderten von Grabmälern. Dieses intensive Erleben ließ mich meine geschäftige Egozentrik hinterfragen, die mir so normal erschien, bis ich eine andere Sicht auf die Welt erlebte.

Von William Allen

© Cowardlion | Shutterstock, © Torsten Heider | TorstenSEA | 500px

Der Moment

In einer Stadt voller Menschen, die versuchen, im Hamsterrad vorwärts zu kommen, kann man leicht glauben, dass die Welt so sein muss. Kōya-san zeigte mir eine ganz andere Welt, eine des stillen Respekts, und forderte mich auf, diese Erfahrung in mein Alltagsleben mitzunehmen.

Der Weg dorthin

Ohne Mietwagen kommt man von Osaka mit Nankai Railway nach Kōya-san. Von Namba Station fahren Züge von Tōkyū Dentetsu (1260 Yen) und der Schnellzug Super Tokkyū (2040 Yen; Fahrtzeit: 43 Min.) bis Gokuraku-bashi am Fuße des Berges. Von dort fährt eine Standseilbahn (Fahrpreis im Zugticket enthalten) nach Kōya-san und ein Bus bis Kōya-san Mitte (auf der Verbindungsstraße ist Zufußgehen verboten!).

Das Kōya-san-Welterbe-Ticket von Nankai Railway (3400 Yen) deckt die Hin- und Rückfahrt mit dem Zug und alle Busfahrten auf Kōya-san ab und ermäßigt den Eintritt zu einigen Sehenswürdigkeiten.

Mit dem Japan Rail Pass fährt man auf der Linie JR von Kyoto aus Richtung Hashimoto und steigt in Nara, Sakurai und Takada um. Von Hashimoto aus besteht auch Anschluss zur Nankai-Strecke direkt nach Kōya-san (830 Yen; Fahrtzeit: 50 Min.).

Ohne Japan Rail Pass steigt man am besten in Namba in die Nankai-Bahn um.

Oben: Die Konpon-Daito-Pagode im Danjo-Garan-Tempel
Links: Eine buddhistische Statue wacht über dem Friedhof Oku-no-in

TEMPEL IM MORGENROT

BAGAN, MYANMAR

Noch war der Himmel tiefschwarz. Ich knipste meine Stirnlampe an, um mein Fahrrad zu finden. Als ich den sandigen Feldweg entlangradelte, verschwanden nach und nach die Sterne, und es wurde heller. Palmen zeichneten sich am Horizont als schwache Silhouetten ab. Bald tauchte aus dem Nebel ein ganzes Tempelmeer auf – unzählige Turmspitzen, kunstvolle Ornamente, steinerne Löwen, Buddhafiguren. Mehr und mehr Tempel in allen Formen und Größen bestimmten nun die unwirkliche Kulisse – alle in das golden schimmernde Morgenrot getaucht. Einige Tempelfassaden waren reich mit Sandsteinskulpturen geschmückt, andere hatten imposante Stupas. Wieder andere sahen aus wie steinerne Ungeheuer und waren von riesigen Schlingpflanzen überwuchert. Diese »Bestien«

zwischen den Tamarindenbäumen faszinierten mich am meisten. Ich ging nun zu Fuß weiter und blieb dabei in der Eile, den Sonnenaufgang nicht zu verpassen, oft an den üppigen Pflanzen hängen. Vorsichtig stieg ich auf einen kaum noch erkennbaren Tempel mit begehbaren Steinstufen und gelangte zu einem Steinplateau, von dem aus ich die ersten Purpurstrahlen der aufgehenden Sonne sehen konnte.

Mein Herz pochte, ich war in eine vergessene Welt versetzt: ein geheimnisvolles Land, in dem die Zeit still stand. Die Sonne ging auf wie eine Göttin, und ich flog zurück in die Zeiten der großen burmesischen Könige.

Von Nicky Holford

Der Moment

Als das Licht die wunderbaren Bauwerke überstrahlte und mich fast hypnotisierte, durchflutete mich eine Welle der Freude. Angst und Aufregung der Reise waren vergessen. Ich erinnere mich an die absolute Stille an diesem Ort – ein Moment, den ich nie vergessen werde.

Der Weg dorthin

Bagan zählt zu einer der wichtigsten archäologischen Stätten Asiens. Während seiner Blütezeit vom 9. bis 13. Jahrhundert umfasste das Königreich Bagan (wie es damals hieß) über 10 000 Tempel, Schreine, Pagoden und Stupas. Das Areal auf den Hochebenen, die vom Fluss

Irrawaddy begrenzt werden, nimmt ca. 67 Quadratkilometer ein. An die 2230 Tempel sind noch heute erhalten. So auch der aus Ziegelstein errichtete, goldgedeckte buddhistische Dhammayangyi-Tempel, der unter König Narathu im 12. Jahrhundert erbaut wurde. Dieser grausame Herrscher ließ seine Familie ermorden und Arbeitern, die seine Befehle nicht wunschgemäß ausführten, die Arme abhacken. An Tempelfassaden und im Innern der Tempel erzählen Reliefs und Wandbilder Geschichten aus der großen Epoche Bagans. Neben den Tempeln existiert ein komplexes Gangsystem in der Tempelstadt. Da im Zentrum viele Touristen unterwegs sind, sollte man in die

Peripherie fahren, um sich einen »eigenen« Tempel für den Sonnenauf- oder -untergang auszuwählen. Besucher Bagans, das 190 Kilometer südlich von Mandalay und 690 Kilometer nördlich von Rangun liegt, brauchen für die archäologische Zone ein Ticket. es kostet 25 000 Kyat (ca. 14 Euro), ist fünf Tage gültig und berechtigt zur Besichtigung der vier wichtigsten Stätten – Nyaung U, Old Bagan, Myinkaba und New Bagan. Fahrräder, auch E-Bikes, kann man fast überall mieten. Eine 45-minütige Fahrt im Heißluftballon kostet pro Person an die 325 US-Dollar.

Links: Am besten steuert man die vielen Tempel, Schreine, Pagoden und Stupas mit dem Fahrrad an

25

AUSZEIT AUF EINER KORALLENINSEL

HERON ISLAND, GREAT BARRIER REEF, AUSTRALIEN

Nach Einbruch der Dämmerung ließ ich mich in den Dünen oberhalb der Shark Bay bei den Kasuarinenbäumen nieder. Die Noddiseeschwalben waren da, wie immer, und überflogen paarweise die flache Riffplatte. Andere Vögel gesellten sich zu ihnen, flogen auf und schlugen im Licht des Sonnenuntergangs Pirouetten. Mit klopfendem Herzen sah ich, wie sich erst eine Handvoll, dann Hunderte, dann Tausende von ihnen am Himmel über Heron Island sammelten: Die Keilschwanz-Sturmtaucher waren zurück! Nach monatelangem Zug übers Meer kamen sie zum Brüten auf dieses Fleckchen Erde. Als es dunkel wurde, hörte ich, wie sie in die Pisoniabäume eintauchten und mit einem Plumps auf dem Waldboden landeten. Ein zauberhaftes Schauspiel begann: das schmachtende, klagende Nachtlied der Sturmtaucher, das sich wie ein Klangteppich über die Insel legte. Vorsichtig betrat ich den Wald und ging einige Meter neben einem Paar in die Hocke, das gerade mit dem Liebesspiel begann. Sie saßen einander gegenüber, putzten sich, klapperten mit den Schnäbeln und gaben diesen eindringlichen Gesang von sich. Ein anderes, ebenso selbstvergessenes Paar war mit dem Bau seiner Nistmulde beschäftigt. Ich beobachtete sie, bis sie sich vor Tagesanbruch auf den Weg zu den Dünen machten. Ihre Rufe und Schreie schwollen an, und ich hörte das

Trippeln der Schwimmhäute auf dem Sand, bis sich die Sturmtaucher von den Kämmen der Dünen stürzten. Bei Sonnenaufgang waren sie fast alle verschwunden.

Von William Gray

Der Moment

Als die Keilschwanz-Sturmtaucher auftauchten, war ich schon über einen Monat auf Heron Island – eine Auszeit, in der ich die Tierwelt der Insel studierte. Damals stellte ich meine innere Uhr ganz nach dem Rhythmus der Natur. Ich lernte, einen Gang herunterzuschalten und geduldig zu beobachten.

Der Weg dorthin

Die Forscher der Heron Island Research Station (uq.edu.au) suchen immer wieder Freiwillige. Weniger wissenschaftlich ist ein Aufenthalt auf der kleinen Koralleninsel im Heron Island Resort (heronisland.com): Das Angebot reicht von einfachen Doppelzimmern bis zu Luxussuiten (ab 330 Australische Dollar pro Zimmer und Nacht). Heron Island liegt 89 Kilometer vor der Küste von Queensland und ist von Gladstone aus per Boot (Hin- und Rückfahrt: 128 Australische Dollar) oder Wasserflugzeug (Hin- und Rückflug: 698 Australische Dollar) erreichbar.

Etwa 35 000 Keilschwanz-Sturmtaucher landen Anfang Oktober hier. Sie treffen auf Standvögel wie schwarze Noddis, Riffreiher, Bindenrallen, Graumantel-Brillenvögel und Silberkopfmöwen. Im Dezember nisten an die 100 000 Vögel auf der Insel. Die Sturmtaucherküken schlüpfen im Februar. Im April verlassen die erwachsenen Sturmtaucher die Insel, im Mai die Jungtiere. Das Resort vermittelt Vogelexkursionen mit Rangern. Von November bis März legen auf Heron Island verschiedene Schildkrötenarten ihre Eier ab (der Schildkrötennachwuchs schlüpft zwischen Januar und Anfang Juni).
Am spektakulären Korallenriff kann man ganzjährig tauchen, schnorcheln und an geführten Riffwanderungen, Seekajak- und Semi-U- Bootstouren teilnehmen. Im Juli und August werden oft Buckelwale gesichtet.

Oben: Keilschwanz-Sturmtaucher sind zwischen Oktober und Mai auf Heron Island anzutreffen
Links: Die kleine Koralleninsel Heron Island

71

26

CENTRAL PARK IM SCHNEE

NEW YORK CITY, USA

Als naiver Reiseanfänger war ich aus meiner Heimat Australien nach New York City gekommen. Das war Mitte der 1990er-Jahre. Obwohl New York 1987 in dem Film Wall Street *als Spielplatz für skrupellose Börsenmakler dargestellt wurde, war es auch immer noch das Mekka für aufstrebende Schauspieler, Schriftsteller und Musiker, die in winzigen Wohnungen und eiskalten Lofts hausten. Es war etwas düster, alle sprachen sehr laut und die U-Bahn fühlte sich für ein 21-jähriges Mädel aus Melbourne nicht gerade sicher an (1990 hatte ich den Thriller* Jacob's Ladder – In der Gewalt des Jenseits *gesehen und gruselte mich oft). Vor der Abreise hatten mir die Freunde meiner Eltern und die Eltern meiner Freunde eingeschärft: »Gehe nie nachts durch den Central Park.« Eines Abends aber befand ich mich nach Einbruch der Dunkelheit auf der falschen Parkseite. Jung, dumm und unbekümmert, wie ich war, entschied ich mich für die Abkürzung. In der Mitte des Parks blieb ich stehen. Langsam drehte ich mich um die eigene Achse: Der Park war überzuckert von Neuschnee. Die einzigen Spuren auf dem Weg stammten von mir und einem Eichhörnchen, das um einen Baum getanzt war. In der Ferne leuchteten die Fenster der Wohnungen wie Lichterketten. Und auf einmal fielen, ganz still, Schneeflocken vom Himmel und benetzten meine Wangen. Es war ein Moment purer Schönheit und Euphorie. Ich war in New York. Wunderbar. Und es schien alles möglich.*

Von Tasmin Waby

Der Moment

Manchmal lohnt es sich, Ratschläge Älterer zu ignorieren. In diesem Fall führte dies zu einem zauberhaften Moment. Ich habe noch viele weitere Momente voller Schönheit erlebt, da das Glück oft auf meiner Seite war. Schönheit ist schließlich überall da, wo man sie sucht.

Der Weg dorthin

Jeder träumt vor der Ankunft seinen eigenen Traum von New York, und der wird fast immer wahr.
Den berühmten Central Park im Zentrum von Manhattan kann man nicht verfehlen. Im Sommer wird er von Angestellten, Fitnessfans und Touristen bevölkert. Im Winter ist es ruhiger im Park, wird aber früh dunkel, und die Bäume haben kein schützendes Blätterdach mehr.
Die Stadt hat in den letzten zehn Jahren weiteres Grün geschaffen: Die High Line und der Hudson River Park sind zum Spazierengehen ebenfalls perfekt, aber auch zum Beobachten von Menschen oder zum Entspannen abseits von Straßenlärm, gelben Taxis und hektischen Fußgängern.
Die Unterkünfte in New York sind so vielfältig wie die Stadt selbst. Auch wenn man möglichst wenig Zeit in seinem Zimmer verbringen will, lohnt es sich, nach einer guten, dem Budget entsprechenden Unterkunft zu suchen. Wer länger als ein paar Tage bleibt, sollte zwischendurch das Quartier wechseln, um die Stadt aus einer neuer Perspektive erleben zu können.
Wer bei der Anreise per Zug oder Bus in Midtown an der Penn Station (Amtrak) bzw. Port Authority Bus Station (Greyhound) aussteigt, landet direkt im pulsierenden Herzen von New York.

Links: Die Gapstow Bridge im schneebedeckten Central Park in New York

27

RETTUNG IN DEN BERGEN

KIRGISISTAN

Zuerst sahen wir nur Lichtpunkte von unserem Standort am Talab-hang aus auf uns zukommen. Dann tauchte irgendwann endlich ein Gesicht aus der Dunkelheit auf.
Nach anderthalb Tagen unter stürmischem Himmel hatte uns nicht einmal der steile Geröllhang unterhalb des Passes davon abhalten können, einen Aufstieg zu wagen. »Es muss das richtige Tal sein«, dachten wir.
Eigentlich sollte es eine leichte Tour zu einem See werden, an dem wir schon einmal gewesen waren. Doch der nicht erkundete Pass oberhalb des Sees war einfach zu verlockend. Nachdem wir den Kamm erreicht hatten, erwartete uns ein grauenhafter Abstieg mit Schnee, steilem Fels und der ständigen Gefahr des Abrutschens. Wir dachten: »Gut, dass wir das überstanden haben.« Nach ein paar Stunden bergab, oberhalb eines fast senkrechten Wasserfalls, wurde ein nagender Verdacht zur Gewissheit. Wir hatten uns verirrt. Wie kommen wir hier wieder raus? Uns quälten Frust, Selbstvorwürfe, aber auch die Angst vor einem steilen, ungesicherten Anstieg auf einen Pass, den wir nie hätten herunterkommen dürfen. Das Wunder des Mobilfunkempfangs machte eine Nachricht nach Hause möglich, die über unsere ungehagliche Situation hinwegtäuschen sollte: »Wir kommen heute Abend nicht nach Hause. Welche Notrufnummer hat denn Kirgisistan?« Ein paar knisternde Telefonate später saßen wir da und hofften auf Hilfe... Aber die Dunkelheit brach ein, und mit ihr sank unser Mut. Bis auf

einmal das Gesicht aus der Dunkelheit auftauchte. Nach einem langen Zug an einer Zigarette wurde uns eine Hand gereicht: »I rescuer.« Wir klickten uns in Klettergurte ein. Das Gefühl, der Moment, die Erleichterung: großartig.

Von Stephen Lioy

Der Moment

Wenn ich eine Wanderung vorbereite, denke ich immer an diese Erfahrung zurück. Außer einem Gefühl der Scham, erinnert sie mich daran, dass bei allen Unternehmungen am Berg ein gewisses Gefahrenpotenzial dabei ist und Plan B lebenswichtig sein kann. Vor der Natur muss man immer Respekt haben.

Der Weg dorthin

Wanderer sollten überall auf der Welt grundlegende Sicherheitsregeln beachten. Dazu gehört, dass man jemandem Bescheid sagt, wohin man geht und wann man zurückkommt. Außerdem gilt das Prinzip: keine Spuren hinterlassen! Die »zehn wichtigsten Dinge«, an die man bei Bergtouren denken muss, sind: Kälteschutz, Stirnlampe, gute Wanderkarten, Proviant, Wasser, ein Feuerzeug, ein Erste-Hilfe-Set, Sonnenschutz, ein Notzelt, Multifunktionswerkzeug. In den Bergen muss man auf Wetteränderungen vorbereitet sein und Anzeichen der Höhenkrankheit wie Kopfschmerzen, Schwindel, Atemprobleme oder Übelkeit ernst nehmen. Ein Hirn- oder Lungen-Höhenödem kann lebensgefährlich sein. Wegen der Abgeschiedenheit der Berggegenden und der eingeschränkten Infrastruktur in Kirgisistan ist die Einhaltung dieser Grundregeln besonders wichtig. Veranstalter wie Community-Based Tourism (cbtkyrgyzstan.kg), die Trekking Union of Kyrgyzstan (tuk.kg) und Visit Alay (visitalay.kg) organisieren Gruppenwanderungen für weniger erfahrene Besucher, aber auch, wer mit dem Gelände vertraut ist, sollte für unerwartete Notfälle Informationen über internationale Botschaften und das Ministry of Emergency Situations (Tel. 161) parat haben.

Links: Stephen beim Aufstieg auf einer Gletschermoräne zum oberen Ende des Kichi-Kegeti-Tals

28

IM SAND ARABIENS

WÜSTE RUB AL-CHALI, OMAN

Lieber als Berge, Wälder, Strände und Meer war mir schon immer die Wüste. Hier rücken die existenziellen Grundlagen unseres Daseins in den Vordergrund: trinken, weitergehen, schlafen. In der großen Stille der Wüste liegt etwas Spirituelles. Nicht zufällig gingen Moses, Jesus und Mohammed in die Wüste, um mit dem Allmächtigen zu sprechen – und auch Luke Skywalker fand Obi-Wan Kenobi in den toten Canyons des Wüstenplaneten Tatooine. Ich hatte schon viele Wüsten bereist, aber keine war wie die Rub al-Chali. Die größte Sandwüste der Erde, eine hügelige Dünenlandschaft ohne Siedlungen, Straßen und Menschen, ist etwa so groß wie Frankreich. Seit ich sie als Kind im Atlas meines Vaters lokalisiert hatte, faszinierte sie mich: Auf der Karte sah die leere Fläche auf der Arabischen Halbinsel wie ein Druckfehler aus oder wie eine andere Art von Ozean.

In Salala, einer Stadt im Oman, schloss ich mich einem Guide an, und wir brachen zu einer sechsstündigen Fahrt ins Landesinnere auf. Bald waren wir in den Dünen – riesige Hügelketten aus Sand wie ein aufgewühltes, erstarrtes Meer. In der Mittagshitze ist die Wüste furchterregend, da es keinen Schatten gibt. Als die Sonne unterging, schlugen wir unser Lager auf, und ich machte einen Rundgang. Das »leere Viertel«, wie die Rub al-Chali übersetzt heißt, verwandelte sich in eine freundlichere Landschaft: Die Dünen warfen lange Schatten und leuchteten in einem weichen Honiggelb, und ich spürte, wie der Sand unter meinen Füßen kühler wurde.

Von Oliver Smith

Oben: Kamele sind für Wüstenabenteurer das ideale Transportmittel
Unten: Sand der Rub al-Chali, soweit das Auge reicht

Der Moment

An einem lebensfeindlichem Ort fühlt man sich besonders lebendig. Für mich war es zudem eine kostbare Freiheitserfahrung, durch eine so weite, leere Landschaft zu wandern.

Der Weg dorthin

Die Rub al-Chali ist definitiv kein Ziel für Wüstenanfänger! Jahr für Jahr kommen hier Menschen ums Leben. Die Gefahr, sich zu verlaufen, im weichen Sand oder Treibsand einzusinken oder von einem Sandsturm erwischt zu werden, ist recht groß. Man sollte sich daher unbedingt einen erfahrenen Guide suchen, der Abschleppseil, Schaufeln, Sandbleche und anderes Rettungsequipment dabei hat. Auch ein GPS und ein Satellitentelefon sind durchaus sinnvoll. Pro Person und Reisetag muss man mit fünf Liter Trinkwasser rechnen.

Die Wüste Rub al-Chali erstreckt sich über Saudi Arabien, Jemen, Oman und die Vereinigten Arabischen Emiraten, ist aber in den Vereinigten Arabischen Emiraten und im Oman am besten auf Touristen eingerichtet. Im Oman bieten einige wenige Unternehmen mehrtägige Wüstentouren von der Hafenstadt Salala aus an, darunter Arabian Sands Tours (arabiansandtoursservices. com). Als Unterkunft dienen traditionelle arabische Zelte, und das Abendessen besteht aus Kamelfleisch und Datteln. Weniger aufwendige Wüstentouren sind in den Wahiba Sands im Oman oder im Erg Chebbi in Marokko möglich.

29

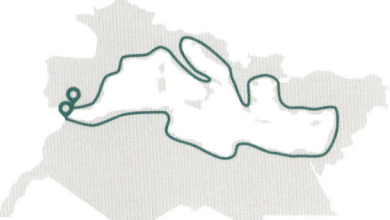

FAHRRADFAHREN GEGEN DIE ANGST

VON MAROKKO NACH GIBRALTAR

Der Felsen von Gibraltar: Ziel des Abenteuers

Unten: Einige Abschnitte der 11000-Kilometer-Tour waren atemberaubend, wie hier an der griechischen Küste

Ich musste aufhören in die Pedale zu treten – nicht nur wegen der Hitze, nicht nur, um Tränen und Schweiß von meinem sonnenverbrannten Gesicht zu wischen und um wieder zu Atem zu kommen. Als ich an diesem Tag einen steilen Hügel hinaufgefahren war, musste ich vor allem anhalten, weil mich die Schönheit der Landschaft überwältigte: Wie ein zu Natur gewordener Holzschnitt breitete sich die hügelige Landschaft vor mir aus, immer heller werdend, Schicht für Schicht bis zum hitzeflimmernden Horizont.

Ich hielt an, weil ich meinen Gefühlen freien Lauf lassen musste. Nach fast neun Monaten unablässigen Radfahrens war ich am Ende. Mir kamen stolze und erschrockene Tränen. Ich registrierte, dass ich die 11000 Kilometer von Marokko bis Gibraltar rund ums Mittelmeer fast geschafft hatte. Allen Unkenrufen zum Trotz würden mein Team und ich unser Ziel erreichen. Noch immer hielten die Warnungen in mir nach. Vor unserer Abreise hatten wir oft zu hören bekommen, dass unser Plan absolut waghalsig sei. Schlimmer noch, in jedem Land, das wir bereisten, wurden wir nach unserem nächsten Ziel gefragt, nur um zu erfahren, welche schrecklichen Gefahren uns dort drohten. Im Prinzip wussten wir, dass Angst vor dem Unbekannten die Wahrnehmung verzerrt. Aber erst auf diesem Hügel, kurz vor dem Ziel, begriff ich, dass wir wahrhaftig die Angst besiegt hatten – unsere eigene Angst und die Angst der anderen.

Von Ethan Gelber

An der spanischen Grenze, kurz vor dem Endspurt

Der Moment

Manchmal musst du, egal wie sehr du Menschen vertraust, hartnäckig deinen Weg gehen – vor allem, wenn die Sorge der anderen um dein Wohlergehen deinen Wünschen widerspricht. Ich hörte mir die Ratschläge und Warnungen an, beherzigte sie aber ausnahmsweise nicht, denn ich wusste, dass sie auf Legenden beruhten, nicht auf Fakten.

Der Weg dorthin

Eine lange, abenteuerliche Radtour muss gut vorbereitet sein, vor allem, wenn man ein Ziel hat. Es sind physische Herausforderungen, materielle Hindernisse und jede Menge Bedenken zu überwinden. Der körperlichen Anstrengung ist durch geeignetes Training am einfachsten beizukommen. Niemand sollte auf größere Touren gehen, ohne zu wissen, wie der Körper auf stundenlanges Radfahren reagiert.

Die materiellen Hindernisse sind von den vorhandenen Ressourcen und dem Umfang der Unternehmung abhängig. Wenn man seine Reise selbst finanzieren kann, ist alles gut. Sollten die Ambition einer Reise größer sein als das Guthaben, müssen ggf. Sponsoring, Mitbeteiligung sowie Pläne zur Generierung von Geldmitteln in Gang gesetzt werden. Letzteres war der Fall bei unserer Mittelmeerreise, einem Projekt, das fast drei Jahre Vorbereitungszeit brauchte und zahlreiche Helfer vor Ort einbezog.

Am schwierigsten sind die Bedenken von Familienangehörigen und Freunden wegzuwischen. Man braucht dazu viel Disziplin und Stärke. Wichtig ist es, daran zu glauben, dass sich alle Bedenken und Sorgen in Luft auflösen, wenn man kurz vor der Vollendung des Unternehmens steht – so wie es bei mir an diesem besonderen Tag geschah, als mich die atemberaubende Aussicht überwältigte.

MIT WALEN SCHWIMMEN

TAHITI ITI, TAHITI

Es war ein sonniger Tag mit optimalen Bedingungen für einen Tauchgang, und nur drei von uns waren eingeplant, unseren Kapitän und Guide im Schlauchboot zu begleiten. Nach der Einweisung im Tauchshop gingen wir an Bord und steuerten die Ostspitze von Tahiti Iti an, den unberührtesten Teil der Insel. Die Szenerie war spektakulär: kobaltblaues Meer, im Hintergrund von Basaltfelsen überragt. Die Stimmung war ausgelassen. An diesem Tag war nur ein einziges Boot draußen: unseres. Nachdem wir eine halbe Stunde nicht das geringste Anzeichen eines Wals entdeckt hatten, geschah es: »Zwei! Da!«, rief unser Guide und deutete mit ausgestrecktem Arm nach links. »Eine Mutter mit Kalb!« Ich ließ mich ins Wasser fallen und sah kurz darauf das schier Unglaubliche: Ein paar Meter vor mir schwamm ein gewaltiger Buckelwal mit seinem Neugeborenen. Ich war wie hypnotisiert vom Anblick dieser kraftvollen und anmutigen Giganten, die im seichten Wasser miteinander spielten. Irgendwann näherte sich die Mutter mir behutsam. Wir sahen uns kurz an, und ich starrte in ihr großes Auge. Ich hatte keine Angst – ganz im Gegenteil. Es war ein Gefühl, als begrüße sie mich als alten Freund – ein sehr bewegender Moment. Nach etwa 20 Minuten schwammen die beiden langsam fort. Ich stieg zurück an Bord, völlig aufgekratzt. Und als perfektes Nachspiel sprang die Mutter mit geöffneten Brustflossen in die Luft und landete heftig spritzend ungefähr 100 Meter vom Boot entfernt wieder im Wasser, als wolle sie uns zum Abschied zuwinken.

Von Jean-Bernard Carillet

Der Moment

Den Nervenkitzel dieser Begegnung werde ich niemals vergessen. Durch dieses Erlebnis bin ich zu einem Walfan geworden. Heute ist es mir ein Bedürfnis, regelmäßig Wale zu beobachten, und ich habe angefangen, entsprechende Reisen zu planen.

Der Weg dorthin

Die meisten Walbeobachtungstouren auf Tahiti, Moorea und Bora Bora werden von Tauchshops von Juli bis Oktober angeboten. Dann kommen die Buckelwale zur Fortpflanzung und der Geburt ihrer Kälber nahe an die Küste, bevor sie ins kalte Wasser des Atlantiks zurückkehren. Es ist wichtig, lange im Voraus zu buchen, da die meisten Walausflüge schnell ausgebucht sind. Die Preise für Halbtagestouren inklusive Ausrüstung (Taucheranzug, Flossen, Maske und Schnorchel) starten bei 70 US-Dollar. Jede Walbeobachtung sollte von einem qualifizierten Guide angeleitet werden, der die Teilnehmer an Bord umfassend einweist. In den vergangenen Jahren haben Walbeobachtungen stark zugenommen, und leider lässt die Vorgehensweise einiger Anbieter zu wünschen übrig.

Etablierte Einrichtungen sollten Umwelt- und Tierschutz unbedingt ernst nehmen. Am besten erkundigt man sich bei Mata Tohora (facebook.com/matatohora). Diese Vereinigung fördert ökologisches Verhalten und kann Empfehlungen geben. Übrigens: Walsichtungen sind nicht garantiert. Außerdem kann die See ausgesprochen rau sein!

Links: Buckelwale werden bis zu 16 Meter lang

31

PYRAMIDENBESTEIGUNG ALS ELTERNTEST

HALBINSEL YUCATÁN, MEXIKO

Eigentlich sollte ich gar nicht hier oben sein, was aber den Nervenkitzel steigerte. Nohoch Mul, die höchste Mayapyramide der Halbinsel Yucatán, bot von ihrer 42 Meter hohen Spitze aus einen Rundblick über den Dschungel. Korkbäume, Florida-Dreizackpalmen und Akazien flossen zu einem grünen Meer zusammen, das die Ruinen der Stadt Cobá umgab. Großartig! Ich war nicht nur wegen der Aussicht hier oben: Ich wollte mir beweisen, dass ich im siebten Schwangerschaftsmonat noch ein leistungsfähiger Mensch bin (auch wenn sich mein armer, nicht schwindelfreier Mann verpflichtet fühlte, mich und unser bald erstgeborenes Kind hinauf zu begleiten). Nun, da mir die Welt zu Füßen lag, fühlte ich mich unglaublich stark. Am Anfang der Kletterpartie war das anders gewesen. Da die Kalksteinblöcke des Pyramidenbaus nicht mehr so makellos wie im 7. Jahrhundert waren, stiegen wir vorsichtig die steilen Stufen nach oben und ließen allmählich das Kreischen der Brüllaffen und das schattige Blätterdach des Dschungels unter uns. Ein herabhängendes Seil bot recht wenig Sicherheit – und als die Pyramide nach oben hin immer schmaler wurde, vermieden wir jeden Blick zur Seite und nach unten. Endlich waren wir oben, glücklich über die Aussicht und das Erfolgserlebnis. Mutig blickten wir auf das, was vor uns lag. Eltern werden, ja, und jetzt erst einmal hier wieder runterkommen…

Von Liz Edwards

© Igor Pavlovski | 500px. © Maciej Czekajewski | 500px

Der Moment

Die Ruinen von Cobá mitten im dichten Dschungel zu
erleben, war magisch, und die Nohoch-Mul-Pyramide
ein Höhepunkt. Mehr als alles aber begeisterte mich
die Vorstellung, dass ich bald Mutter werden sollte,
Und so stieg ich die Stufen der Pyramide hinauf –
Abenteuerlust im Herzen und den Junior mit dabei.

Der Weg dorthin

Der Eintritt zu den Ruinen der Mayastadt Cobá kostet
64 Peso (ca. 3 Euro). Busse fahren von verschiedenen
beliebten Küstenorten Yucatáns aus hierher: Cancún
(Fahrtzeit: 3 Std.), Playa del Carmen (Fahrtzeit: 2 Std.)
und Tulum (Fahrtzeit: 45 Min.). Viele Hotels und Touristik-
unternehmen organisieren mehrstündige Ruinenführun-
gen, manchmal kombiniert mit einem Besuch des
Mayadorfes und einem kurzen Bad in einem Cenote
(süßwassergefüllte Kalkstein-Doline, von denen die
Maya annahmen, sie seien Eingänge zur Unterwelt).
Cobá selbst ist eine weitläufige große Ruinenstätte.
Die einst wichtige Stadt, ein noch bis ins 13. Jahrhundert
aktives Handelszentrum der Maya, ist gut einen Kilometer vom Eingang der Nohoch-Mul-Pyramide entfernt.
Hier sind keine Autos erlaubt, also sollte man geeignete
Schuhe tragen oder für längere Wegstrecken eine Fahr-
rad-Rikscha mieten (»Mayan limo«). Die Pyramide darf
man, im Gegensatz zu den Hauptpyramiden von
Chichén Itzá und Tulum, besteigen. Die alten Tempel,
Ballspielplätze, Skulpturen und Straßenzüge von Nohoch
Mul sind authentischer als die Sehenswürdigkeiten der
anderen, bekannteren Mayastätten.

Oben: Der Fischertukan gehört zu den
zahlreichen Vogelarten dieser Region
Links: Anstieg zur Nohoch Mul, der größten
Mayapyramide auf der mexikanischen
Halbinsel Yucatán

32

ARKTISCHES PICKNICK

UUMMANNAQ, GRÖNLAND

Unser Konvoi aus acht Hundeschlitten fuhr 70 Kilometer über einen gefrorenen Fjord, halb so groß wie Dänemark. Dann blieben wir stehen. Offensichtlich gab es einen Grund für diese Pause. Unsere Inuit-Fahrer hatten ein Loch in die zwei Meter dicke Eisschicht gebohrt und eine Angelschnur – mit an die hundert Haken und Ködern – in die eisigen Tiefen hinabgelassen. Das Ende der Schnur wurde an einem Pfahl gesichert, dann ging es weiter bis zu dem Ort, an dem wir die Zelte für die Nacht aufschlugen. Unter der niemals untergehenden Sonne verdrückten wir gegrillte Seehundsteaks zum Abendessen. Am nächsten Morgen kehrten wir zu unserem Eisloch zurück und versammelten uns darum wie Kinder um einen Sack Geschenke. Acht prächtige Heilbutte enthielt der Fang! Unsere begeisterten Guides kochten rasch ein paar Eisbrocken auf einem Petroleumkocher und warfen die fangfrischen Fischfilets in das kochende Wasser. Diese arktischen Genüsse wurden auf Teller aus Schnee gekippt und mit den Fingern gegessen. Zu trinken gab es geschmolzene Eiszapfen: eine der großartigsten Mahlzeiten, an die ich mich erinnern kann. Das lag nicht nur am wunderbaren Geschmack, sondern auch an der weiten, wilden Landschaft und dem Zusammengehörigkeitsgefühl unter

Fremden. Für mich war dies die reinste Offenbarung unter all den Höhepunkten, die Reiseerlebnisse bieten. Wie schon der grönländische Forscher Knud Rasmussen sagte: »Gebt mir Hunde, gebt mir Winter, den Rest könnt ihr vergessen.«

Von Nigel Tisdall

Guide mit einem
kleinen Fisch
aus dem Fang

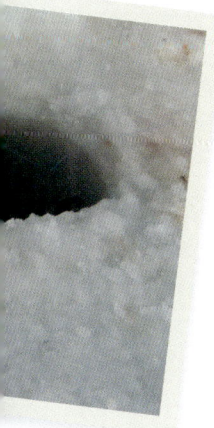

Oben: Huskys bei einer wohlverdienten Pause

Ein Eisloch wird zur »Fastfood-Durchreiche« auf Grönländer Art

Der Moment

Hundeschlitten haben in Grönland eine lange Tradition. Meine Zeit bei den Inuit und ihren knurrenden Huskys zeigte mir, wie die Inuit ihre erfindungsreiche, faszinierende Kultur der Natur angepasst haben, anstatt sie zu erobern. Eine Lektion für die Welt!

Der Weg dorthin

Das Angebot an Hundeschlittenfahrten in Grönland ist vielfältig und reicht von zweistündigen Ausflügen ab 1100 Dänische Kronen (ca. 150 Euro) pro Person inklusive Transfers bis hin zu mehrtägigen Abenteuern. Eine achttägige Expedition mit Hubschrauberflügen, vier Tagen auf dem Hundeschlitten und Unterkunft in Gästehäusern, Hütten und auf Campingplätzen kostet pro Person an die 18 000 Dänische Kronen (ca. 2400 Euro). Im Preis inbegriffen sind Guides, Mahlzeiten und Schneeanzug. Einige Expeditionen kehren an den Ausgangspunkt zurück, andere führen von Unterkunft zu Unterkunft. Eines muss man bedenken: In Felle gewickelt, auf einem Husky-Schlitten zu sitzen, ist bestimmt romantisch, kann aber kalt, unbequem und langweilig werden. Erkundigen sollte man sich vorab, ob ein oder zwei Passagiere pro Schlitten mitfahren (Einzelreisende müssen sich manchmal einen Schlitten teilen) und ob man Winterjacke, Hose und Stiefel ausleihen muss. An der Westküste werden Hundeschlittentouren nur nördlich des Polarkreises angeboten. Die beste Zeit für solche Touren sind die Monate März bis Mai. Die Länge der Tage hängt von Jahreszeit und Breitengrad ab – längere Dunkelheit erhöht zwar die Chance auf das Sichten von Nordlichtern, aber die Fahrt kann dafür unangenehm kalt sein. Hundeschlittentouren und Unterkünfte in Uummannaq bucht man am besten über uummannaqseasafaris.gl; weitere Optionen bietet Visit Greenland (greenland.com).

33

SANDDÜNEN, HIEROGLYPHEN UND PYRAMIDEN

BEGRAWIYA (MEROE), SUDAN

Wandschmuck im Löwen-
tempel von Naga

Unten: Die 4600 Jahre alten
Pyramiden von Meroe, Sudan

Als ich die noch kühlen Dünen bestieg, wehte mir der sanfte Wind die Haare ums Gesicht. Meine Fußspuren waren die einzigen weit und breit. Ich wartete darauf, dass die ersten Sonnenstrahlen die Pyramiden von Meroe beschienen, die Grabstätten der kuschitischen Könige und Königinnen der 25. Dynastie, die Ägypten über ein Jahrhundert lang regierte. Die Pyramidenbauten sahen wie honigfarbene, von der Zeit angeknabberte »Toblerone«-Stücke aus.

Beim Betreten der Grabkammer des Prinzen Arikancharora musste ich den Kopf ein wenig einziehen, um nicht anzustoßen. Die Wände waren mit Hieroglyphenbildern geschmückt, die ich still betrachtete. Auf einmal hielt ich inne: Ich erkannte diese Zeichen vor mir wieder. Zehn Jahre zuvor hatte ich sie im British Museum in London auf Papyrus gesehen und war fasziniert von ihnen gewesen! Dargestellt war auf der Wand das »Wiegen des Herzens« aus dem Ägyptischen Totenbuch: Die Seele des Verstorbenen wird mit der Feder der Wahrheit gewogen. Ist sie schwerer, wird sie von Ammit verschlungen, einem mythischen Wesen mit Krokodilskopf und Löwenkörper, ist sie leichter, kann sie ins Jenseits übergehen. Ergriffen fuhr ich mit den Fingern die uralten, vor über 4600 Jahren von kuschitischen Händen gemeißelten Symbole nach: Dieses Erlebnis würde ich bis ans Ende meiner Tage glücklich mit mir nehmen.

Von Emma Thomson

© Emma Thomson

Der Nahverkehr in der
Wüste ist recht lebendig

Der Moment

Keine Drehkreuze. Keine Zäune: Ein Unesco-Weltkulturerbe, das frei zugänglich einfach so im Saharasand steht. Ich weiß noch, wie begeistert ich bei meiner Entdeckung war. Schließlich man hat nicht jeden Tag Gelegenheit, sich wie Indiana Jones zu fühlen.

Der Weg dorthin

Die Königspyramiden von Meroe im Sudan liegen drei Autostunden nordwestlich der Hauptstadt Khartoum. Der Eintritt kostet 25 US-Dollar. Einige Reiseführer empfehlen, in sudanesischen Pfund (inoffizielle Währung) zu zahlen, weil das 30 Prozent billiger kommt. Doch dies enthält der archäologischen Stätte die Instandhaltungsbeiträge vor. Wasser und Proviant muss man selbst mitbringen. Die Bauten dieses Unesco-Weltkulturerbes zu besteigen, ist verboten.

Bis auf ägyptische Staatsbürger braucht jeder Tourist zur Einreise in den Sudan ein Visum, das vor Reiseantritt bei einer Botschaft beantragt wird. Bei der Einreise ist ggf. eine Gelbfieberimpfung nachzuweisen. In Khartoum muss man sich innerhalb von drei Tagen nach der Ankunft beim Aliens Registration Office melden. Die meisten Reisenden lassen diesen Vorgang von ihrem Reiseveranstalter erledigen, anderenfalls muss man ein Passbild, Kopien des Passes und des Visums sowie ein Einladungsschreiben in die Meldestelle mitnehmen. Verlässt man die Hauptstadt, benötigt man Reise- und Fotogenehmigungen. Man erhält sie gebührenfrei beim Ministry of Tourism and Wildlife oder über Reiseveranstalter.

34

LANG ERSEHNTE TIGERSICHTUNG

BANDHAVGARH TIGER RESERVE, MADHYA PRADESH, INDIEN

In den feuchtheißen Bandhavgarh-Wäldern Zentralindiens erlebte ich einen unvergesslichen Moment. Den Kanha National Park in Madhya Pradesh, der Rudyard Kipling zu seinem Dschungelbuch inspirierte, hatte ich schon 14 Jahre zuvor besucht. Ich wollte Shir Khan sehen, doch nach einer Woche mit zwei Jeepsafaris täglich wurde ich nicht einmal mit einem Tatzenabdruck belohnt. Fünf Jahre später kam ich noch einmal in den Kanha National Park und hatte wieder kein Glück. Ich versuchte es in Südnepal: nichts. Drei Safaris und noch immer kein Tiger! Nun waren wir im Bandhavgarh Tiger Reserve unterwegs. Die ersten Stunden sichteten wir jede

Menge Affen und Hirsche. Auf einmal dieses Knurren – ein tiefes, donnerndes Brummen, das durch den Wald hallte. Mein Herz schlug bis zum Hals. Weitere Jeeps mit Touristen näherten sich, sodass ich schon befürchtete, der Lärm könnte den Tiger vertreiben, bevor wir ihn überhaupt zu Gesicht bekamen. Aber langsam, und nun lautlos, kam direkt vor uns das stattlichste Wesen aus dem Dickicht, das ich je gesehen hatte: eine ausgewachsene Tigerin! Freudenrufe, Kameras klickten – doch die Tigerin beachtete uns nicht. Einfach zu cool, diese Katze. Sie kreuzte meinen Weg und trottete zurück in den Dschungel.

Von Daniel McCrohan

Der Moment

Nichts versüßt den Erfolg mehr als die Bitterkeit des Misserfolgs, und die hatte ich zu schmecken bekommen, bevor mein Traum in Erfüllung ging. Diesmal hatte ich keine Kamera bei mir. Gut so: Ich war der Einzige, der die Tigerin keinen Moment aus den Augen ließ. Ich saugte sie auf, vollständig.

Der Weg dorthin

Schon die Anreise zum Bandhavgarh Tiger Reserve ist ein kleines Abenteuer. Der nächste Bahnhofsort ist Umaria. Von dort gelangt man mit dem Bus (Fahrtzeit: ca. 1 Std.) nach Tala, einem Dorf am Eingang des

Parks. Von hier aus starten vom 1. Oktober bis zum 30. Juni täglich zwei Jeepsafaris (mittwochs nur eine am Morgen). Man bucht am besten frühzeitig, denn die meisten Tickets stehen 120 Tage im Voraus zur Verfügung. 72 Plätze (12 Jeeps) werden am Tag selbst im Ticketburo verkauft, doch manchmal muss man die Nacht über anstehen, um einen Platz zu ergattern. Die offizielle Buchungs-Website (forest.mponline.gov.in) akzeptiert noch keine ausländischen Bankkarten, weshalb Besucher aus dem Ausland gern über Agenturen wie Tiger Safari buchen (thetigersafari.com) oder den Service ihrer Unterkunft nutzen.

Übernachten kann man in Tala zum Beispiel im Nature Heritage Resort (natureheritageresort.com), Tiger's Den (tigerdenbandhavgarh.com) oder, bei knapperem Budget, im Kum Kum Home.
Weitere Tigerparks in Indien, die Jeepsafaris anbieten, sind der Kanha National Park und der Pench National Park, beide ebenfalls in Madhya Pradesh, sowie der Ranthambore National Park in Rajasthan.

Links: Im Bandhavgarh Tiger Reserve gibt es den weltweit dichtesten Bestand an Königstigern

35

HELFEN NACH DEM TSUNAMI

ONAGAWA, JAPAN

An einem sonnigen Sommermorgen im Juli 2011 überquerte ich mit anderen Freiwilligen vom Aufräumteam der Präfektur Miyagi im Motorboot die Onagawabucht. Seit das verheerende Erdbeben und der anschließende Tsunami Hafenstädte wie Onagawa ausgelöscht und über 18 500 Menschen getötet hatten, waren vier Monate vergangen. Nun lag das Meer so ruhig da, dass man im seichten Wasser Küchenmesser und Sakeflaschen aus zerstörten Häusern glitzern sah. Auf der kleinen Insel Izushima, deren Fischergemeinde von der Flutwelle überspült worden war, gingen wir an Land. Evakuiert und bis auf streunende Katzen völlig verlassen, war der Ort mit Trümmern übersät, mit deren Beseitigung wir nun begannen – wie fast alle unsere Aufgaben eine heiße, anstrengende Arbeit, in dickem schwarzem Matsch voller toter Fische und scharfkantiger Gegenstände. Die Stimmung um uns herum war von Trauer und Verlust gedrückt. Trotzdem war ich überglücklich, hier zu sein. Ich hatte während des Tsunami auf der anderen Seite Japans gewohnt und war in den Osten gekommen, um aus dem Katastrophengebiet zu berichten. Ich blieb, um zu helfen. Nie hatte ich mich in Japan so zu Hause gefühlt wie in diesem Team. Ich genoss das Gefühl der Zusammengehörigkeit und des Erfülltseins.

Als wir an diesem Nachmittag zusammen im kobaltblauen Meer badeten, über uns das dichte Grün der Berge, war mir, als sähe ich zum ersten Mal eine so schöne Landschaft.

Von Stephen Phelan

Der Moment

Ich hatte schon Jahre vor dem Tsunami im
März 2011 in Japan gelebt, lernte Land und
Leute aber erst nach der Katastrophe durch
die Freiwilligenarbeit in Onagawa richtig
kennen. Kulturelle Schranken brachen und
die landesübliche Höflichkeit wich einer
authentischen Herzlichkeit.

Der Weg dorthin

Von Tokio aus fahren regelmäßig Hochgeschwindigkeitszüge (Shinkansen) nach
Sendai. Von dort geht es mit der Lokalbahn
über Ishinomaki weiter nach Onagawa (Fahrpreis: 6800 Yen). Schon bei der Ankunft im
spektakulären neuen Bahnhofsgebäude, einem Entwurf des preisgekrönten Architekten
Shigeru Ban, wird einem bewusst, dass die
Wiederaufbauarbeiten noch in vollem Gange
sind. Derzeit ist ein neues Stadtzentrum auf
einem erhöhten Terrain hinter dem Fischer-
eihafen in Planung. Die umliegenden Hügel

werden erschlossen, und hoch über
der Überschwemmungslinie wird Raum
für Ersatzhäuser geschaffen.
Als dieser Text entstand, gab es lediglich
ein Hotel im »neuen« Onagawa: das einfache, freundliche El Faro (hotel-elfaro.com).
Es liegt in der Nähe des Einkaufszentrums
Seapal Pier, einer modernen Version eines
traditionellen, japanischen Holzdorfes, mit
Bars, Restaurants, einem Tauchladen, einem
Gourmet-Café, einer Fliesenfabrik und
einer Werkstatt, die E-Gitarren herstellt.
All dies ist im japanischen Tsunamigebiet
einzigartig – Onagawa wird nicht nur wiederaufgebaut, sondern es erfindet sich neu:
jünger, lebendiger und attraktiver für An-
wohner wie Touristen.
Auch Izushima ist wieder bewohnt, von
Onagawa aus gibt es dorthin regelmäßige
Schiffsverbindungen: Besucher sind willkommen, um diese Gemeinde bei ihrer
Rückkehr ins Leben aktiv zu unterstützen.

Oben: Nach dem
Tsunami von 2011
durchsuchen Polizei
und Freiwillige in
Miyagi die Trümmer
Links: Häuser und
Autos, vom Tsunami
zerstört

36

DEN KÜSTENPFAD EROBERN

CORNWALL, ENGLAND

Cornwalls Küstenpfad zwang mich am ersten Tag beinahe in die Knie. Gleich nach dem Start in Bude an einem Junimorgen verdarb mir mein 16 Kilogramm schwerer Rucksack den Spaß. Noch 27 Kilometer bis Boscastle? Eine Kleinigkeit, dachte ich. Bei entspannten fünf Stundenkilometern könnte ich eine Mittagspause einlegen und wäre dennoch am Nachmittag da. Was ich allerdings nicht wusste: Dieser 307 Kilometer lange Abschnitt des Südwestküstenpfads mit seinen hübschen Dörfchen, verlassenen Bergwerken und fantastischen Stränden, unbestritten der wohl schönste Wanderweg des Landes, kommt mit seinem ständigen Auf und Ab auf insgesamt mehr Höhenmeter als der Mount Everest. Erst zehn Stunden nach dem Start erreichte ich mit letzter Kraft das Cobweb Inn in Boscastle, kaum mehr in der Lage, das Pint zu heben.

Eine Woche später hatte die Begeisterung den Schmerz verdrängt. Einen frischen Seelachs auf dem Grill, genoss ich die Aussicht auf die Künstlerstadt St Ives und plante den Weg zum Südwestzipfel Großbritanniens. Am nächsten Mittag futterte ich ein Safran-Bun und blickte über die Landzunge Gurnard's Head – das Atlantikwasser ist hier so türkisblau wie die Ägäis. Rückenflossen durchschnitten das Wasser: Es waren die bis zu zehn Meter langen Riesenhaie, die Plankton fressend vor der Küste kreuzten. Ich überlegte, wo ich heute Abend zelten könnte... Pendeen? Oder gleich weiter nach Sennen? Auf einen Abstecher ins Hinterland, zu jungsteinzeitlichen Dolmen und Hügelgräbern? Plötzlich wurde mir überdeutlich: Meine Beine, noch vor sieben Tagen so labil, könnten mich an fast jeden Ort der Welt tragen.

Von Paul Bloomfield

Der Moment

Die Aussicht vom Küstenpfad aus war atemberaubend. Vor allem aber erlebte ich wahre Freiheit: In meinen Wanderstiefeln konnte ich jede beliebige Richtung einschlagen – ohne Einschränkungen durch Parkplatzsuche, Zugfahrpläne, Hotelbuchungen. Wandern ist Reisen in Reinform.

Der Weg dorthin

Der Südwestküstenpfad bleibt bis zur geplanten Vollendung des England Coast Path 2020 Großbritanniens längster Fernwanderweg. Er schlängelt sich von Minehead, Somerset, bis South Haven Point bei Poole in Dorset ganze 1014 Kilometer

die gesamte Küste von Devon und Cornwall entlang. Die komplette Wegstrecke erwandert man in sechs bis acht Wochen, aber viele gehen den Küstenpfad in Etappen: Eine der anspruchsvollsten (und schönsten) Etappen ist der 307 Kilometer lange Cornwall Coast Path zwischen Bude und Falmouth, für den man zwei bis drei Wochen braucht.

Nicht überall an diesem Abschnitt gibt es Campingplätze – manchmal sind B&Bs oder Hotels die einzigen Optionen, weshalb einige Wanderer auch wild zelten (was eigentlich illegal ist!). Die Campingplätze sind im Juli und August oft ausgebucht, aber die meisten Plätze haben einen

Extrabereich für Wanderer. Mehrere Veranstalter bieten geführte oder unterstützte Touren auf verschiedenen Abschnitten an.

Der Weg enthält Fluss- und Hafenquerungen mit Fähren, die teils nur sporadisch oder nicht rund ums Jahr verkehren. Der Dorset-Abschnitt führt durch das militärische Gebiet Lulworth Ranges, das nur an bestimmten Tagen geöffnet ist. Details der Strecke sollte man vorab klären.

Links: Sonnenuntergang über Land's End in Cornwall, an der Westspitze Englands

37

REISE IM NACHTZUG

VON URGANCH NACH TASCHKENT, USBEKISTAN

Das rhythmische Stampfen des Zuges ließ mich abwechselnd eindämmern und wieder wach werden. Ich lag eingequetscht im obersten Stock des Etagenbetts, in einem offenen Liegewagen im Nachtzug von Urganch nach Taschkent.
Unten hörte ich Leute raschelnd hin- und hergehen. Bei einem Halt sehr früh am Morgen sah ich aus dem offenen Fenster auf den Bahnsteig und beobachtete Händler, die frisch gebackene Fladenbrote verkauften.
Auch das Wageninnere bot zahlreiche Momentaufnahmen des usbekischen Lebens: das Mädchen mit dem raffiniert geflochtenen dicken Zopf, Frauen, die – ausgerechnet – Braveheart, einen US-Film von 1995, in russischer Synchronisierung auf einem Bildschirm ansahen, zwei Männer mit usbekischen Kalpoq-Kappen und Goldzähnen, die Zuckerwürfel aßen. Die beiden Männer luden mich zum Tee ein und zeigten mir die komplexe usbekische Einschenktechnik: dreimal in die Kanne, dreimal in die Tasse, dann trinken. Ich war in den Vorgang versunken, während auf dem Bildschirm über mir Mel Gibsons blau bemaltes Gesicht aus Braveheart bedrohlich schwebte. Zurück auf meiner Liege, fühlte ich mich irgendwo zwischen an- und abwesend. Im Laufe der Nacht schwebten die Namen von Bahnhöfen vorüber wie Geister der Seidenstraße: Navoiy, Jizzax, Guliston. Die Luft der Wüste blies mir ins Gesicht, frisch und nach Sonne duftend. Als allmählich Licht in die Landschaft zurückkehrte, ließ ich mich in meinem Ausguck vom Anblick der welligen Dünen bezaubern.

Von Wailana Kalama

Der Moment

Rückblickend stellt sich ein Gefühl der Ruhe ein. Ich war sonst bei Reisen immer angespannt gewesen, ständig in Gedanken an das, was gleich passieren würde. Aber in jener Nacht fühlte ich mich innerlich völlig ruhig. Ich nahm einfach die Eindrücke auf, ohne sie zu analysieren. Zum ersten Mal war ich beim Reisen unbeschwert.

Der Weg dorthin

Der Nachtzug von Urganch nach Taschkent startet täglich um 14.40 Uhr und kommt am nächsten Morgen um 7.10 Uhr an. Fahrpläne und Preise sind auf der Website von Uzbek Railways zu finden (uzrailpass.uz). Die Nachtzüge fahren nur etwa 90 Stundenkilometer und halten auch an kleineren Bahnhöfen wie Buchara, Nukus oder Termiz.
Am preisgünstigsten ist der offene Liegewagen (platzkart carriage). Für etwas mehr Privatsphäre gibt es aber auch Waggons mit Vierbett-Abteilen (kupe carriage) oder mit Zweibett-Abteilen (spalniy vagon). Fahrkarten bekommt man am einfachsten im Voraus am Bahnhof, aber man kann sie auch mit erheblichem Preisaufschlag auf Real Russia (realrussia.co.uk/trains/tickets) kaufen. Züge nach Taschkent sind vor allem im Juli und August schnell ausgebucht, weshalb man am besten ein paar Tage im Voraus die Tickets bucht.
Verschiedene Airlines, darunter Uzbekistan Airways (uzairways.com) binden Taschkent an Istanbul, Moskau und andere europäische und asiatische Städte an. Für die Reise ist ein Visum erforderlich, das problemlos erhältlich ist (die meisten Nationalitäten brauchen kein Einladungsschreiben mehr).

Links: Der Zug rollt über 700 Kilometer durch die usbekische Landschaft
Unten: Ein Blick aus dem Zug von Urganch nach Taschkent

38

KANUSAFARI UNTER GIGANTEN

LOWER ZAMBEZI NATIONAL PARK, SAMBIA

Bei jedem Paddelschlag war mir bewusst, dass hier Giganten lauerten. Während ich in meinem Kanu langsam über die stille Oberfläche des Sambesi glitt, hatte ich das Gefühl, beobachtet zu werden. Hier und da tauchten Augenpaare aus dem Wasser auf und verschwanden ebenso schnell wieder. Meinem Guide im Boot vor mir gehorchend, blieb ich im flachen Wasser, was die Beobachter theoretisch fernhalten sollte. Für diesen Hinweis war ich dankbar, denn diese Augen gehören Kreaturen, die über 1500 Kilogramm wiegen und einen halben Meter lange Eckzähne haben können. Nilpferde sind ein bisschen wie Eisberge: Was unter der Wasseroberfläche ist, ist viel bedrohlicher als das, was man darüber sieht. Und vor allem will man keinesfalls mit einem dieser Kolosse zusammenstoßen. Die Ufer des mächtigen Flusses waren nicht weniger spektakulär – Meerkatzen kreischten von den Ästen, um vor herumschleichenden Leoparden zu warnen. Massige Elefantenkörper überragten die Sandbänke, und fünf Meter lange Nilkrokodile sonnten sich mit offenen Mäulern und gebleckten Zähnen. Ich folgte sogar kurz einem Rudel Löwen, die nur ein paar Meter entfernt am Ufer umherstreiften. Als sie anhielten, um ihren Durst zu stillen, konnte ich jedem in die Augen sehen. Die so intime wie bedrohliche Begegnund mit den

Löwen war genau wie das Paddeln – eine berauschende Mischung der Gefühle, versetzt mit beeindruckenden Anblicken und Geräuschen.

Von Aurelia India Birwood

Der Moment

Trotz der atemberaubenden Natur und des Nervenkitzels war die Begegnung mit den Nilpferden ein Erlebnis von Frieden und Ehrfurcht. Ich war Zeugin, wie Wildtiere ihr einzigartiges Leben führen. Ich war Gast in einer fremden Welt. Unvergesslich!

Der Weg dorthin

Der Fluss Sambesi bildet die südliche Grenze des Lower Zambezi National Park in Sambia, und die meisten Lodges und Camps in diesem Bereich bieten Kanusafaris an. Einige bleiben auf dem Hauptarm des Sambesi, andere folgen Nebenarmen in die Tiefen des Buschs. Je nach Paddelerfahrung kann man sich ein Boot mit einem anderen kompetenten Gast oder einem Guide teilen. Safaris zu Fuß, die wie Kanusafaris eine intimere Begegnung mit großen und kleinen Wildtieren ermöglichen, sind ebenfalls mit den Guides der jeweiligen Lodges und den bewaffneten Rangern im Park möglich. Ohne das Rumpeln eines Geländewagens und ohne das sichere Gefühl, in einem großen Fahrzeug zu sitzen, sind die Sinne bei dieser Art der Safari besonders geschärft, und man beachtet jedes Geräusch und jede Bewegung im Busch. Viele Eindrücke bleiben haften: In einem Moment geht man in die Hocke, um die nahenden Büffel abzuwarten, im nächsten beugt man sich über die faszinierenden Fallen der Ameisenlöwen. Den Lower Zambezi National Park erreicht man in einem nur 30-minütigen Flug von Sambias Hauptstadt Lusaka aus (proflight-zambia.com).

Oben: Paddeltour im Sonnenuntergang auf dem Sambesi
Links: Bei einer Kanufahrt auf dem Sambesi muss man auf Hindernisse wie auftauchende Nilpferde gefasst sein

39

WIEDERAUFBAU IM HIMALAJA

NAMCHE BAZAR, NEPAL

*4.40 Uhr. Durch mein Fenster sah ich den zacki-
gen Umriss des 6623 Meter hohen Thamserku
im Gegenlicht des Mondes. Ich konnte nicht
schlafen und spazierte unruhig der Dämmerung
entgegen. Normalerweise war Namche Bazar, der
Hauptort der Khumbu-Region, auch um diese Uhrzeit belebt.
Doch fünf Monate zuvor war Nepal von zwei schrecklichen
Erdbeben erschüttert worden, die 9000 Tote und Schäden
in Höhe von fünf Milliarden US-Dollar hinterlassen hatten. Nun
blieben die Touristen aus. Namche Bazar war menschenleer.
Ich hatte emotionale Reisewochen hinter mir. In Kathmandu
sah ich Tempel in Trümmern, ganze Dörfer waren in Zeltstädte
umgesiedelt worden. Gestern waren mein Freund Mingma
Dorji Sherpa und ich einen halben Tag westlich von Namche
Bazar nach Thame gewandert, wo fast alle Häuser zerstört worden waren, um nach Mingmas älteren Verwandeten zu sehen.
Bei unserer Ankunft saßen sein Onkel und seine Tante vor einem Zelt des Internationalen Roten Kreuzes. Sie weinten, als
sie ihren Neffen aus Kathmandu erkannten. Ein paar Schritte
weiter würde ihr neues Haus, von Nachbarn wiederaufgebaut,
bald fertig zum Einzug sein.
Als ich an diesem Morgen die Sonne über den Gipfeln von
Namche Bazar aufgehen sah, dachte ich an die unendlichen
Mühen, die die Nepalesen auf sich genommen hatten, um ihr
Land wieder aufzubauen. Ich verspürte tiefen Respekt, gefolgt
von Freude und Hoffnung. Wenn irgendein Land ein Erdbeben
überstehen kann, dachte ich, dann dieses.*

Von Stephanie Pearson

Der Moment

Meine bewegendsten Reisemomente haben nicht mit köstlichem Essen, feinen Weinen und Luxushotels zu tun. Die Schönheit des Reisens liegt für mich darin, Beziehungen zu Menschen aufzubauen und ihre Probleme und Freuden mitzuerleben – auch in den schwersten Zeiten.

Der Weg dorthin

Die beste Zeit zum Wandern im Khumbu ist im Frühjahr und Herbst. Wer in Nepal allein reisen möchte, muss sich für 2000 Rupien (ca. 16 Euro) eine Karte des Trekkers' Information Management System besorgen (TIMS-Card), die in Kathmandu bei autorisierten Wanderbüros erhältlich ist. Da Namche Bazar und die umliegenden Himalajagipfel wie auch der Mount Everest im Sagarmatha-Nationalpark liegen, fällt eine Eintrittsgebühr von 3390 Rupien (ca. 26 Euro) für den Park an, die ebenfalls in Kathmandu beim Tourist Service Centre bezahlt werden kann. Weitere Informationen zur TIMS-Card und der Eintrittsgebühr für den Park unter welcomenepal.com.

Wanderungen nach Namche Bazar und darüber hinaus beginnen meist in Lukla, 45 Minuten von Kathmandu entfernt und weltweit bekannt für seine Startbahn in 2860 Meter Höhe, die abrupt an einem Abhang endet. Namche Bazar ist nur 13,5 Kilometer von Lukla entfernt, liegt aber 580 Meter höher. In diesen Höhenlagen müssen Wanderer sich erst akklimatisieren.

In Namche Bazar gibt es zahlreiche Unterkünfte. Die Preise liegen bei ca. 2500 Rupien (ca. 20 Euro) pro Nacht. Wegen der Organisation von Genehmigungen und Unterkünften greifen viele Reisende auf die Dienste einer kompetenten Agentur wie REI.com/adventures zurück.

Oben: Die Nepalesen haben nach dem schweren Erdbeben von 2015 enorme Wiederaufbauarbeit geleistet
Links: Der 6623 Meter hohe Gipfel des Thamserku in Nepal

PETRA BEI KERZENSCHEIN

PETRA, JORDANIEN

Es waren nicht die biblischen Ruinenstätten, der flüchtige goldene Sand oder die Geschichte vom Wadi Rum in Lawrence von Arabien, die mich an Jordanien so reizten. Nein, es war eine Zeichnung der rosaroten verlorenen Stadt der Nabatäer, die ich als Kind in einem völlig zerlesenen Tim-und-Struppi-Heft erhascht hatte. Das Schatzhaus, der wunderbarste Felsentempel von Petra, hatte es mir angetan.
Als ich still zu seinen Füßen stand, konnte ich ein kindliches Staunen nicht verbergen: Da waren also die hohen staubigen Säulen, die tief eingeschnittene Schlucht, an der Jahrtausende genagt hatten. Ich hatte Bilder im Kopf von Ausritten zur Sandsteingruft, gerahmt von goldenen Felsen, die allmählich im Schatten versanken... Meine nostalgischen Gefühle wichen einer sofortigen Euphorie, als mein Blick auf Beduinen in Kaftanen und flammend roten Kufijas fiel. Geisterhaft

schwebten sie in einer zeremoniellen Prozession aus dem Siq, der schmalen Felschlucht. Sie hielten flackernde Kerzen in ihren Händen, und ihre funkelnden Augen schienen mir tief in die Seele zu blicken. Die ganze folgende Stunde über, während es allmählich dämmerte, sah ich zu, wie Tausende Fackeln in wechselnden Farben den engen Felsgang zum Leben erweckten: Auf ein dunkles orangefarbenes Glühen folgte ein zartrosa Flimmern. In der Ferne waren die Felsen in ein rauchiges Violett getaucht, während am Himmel die Sterne nach und nach zum Vorschein kamen. Die Beduinen sangen im Wechsel wehmütige Klagelieder, und ich spürte die überzeitliche Melancholie dieser Szene. Wäre jetzt eine uralte nabatäische Gottheit aus dem Schatten getreten, um meine Seele mit sich zu nehmen, ich wäre bereitwillig gefolgt.

Von Mike MacEacheran

Der Moment

Unser modernes Leben besteht aus ständigem Wechsel. Es gibt kaum Kontinuität. Petra ist ein Ort des beglückenden kulturellen Austausches, über Jahrtausende hinweg. Diese bewegende Nacht machte mir eines klar: Wenn es Hoffnung und Chancen gibt, liegen sie in so einem Ort.

Der Weg dorthin

Eintrittskarten für Petra kosten mittlerweile 50 Jordanische Dinar (ca. 62 Euro). Man erhält sie im Besucherzentrum beim Dorf Wadi Musa (visitpetra.jo). In Anbetracht der Größe der Ausgrabungsstätte kaufen viele Besucher eine Zwei- oder Dreitageskarte für 55 bzw. 60 Dinar. Petra kann in der Hochsaison von März bis Mai und September bis November sehr überfüllt sein, vor allem, wenn die Touristenbusse aus Aqaba und den Ferienorten am Toten Meer um 10 Uhr ankommen. Wer dem Ansturm entgehen möchte, kann die Felsenstadt vor Sonnenaufgang oder in der goldenen Stunde vor Sonnenuntergang besichtigen (Öffnungszeiten im Sommer: 6–18 Uhr, im Winter 6–16 Uhr). Montags, mittwochs und donnerstags kann man Petra auch für den Preis von 17 Dinar bei Nacht erleben,

erhellt vom Kerzenschein. Treffpunkt ist um 20.30 Uhr am Besucherzentrum. Von dort aus geht man einen Kilometer zu Fuß durch die von Kerzen erleuchtete Siq-Schlucht. Bei der Rückkehr gegen 22.30 Uhr ist man für immer von Sprache, Symbolik und Optimismus dieser magischen Nacht verzaubert.

Links: Kerzen beleuchten den Siq – den Eingang zur antiken Stadt Petra

41

AUF VATERS SPUREN

KILIMANDSCHARO, TANSANIA

Als mir klar wurde, dass wir wirklich das Dach Afrikas erreicht hatten und nun am selben Punkt standen wie Dad vierzig Jahre vor uns, schnürte sich mir die Kehle zu, und ich musste weinen. Über ein Jahr hatten wir gemeinsam diese Tour geplant und waren aus drei Kontinenten angereist, um den Spuren unseres Vaters zu folgen. Der Weg zum Gipfel war zum Teil sehr mühselig gewesen – schlaflose Nächte in den Zelten, Streitereien unter Brüdern, Wehwehchen. Doch all das war vergessen, als wir drei uns in 6000 Meter Höhe in die Arme nahmen.

Sieben Tage lang waren wir auf der Machame-Route angestiegen und durch verschiedene Vegetationszonen gekommen: Regenwald mit schwatzenden Affen und farbenprächtiger Flora,

alpine Zonen mit fremd wirkenden Sträuchern und palmenartigen Lobelien, kräftezehrende Geröllfelder, die öden Mondlandschaften glichen. Und am Ende, auf dem 5895 Meter hohen Gipfel des Uhuru am Kraterrand des Kibo: dünne Luft, extreme Temperaturen und Gletscher.

Am selben Morgen hatten wir während des Anstiegs auf dem östlichen Kamm eine Pause eingelegt, als die Umrisse des Mawenzi sich wunderschön vor den Orange-, Rosa- und Blautönen des Sonnenaufgangs abzeichneten. Ein herrlicher Tag lag vor uns – ein Tag, der von unserem Dad inspiriert war.

Von David Gorvett

Oben: Der Gipfel ruft jeden, der Afrikas höchsten Punkt erreichen will
Unten: Dickes Eis in Äquatorial-Afrika – das sagt alles über die Höhe des Kilimandscharo

Der Moment

Für mich zählte nicht so sehr die schöne Aussicht oder das Erfolgserlebnis bei dieser Tour. Was bleiben wird, ist das gemeinsame Erlebnis, das Gefühl der Verbundenheit mit meinen Brüdern. Und die Begründung einer Tradition, die fortzusetzen mein vierjähriger Neffe schon gelobt hat.

Der Weg dorthin

Wandergruppen starten das ganze Jahr über zur Gipfelbesteigung, aber die besten Zeiten (um Regen aus dem Weg zu gehen) sind Ende Juni bis Oktober sowie Ende Dezember bis Februar. Die Hauptzentren für organisierte Touren sind die Städte Moshi und Arusha, die beide an den Kilimanjaro International Airport angebunden sind. Auf den Kilimandscharo darf man ausschließlich in Begleitung eines lizenzierten Guides steigen – am besten schließt man sich einer organisierten Wanderung an. Die günstigsten Touren auf der Marangu-Route mit vier Übernachtungen bekommt man ab 1500 US-Dollar inklusive Parkeintritt und Steuern angeboten. Auf der Macha-me-Route muss man für eine sechstägige Tour mit ca. 1900 US-Dollar rechnen, auf der Rongai-Route mit ca. 1500 US-Dollar. Die siebentägige Tour auf der Shira-Plateau-Route kann man ab 2000 US-Dollar buchen. Die besseren Veranstalter bieten Zelte für die Mahlzeiten, annehmbare bis gute Küche und diverse weitere Extras. Zur Standard-Wanderzeit sollte man für die Tour mindestens einen zusätzlichen Tag hinzurechnen.

42

BLICK IN EINEN AKTIVEN VULKAN

ASO-KUJŪ-NATIONALPARK, KYUSHU, JAPAN

Ängstlich hielt ich den Atem an, als der Hubschrauber uns himmelwärts hob. Dieses Gefühl war anders als alles, was ich kannte, und kam wahrscheinlich der Empfindung vom freien Fliegen im Traum am nächsten. Innerhalb kürzester Zeit hatten wir unsere Flughöhe erreicht. Allmählich ließ meine Angst nach, sodass ich mich im Sitz entspannen und die Aussicht genießen konnte. Anmutig glitten wir über die Landschaft, die helle Nachmittagssonne warf unseren Schatten auf das üppige Grün der Waldflächen um den Nationalpark.

Als die Baumkronen den Blick auf einen felsigen Abhang freigaben stiegen wir höher, auf den gezahnten Krater des Aso zu, Japans größten aktiven Vulkan. Als Fotograf bin ich immer auf der Suche nach neuen Blickwinkeln auf die Welt, und dieser war wirklich beeindruckend.

Ich umklammerte meine Kamera, wollte unbedingt das Innere des Ungetüms im Bild festhalten. Wortlos flog unser Pilot über die Krateröffnung, und ich starrte gebannt in einen brodelnden, undefinierbar grünen See unter mir. Wir blieben kurz in der Luft stehen, und ich machte schnell ein paar Aufnahmen von diesem unwirklichen See, bevor wir abdrehten und nun den Vulkankrater

umrundeten. Später, als der Pilot uns fachmännisch präzise am Boden abgesetzt hatte, atmete ich aus, erleichtert, aufgekratzt, staunend.

Von James Gabriel Martin

Der Platz neben dem Piloten im Hubschrauber

Der Aso, größter
aktiver Vulkan
in Japan

Der Moment

Meine Gefühle beim Start (und bei der Landung) werden mir immer in Erinnerung bleiben. Das Erlebnis war für mich eine wertvolle Lektion: Die größten Momente des Lebens kommen meistens dann, wenn wir unsere Komfortzone verlassen und uns auf furchteinflößendes, unbekanntes Terrain begeben.

Der Weg dorthin

Der Aso-Krater (in ganz Japan auch liebevoll Aso-san genannt) hat fünf Gipfel. Sie gehören zum Aso-Kujū-Nationalpark, der auf Kyushu, der drittgrößten Insel Japans, zwischen Kumamoto und Beppu liegt. Mehrere Anbieter führen Hubschrauberflüge durch, darunter die Saga Aviation (sgc-air.co.jp). Hier kostet ein zweiminütiger Flug über die Wiesen am Fuß eines der Gipfel 3000 Yen (ca. 23 Euro), ein Flug von 10 Minuten Dauer über dem Zentrum des Nakadake-Kraters

13000 Yen (ca. 100 Euro). Andere Veranstalter (insidejapantours.com) bieten Hubschrauberflüge als Bestandteile von Paketen mit fünf Übernachtungen, Transfers und geführten Exkursionen an.

Das Gebiet des Aso-Kujū-Nationalparks ist geologisch aktiv, den letzten größeren Ausbruch des Aso gab es 2016. Die Region ist immer wieder von Erdbeben betroffen, in deren Folge es zur Schließung von Straßen und eingeschränktem Zugang zu Wanderrouten kommen kann. Aktuelle Informationen über Zufahrtsstraßen findet man auf der Aso-Website (aso.ne.jp/~volcano/eng).

Oben: Die Flugangst im
Hubschrauber löst sich beim
Blick in den Aso-Krater auf

43

RADTOUR ZUM TEMPEL

SIEM REAP, KAMBODSCHA

Es war heiß, und auf dem Weg durch die Felder, auf dem ich meinem Guide Samnang folgte, roch es nach Teer. Wir fuhren mit dem Fahrrad zum Tempel Beng Mealea, der etwa zeitgleich mit der majestätischen Anlage von Angkor Wat entstanden ist. Samnang hatte diese längere, malerische Strecke für mich ausgesucht, obwohl sie fast 70 Kilometer von Siem Reap entfernt lag. Er wollte mir etwas Besonderes zeigen. Wir kamen in ein stilles Dorf, wo das Knirschen unserer Reifen auf dem Schotter ein Dutzend Kinder anlockte. Die Begeisterung, mit der sie uns auf dem staubigen Weg hinterherrannten, war ansteckend. Beim Weiterradeln klang mir ihr fröhliches Rufen in den Ohren: Die Welt hier fühlte sich einfacher, sorgloser an.

Wir passierten Reisfelder und üppige Landschaften. Ein Geländewagen der UN stand am Straßenrand, und vier Uniformierte durchkämmten ein leeres Feld. »Sie üben das Aufspüren von Landminen«, sagte Samnang. Die Sorglosigkeit von eben wich der Erkenntnis, dass die Vergangenheit Kambodscha immer noch fest im Griff hat. Tempel zu verminen, war eines der letzten Verbrechen der Roten Khmer gewesen. »Der Tempel Beng Mealea ist erst seit 2007 minenfrei«, erklärte Samnang, als wir dort ankamen. Wir nahmen uns viel Zeit für das Labyrinth aus verwitterten, von Bäumen und Ranken überwucherten

Tempelbauten. Ich sah mich bewundernd um, atmete die kühle Waldluft ein und ließ die Erhabenheit dieses besonderen Ortes und seine uralte Geschichte auf mich wirken.

Von Joe Minihane

Der Moment

Unterwegs mit Samnang verstand ich, wie sehr der Krieg des 20. Jahrhunderts mit Kambodschas Vergangenheit verflochten ist. Die Geschichte dieses Ortes war für mich vorher abstrakt gewesen. Doch Samnang machte mir bewusst, dass man auf Reisen von den Einheimischen am meisten lernt.

Der Weg dorthin

Tagestouren mit dem Fahrrad zu den Tempeln rund um Siem Reap werden von mehreren regionalen Veranstaltern angeboten, darunter Grasshopper Adventures (grasshopperadventures.com). Die Preise beginnen bei 45 US-Dollar inklusive Wasser, Snacks, Mittagessen und Fahrradmiete sowie der Unterstützung durch ein Tuk-Tuk. Die meisten Touren starten am frühen Morgen gegen 7.00 Uhr, um der Hitze zuvorzukommen, die vor allem von Dezember bis März erstickend sein kann. Erfahrung mit längeren Fahrraddistanzen ist hilfreich, da das Radfahren in der prallen Sonne sehr anstrengend sein kann. Wenn die Hitze zu groß wird, kann man auch Pausen einlegen und im Tuk-Tuk mitfahren.

Beng Mealea ist nicht ganz so bekannt wie die Tempel von Angkor und daher weniger überlaufen. Besucher sollten sich dennoch an die Wege halten und nicht auf die Ruinen klettern. Der Eintritt für Beng Mealea kostet 5 US-Dollar und ist nicht im Angkor-Wat-Pass (37 US-Dollar für einen Tag; 62 US-Dollar für drei Tage) enthalten, der die meisten Tempel um Siem Reap umfasst.

Auch Halbtagestouren nach Angkor Wat werden angeboten. Sie sind ideal, wenn man mit dem Fahrrad zu den Tempeln fahren möchte.

Oben: Bäume haben ihre Wurzeln in die Ruinen von Beng Mealea gegraben
Links: Improvisierter Sonnenschirm auf einem Feld in Kambodscha

44

HIMMEL ÜBER DER WÜSTE

MAKGADIKGADI–SALZPFANNEN, BOTSWANA

Mit Stoffturbanen auf dem Kopf rasten wir auf unseren Quads in Kolonne in die leere Weite der Salzpfannen hinein – Mad Max trifft Lawrence von Arabien. Kaum vorstellbar, dass dies vor zwei Millionen Jahren der größte See Afrikas war, so groß wie der Victoria- und der Tanganjikasee zusammen. Am Tag hatten wir die Staubteufel, Luftspiegelungen und das blendende Weiß der Salzwüste bewundert. Die Nacht faszinierte auf andere Weise: Der kalte Glanz der Sterne ließ die Salzpfannen unwirklich schimmern. Als wir nach 30 Kilometern den Wagen anhielten, war die Stille schlagartig intensiv. »Geht einfach los, legt euch auf den Rücken und genießt es«, empfahl unser Guide. Nach etwa hundert Schritten drehte ich mich langsam um und betrachtete die unverstellte Krümmung der Erde – eine Landschaft ohne Leben, Umriss und Orientierungspunkte. Ich kam mir vor wie eine Ameise mitten auf einer Eisbahn. Auf der Salzkruste liegend, sah ich von Westen her einen Satelliten über den glitzernden Bogen der Milchstraße ziehen und am schwarzen Horizont verschwinden. Der Schwanz des Skorpions zeigte nach Osten, die zwei Zeigersterne leiteten mich zum Kreuz des Südens…

Eine Stunde verging, vielleicht zwei. Erst als eine Salve Sternschnuppen über mir aufleuchtete und ich laut seufzte, war der Zauber gebrochen. Langsam ging ich zurück zu den Quads, wie betäubt von der Sternguckerei, und vom Kosmos besiegt.

Von Sally Gray

Der Moment

Nur wenige Orte auf der Erde sind so völlig frei vom Lärm, Schmutz und Trubel des modernen Lebens wie die Makgadikgadi. In dieser unberührten Wüste unter dem sternenübersäten Himmel zu liegen, zeigte mir, wie schön und unbegreiflich unser Universum ist, und machte mir meinen Platz darin bewusst.

Der Weg dorthin

Die Stadt Maun, Tor zum Okavangodelta, ist Ausgangspunkt für Touren zu den Salzpfannen. Einige Reiseveranstalter wie Afro Trek (afrotrek.com) und Bush Ways Safaris (bushways. com) bieten Campingsafaris an.

Wer auf eigene Faust abseits der wenigen Hauptstraßen in die Makgadikgadi hineinfahren will, braucht mindestens zwei Geländewagen, GPS, Kompass sowie genug Benzin, Essen und Trinken für den Ernstfall. Ein günstiger Ausgangspunkt, um die Salzpfannen zu erkunden, ist das 200 Kilometer von Maun entfernte Dorf Gweta, das man mit dem Bus oder dem eigenen Wagen erreicht (Zweiradantrieb in der Trockensaison von April bis Oktober ausreichend). Hier gibt es eine Lodge, einen Lebensmittelladen und ein Restaurant. Doch viele Reisende bevorzugen Planet Baobab (unchartedafrica. com) fünf Kilometer weiter östlich,

wo traditionelle Bakalanga-Hütten mit eigenen Bädern mehr Komfort bieten und geführte Aktivitäten wie Quadausflüge, Safaris zu Fuß und Begegnungen mit Erdmännchen auf dem Programm stehen. Weitere Optionen in der gehobeneren Preisklasse bieten das Camp Kalahari und Jack's Camp. Charterfluggesellschaften wie Kavango Air (kavangoair.com) fliegen mit Leichtflugzeugen von Maun aus zu den verschiedenen Camps an den Salzpfannen.

Links: *Atemberaubender Sternenhimmel in den Salzpfannen*

45

REISE ZUM MITTELPUNKT DER ERDE

THRIHNUKAGIGUR, ISLAND

Wir waren über lumineszierendes moosbedecktes Lavagestein geklettert, unter dem unterirdische Flüsse und Miniwasserfälle lagen, und näherten uns dem Kraterrand des schlafenden Vulkans Thrihnukagigur. Ich war einer der Ersten unserer Gruppe, der 120 Meter tief in den Bauch des schlafenden Magmaspuckers hinabgelassen werden sollte, und platzte fast vor Aufregung beim Einklinken in die Sicherheitsausrüstung. Ich beugte mich über den Rand der überraschend kleinen Öffnung des Vulkans (eher wie die eines Brunnens) und betrat einen lächerlich schmalen Steg, der über dem klaffenden Schacht hing. Fünf Seelen schlossen sich mir auf der Fahrt Richtung Erdmittelpunkt in einer Art Fensterputzeraufzug an. Vorsichtig ruckelnd, begannen wir in die Tiefe zu sinken. Der Schacht wurde unvermittelt zu einem riesigen Raum, als wir den eigentlichen Krater erreichten. Was ich nicht erwartet hatte, war dieses plötzliche Feuerwerk von Farben um uns herum: Die glänzenden, von Schmelzwasser nassen Wände leuchteten in Orange und Gelb. Am Boden angekommen, war mir schwindlig. Abermillionen von Jahren spiegelten sich in diesen Wänden, von Fast-Ausbrüchen bis zu gewaltigen Eingriffen in die Erdformation, und mir blieben nur 20 Minuten Zeit, um alle Eindrücke in mich aufzusaugen. Ich hob den Blick zum einzigen Ausgang, und die winzige Öffnung an der Decke des Kraters blickte auf mich wie das Auge eines Riesen herab.

Von Chris Zeiher

Der Moment

Erst ein wenig später, als ich meinen Hammeleintopf still mit dem Eisfuchs teilte, der zum Basislager gehörte, begriff ich, dass mich nicht nur die wilde Schönheit im Erdinneren völlig überwältigt hatte, sondern auch die unfassbare Größe und die Gewalt des Thrihnukagigur. Ich hatte mich so klein und verletzlich und dabei so tief mit der Kraft unseres kostbaren Planeten verbunden gefühlt.

Der Weg dorthin

Der Vulkan Thrihnukagigur liegt im Südwesten von Island, nur eine Stunde von Reykjavík entfernt, und ist leicht von der Hauptstadt aus erreichbar. Es empfiehlt sich, die Vulkanbesichtigung bei insidethevolcano.com im Voraus zu buchen. Der Preis für eine Exkursion in die Magmakammer liegt bei etwas mehr als 42 000 isländische Kronen (ca. 300 Euro). Aus Sicherheitsgründen ist die Fahrt in den Vulkan nur in den wärmeren Monaten von Mitte Mai bis Mitte Oktober möglich. Das Mindestalter für die Tour liegt bei zwölf Jahren (manchmal werden auch Ausnahmen gemacht).
Am Tag der Sinkfahrt wird man entweder im Hotel in Reykjavík abgeholt oder kann das Team alternativ am Bláfjöll-Parkplatz treffen, dem Startpunkt der Wanderung durch die moosbedeckte Landschaft.
Der gesamte Rundtrip ab Reykjavík dauert fünf bis sechs Stunden. Gute Wanderschuhe oder -stiefel sind für die 50-minütige Wanderung zum Basecamp und zurück unabdingbar. Man sollte sich außerdem unbedingt warm anziehen, falls sich das Wetter ändert – es ist zwar Sommer, aber immer noch Island! Im Krater selbst liegt die Temperatur konstant bei ca. 5 °C. Was auch immer man in das Schutzgebiet hineinträgt, muss man hinterher wieder mitnehmen. Leichtes Gepäck ist daher angesagt!

Oben: Blick zum Kraterausgang – Erdoberfläche und Tageslicht sind weit entfernt
Links: Tief im Inneren des schlafenden Vulkans Thrihnukagigur

46

FREI SEIN WIE HUCKLEBERRY FINN

MISSISSIPPI, USA

Auf dem Mississippi:
Paddeln im Mor-
genlicht

Unser Holzkanu durchschnitt das Wasser des mächtigen Mississippi. Die Dunkelheit verwandelte sich allmählich in Licht, als die Sonne am Horizont erschien. Keine andere Menschenseele war zu sehen, und bis auf das sanfte Geräusch der Paddel im Wasser war alles ruhig.

Hoch über uns zog ein Adler seine Kreise, als mein Guide und ich das Kanu eine Sandbank hinaufzogen – eine winzige, kurzlebige Insel, die vielleicht am selben Morgen erst aufgetaucht war und wahrscheinlich in ein paar Stunden schon wieder weggespült werden würde. Barfuß folgte ich im nassen Sand den Spuren eines ziemlich großen Vogels, ehe ich bis zur Hüfte ins herrlich warme Wasser hineinwatete.

Ich fühlte mich zum Mississippi hingezogen, seit ich als Kind Die Abenteuer des Huckleberry Finn gelesen hatte. In Mark Twains Buch wird der Strom zum Symbol für die Freiheit, und ich hatte lange davon geträumt, so frei wie Huck und Jim übers Wasser zu gleiten – vorzugsweise aber mit weniger Risiko.

Als ich ins Wasser eintauchte, glitt die Erschöpfung einer zu kurzen Nacht von mir ab, und ein Gefühl des Friedens durchflutete mich. Als Stadtbewohnerin erlebte ich nur selten wirkliche Abgeschiedenheit und Ruhe. Hier aber fand ich beides – in und auf dem Mississippi, von dem ich so lange geträumt hatte.

Von Nicola Trup

Weißkopfseeadler finden im Mississippi leichte Beute

Der Moment

Vielleicht war ich an jenem Tag zum ersten Mal seit Langem wirklich entspannt. Wir paddelten 29 Kilometer weit, doch die Stunden waren wie Minuten. Das Geräusch der Paddel und die Präsenz des riesigen Stroms sind Erinnerungen, auf die ich in stressigen Momenten immer wieder zurückgreife.

Der Weg dorthin

Der Mississippi passiert oder begrenzt zehn Staaten der USA. An mehreren Orten gibt es Kanu- und Kajakstationen. Im Bundesstaat Mississippi gehören drei Außenstellen der Quapaw Canoe Company dazu (island63.com); vom Standort Clarksdale aus erreicht man einen ruhigen Abschnitt des Stroms. Ein Kanu für zwei Personen kann man ab 35 US-Dollar pro Tag buchen, geführte Touren ab 175 US-Dollar pro Person und Tag.

Wer individuell paddeln möchte, startet am besten bei Sonnenaufgang – dann ist der Strom am ruhigsten, und man begegnet kaum jemandem auf dem Wasser. Vorteil: Bevor die sengende Mittagshitze das Paddeln beschwerlich macht, hat man schon einige Stunden Strecke gemacht. Versteckte starke Strömungen und Wirbel machen den Mississippi zum Baden sehr gefährlich. Guides kennen die sicheren Badestellen, die meist in Seitenarmen und seichten Stellen an größeren Sandbänken liegen. Solche Paddelerlebnisse sind auch an anderen Stellen des Mississippi wie dem malerischen Bogue Chitto River und Black Creek möglich – Ruhesuchende sollten hier jedoch die Wochenenden und Feiertage meiden.

Unten: Morgendämmerung über einer der Sandbänke im Mississippi

47

IN KOLUMBIENS »VERLORENER STADT«

CIUDAD PERDIDA, KOLUMBIEN

»Mach dir nichts draus«, gluckste mein Guide Miguel, als ich mir an einem Bach die Schuhe auszog. Auf dieser Wanderung war jeder Versuch, trocken zu bleiben, sinnlos. Gerade war der Wanderweg zur Ciudad Perdida, Kolumbiens berühmter »Verlorener Stadt«, der für Touristen wegen des Narco-Terrorismus in der Region jahrelang tabu war, wieder geöffnet worden. Nach einem dreitägigen Marsch im Dauerregen durch den grandiosen, aber gnadenlosen Dschungel erreichten wir den Rand der Ruinenstadt, die von der indigenen Bevölkerung Teyuna genannt wird. Wir stiegen moosbedeckte Stufen hinauf und blickten auf kreisförmige Terrassen, die sich zu beiden Seiten wie riesige Korallenriffe im Dschungel ausbreiteten. Geheimnisvolle Felsblöcke mit eingravierten Zeichen waren auf den Terrassen aufgestellt.

Jahrhundertelang war der Ort in Vergessenheit geraten, bis ihn Grabräuber 1972 »wiederentdeckten«. Im Vergleich zu anderen archäologischen Stätten, die ich kannte, war Ciudad Perdida absolut einzigartig. Mit ihren längst verrotteten hölzernen Tragkonstruktionen ist sie nicht so beeindruckend wie Machu Picchu in Peru oder Tikal in Guatemala. Ohne Massenandrang und touristische Infrastruktur (es sei denn, man zählt die Außenposten des kolumbianischen Militärs dazu)

hatte sie aber für mich, als ich am höchsten Punkt dieses Ortes mitten im Dschungel stand, weitaus mehr Kraft: Es war der rare, köstliche Geschmack puren Abenteuers.

Von Sarah Reid

Der Moment

An berühmten Reisezielen, die man schon tausendmal auf Instagram gesehen hat, herrscht immer ein Gedränge an Menschen. Dieses Erlebnis in Kolumbien erinnerte mich wieder daran, dass weniger bekannte Wunder dieser Welt manchmal lohnender sind.

Der Weg dorthin

Der Rundtrip zur Ciudad Perdida erstreckt sich über eine Länge von 44 Kilometer und dauert vier Tage. Man braucht einen Guide (allein wandern ist nicht erlaubt), und die Touren sind in den nahen Touristenorten Santa Marta und Taganga schnell ausgebucht. Für eine Tour muss man mit Kosten von ca. 300 US-Dollar inklusive Verpflegung und einfacher Unterbringung (Hängematten oder Etagenbetten in offenen Schutzräumen) rechnen. Die Trockenzeit von Dezember bis März ist die beliebteste Wanderzeit, doch auch dann kann es regnen.

Am ersten Morgen der Tour wird man mit einem Jeep in zwei Stunden von Santa Marta oder Taganga in das Dorf El Mamey gefahren, wo nach dem Mittagessen der erste, ca. fünfstündige Wanderabschnitt auf einem Dschungelpfad zum ersten Camp beginnt. Am zweiten Tag erreicht man in neun Stunden das Paraiso Camp auf 1100 Meter nahe der Treppe zur Ciudad Perdida. Badestopps liegen auf der Wegstrecke. Tag drei beginnt am Morgen mit der Besichtigung der Ruinenstadt. Danach tritt man die ersten neun Kilometer des Rückweges an und kehrt am Nachmittag des vierten Tags nach El Mamey zurück. Alles, was man braucht, muss man mit sich tragen – die Veranstalter empfehlen daher leichtes Gepäck für diese anspruchsvolle, aber unvergessliche Wanderung.

Oben: Ciudad Perdida ist wahrscheinlich älter als das berühmtere Machu Picchu
Links: Die Steintreppe zur Stadt, 1972 von Grabräubern entdeckt

48

EINZIGARTIGE WÄLDER

ANJOZOROBE-ANGAVO-SCHUTZGEBIET, MADAGASKAR

Zum ersten Mal hörte ich einen Indri singen. Sein Lied war so inbrünstig wie das Heulen der Huskys und so geheimnisvoll wie Walgesang. Jeder Ton ergriff mich. Die dichte Vegetation des Waldes hing in dichten, feuchten Falten herab. Irgendwo im Schatten wurde die Melodie zum Chor. Ich war nach Madagaskar gekommen, weil ich hoffte, hier Lemuren zu sehen. Nun waren wir ihnen auf der Spur und mussten nur noch etwas tiefer in den Wald hinein.

Das Anjozorobe-Angavo-Schutzgebiet, ein ausgedehnter Urwald im zentralen Hochland von Madagaskar, ist eines der letzten Refugien des Indri, der größten lebenden Lemurenart. Gewaltige tropische Laubbäume sind hier von Reisfeldern, Kiefernschonungen und Dörfern umgeben. Als wir früh am Morgen hier angekommen waren, hatten wir eine ganz andere Art von Musik gehört: junge Bauern, die im Tal zusammen sangen.

»Kennt ihr das Lied?«, fragte ich Toussaint und Sesen, meine Guides.

»Bloß ein Popsong«, meinte Sesen. »Sie spielen mit den Harmonien.« Für meine Ohren klang es nach einem perfekten Madrigal.

Nun streiften frische, duftende Blätter beim Gehen unsere Schultern. Jeder Baum in diesem Wald konnte etwas Faszinierendes verbergen, von schielenden Chamäleons über schlafende Mausmakis bis hin zu winzigen Fröschen, doch wir wollten weiter...

Als Toussaint uns endlich signalisierte, den Weg zu verlassen und uns hügelaufwärts durch die Kletterpflanzen zu schlagen, zögerte ich nicht. Gleich würden wir den Indris begegnen!

Von Emma Gregg

Das wunderbare Waldgebiet steht heute unter Naturschutz

Der Moment

Ich war mit zwei lokalen Guides und einem Dolmetscher aus Antananarivo unterwegs und würde es immer wieder so machen: Die zunehmend bedrohten Wälder Madagaskars und ihre außergewöhnlich reiche Tierwelt liegen in der Obhut der Einheimischen, und wir müssen alles tun, was in unserer Macht steht, um diese Menschen beim Erhalt der Naturwunder zu unterstützen.

Der Weg dorthin

Das Saha Forest Camp (sahaforestcamp.mg) ist die komfortabelste Unterkunft im Anjozorobe-Angavo-Schutzgebiet. Die gemeindeeigene, mit dem Label des Fair-Trade-Tourism (FTT) zertifizierte Lodge wurde vom renommierten madegassischen Naturschutz- und Entwicklungsverein Fanamby gegründet, um der Gemeinde ein kontinuierliches Einkommen durch Ökotourismus zu sichern. Von den zehn einfachen, aber behaglichen Hütten aus blickt man auf den Wald. Noch besser ist die Aussicht von der riesigen Holzterrasse aus, auf der auch köstliche, frisch zubereitete Mahlzeiten serviert werden. Lokale Guides bieten sehr günstig Wanderungen an. Für 25 000–50 000 madegassische Ariary (ca. 6–12 Euro) kann man Nachtspaziergänge mit Tierbeobachtungen und auch ganztägige Exkursionen durch Wald, Dörfer und Reisplantagen buchen. Besonders interessant wird die Tour mit einem Übersetzer, da die Einheimischen sich zwar im Wald auskennen, aber kaum Englisch oder Französisch sprechen.

Das Saha Forest Camp erreicht man von Antananarivo aus in zwei Stunden auf meist gut ausgebauten Straßen, nur nach starkem Regen ist ein geländegängiges Fahrzeug nötig. Man parkt in einem nahen Dörfchen und geht 20 bis 30 Minuten zu Fuß auf einem Weg an Reisplantagen entlang.

Oben: Sonnenlicht durchflutet den madegassischen Wald

49

EINE LAST ABWERFEN

DHARAMKOT, INDIEN

Sssssst …
Mein Herzschlag übertönt die Haarschneide-
maschine.
Sssssst …
Es ist ein sonniger Tag im Mai, und vor mir türmt
sich der Himalaja auf.
Wusch!
Es ist Wirklichkeit geworden!
Braune Locken gleiten durch meine Finger auf den Boden.
Ich bin in einem idyllischen buddhistischen Dorf nördlich von
Dharamsala. Hier möchte ich mein »wahres Selbst« finden und
rasiere mir gerade den Kopf.
Was sich zu meinen Füßen sammelt, ähnelt einem kleinen
Wookie aus Star Wars. Schon erstaunlich, wohin es führt, wenn
man seinen Job aufgibt und ein Jahr lang allein durch Asien
reist – in meinem Fall erst einmal zu einem kahlen Schädel.
Mir die Haare abzurasieren, war ein geheimer Wunsch, den ich
schon jahrelang hegte, getraut hatte ich mich allerdings nie.
Furcht war ein ständiger Begleiter, der mich davon abhielt,
Dinge zu tun, die ich für zu riskant hielt. Erst als ich mein altes
Leben hinter mir ließ, fiel es mir leichter, mich meinen Ängsten
und dem Urteil anderer zu stellen.
Tibetische Glocken läuten, der Geruch von Räucherstäbchen
erfüllt die Luft, und im Wind flattern Gebetsfahnen. Ich setze
den Haarschneider an der Mitte meiner Stirn an.
Bei jeder Herausforderung, bei jeder neuen Begegnung und
bei jedem Schlagloch in den Straßen habe ich eine alte Last ab-
geworfen und mehr Vertrauen zu mir selbst und der Welt um
mich herum gefasst. Und nun werfe ich auch körperlich eine Last
ab. Ein so intensives Gefühl habe ich noch nie zuvor gespürt.

Von Ashley Garver

Der Moment

Reisen setzt Kräfte frei. Es stärkt die Entschlossenheit, während es einen gleichzeitig empfindsamer macht. Man lernt, sich dem Zufall zu überlassen und aus flüchtigen Begegnungen Energie zu schöpfen. Als ich mit der Rasur begann, erfüllte ich mir einen Herzenswunsch – die Befreiung von alten Lasten.

Der Weg dorthin

Dharamsala ist eine Stadt im indischen Bundesstaat Himachal Pradesh, die insbesondere dafür bekannt ist, dass hier viele Tibeter leben. Man erreicht sie von Delhi aus mit dem Flugzeug, dem Zug (über Pathankot) oder (nach einer zwölfstündigen Fahrt) mit dem Bus. Der Busbahnhof befindet sich in Lower Dharamsala, dem südlichen Teil der Stadt, während der Dalai Lama und die tibetische Exilregierung im höher gelegenen Upper Dharamsala (auch: McLoed Ganj) residieren.

Zu Fuß erreicht man von hier aus nach 15 Minuten Richtung Norden Dharamkot. Das beschauliche, von Kiefernwäldern umgebene Dorf beherbergt eine Reihe von Yoga- und Meditationszentren, die Kurse zu verschiedenen Heilmethoden anbieten – von der Kristalltherapie bis Ayurveda. Zudem ist der Ort ein hervorragender Ausgangspunkt für Wanderungen zu den umliegenden Aussichtspunkten, Wasserfällen und Klöstern.

Viele Besucher bleiben für Wochen oder sogar Monate in Dharamkot, wodurch sich ein intensives Gemeinschaftsgefühl entwickelt. Friseure finden sich auch in kleinen indischen Städten überall, aber wer wie ich selbst Hand anlegen will, um sich von seiner Haarpracht zu befreien, sollte nicht zögern, andere Reisende nach einem Haarschneider zu fragen.

Links: Die farbenfrohen Hügel von Dharamsala
Oben: Tibetische Glocken erklingen im nahe gelegenen buddhistischen Dorf Dharamkot

50

AUF ENTDECKUNGSTOUR IM ANTIKEN PERSIEN

KHARANAQ, IRAN

Der historische Gebäudekomplex bildet ein faszinierendes Labyrinth

Wir verließen den Wüsten-Highway und fuhren durch die verlassenen, schmalen Straßen einer unscheinbaren Stadt. Nach einer Kurve lag es plötzlich vor uns: das 1000 Jahre alte Dorf Kharanaq, das so ruhig wirkte, als träumte es von seiner langen Vergangenheit. Die eindrucksvollen Mauern einer Zitadelle ragen in die Höhe, während sich verfallene Lehmbauten mit runden Dächern hinab in ein grünes Tal erstrecken. Als ich aus dem Auto steige und dem hohen, bogenförmigen Eingangsportal zustrebe, laufen Hühner um meine Füße. Der Weg wird immer schmaler, und ich merke, dass ich meinem Guide in ein Labyrinth historischer Gassen und Tunnel folge. Mit eingezogenem Kopf betrete ich enge Räume und taste mich über wacklige Stufen hinein in immer schmalere Durchgänge. Beim Anblick rußgeschwärzter Decken über früheren Feuerstellen frage ich mich, wie es die hier einst lebenden Familien in dieser beklemmend klaustrophobischen Enge ausgehalten haben. Auf dem Boden fällt mir eine Tonscherbe auf, deren grüne Glasur unter all dem Staub noch immer hervorsticht. Wie kann das sein?
Ich verlor mich so sehr in einzelne, unglaublich stille und friedliche Eindrücke wie diesen, dass ich erst beim Blick hinab in das Tal bemerkte, den ganzen Ort allein erkundet zu haben, ohne dass mir eine Menschenseele begegnet war. Ebenso glücklich wie verblüfft wurde mir klar, dass Orte wie Kharanaq bis heute buchstäblich unentdeckt geblieben sind.

Von Claire Beyer

Der Moment

Es war unglaublich, dass ich in diesem Augenblick einen Ort persischer Geschichte ganz für mich allein hatte, so als hätte ich die kulturellen Schätze Kharanaqs eben erst entdeckt. Viele Vorurteile halten Reisende vom Iran fern, doch in Zeiten einer touristisch zunehmend erschlossenen Welt eröffnen Orte wie dieser einzigartige Erfahrungen.

Der Weg dorthin

Nach Kharanaq gelangt man in einer Tagestour von der 70 Kilometer südlich liegenden Wüstenstadt Yazd aus. Die Fahrt führt am Rand der eindrucksvollen Wüste Dasht-e Lut entlang, bis man die hügelige Oase erreicht, in der das Dorf liegt. Frei von den zeitlichen Zwängen einer Bustour, kann man auch von jedem Hotel in Yazd aus eine Taxitour arrangieren. Besucht man Kharanaq am Nachmittag, kann man hinab ins Tal zu einem historischen Aquädukt wandern und von dort aus in der wechselnden Lichtstimmung der untergehenden Sonne auf das Dorf blicken. Der Höhepunkt der Tour ist es jedoch, wenn man sich in den verwinkelten und einsamen Gassen des Ortes verliert, wofür man unbedingt genug Zeit einplanen sollte. Da die Sommertemperaturen unangenehm heiß sein können, bieten sich vor allem Frühling und Herbst für eine Reise an. Yazd ist von anderen Städten in der Region mit dem Flugzeug, Bus oder Zug zu erreichen.

Unten: Die Lehmbauten von Kharanaq sind rund 1000 Jahre alt

51

PARISER OPERNKLÄNGE IN DER WÜSTE

DIE SAHARA, MAROKKO

In einem Zustand geistiger Umnachtung fasste ich den Entschluss, am Marathon Des Sables teilzunehmen: einem einwöchigen, 250 Kilometer langen Ultramarathon durch die Sahara. Zu Recht gilt das Rennen als »härtester Laufwettbewerb der Welt«. Nichts für Zartbesaitete, denn die Temperaturen in der kargen Mondlandschaft erreichen bis zu 48 Grad Celsius, und endlose Sanddünen machen das Laufen zu einem Balanceakt. Zudem müssen alle Teilnehmer ihre Verpflegung und Ausrüstung selbst tragen und in Berberzelten kampieren.

Ab dem sechsten Tag waren wir Läufer alle nur noch physische Wracks, die sich in ungewaschenen Klamotten mit abgewetzten Schuhen und üblen Blasen an den Füßen wie halb verhungerte Krieger einer geschlagenen Armee durch die glühend heißen Ebenen der Sahara schleppten. Statt der Ziellinie sahen wir vor unserem geistigen Auge Visionen unseres eigenen Todes.

Doch am vorletzten Abend ließ Patrick Bauer, der Organisator des Rennens, Musiker und eine Sängerin der Pariser Oper einfliegen, um in unserem spartanischen Wüstenlager ein Konzert zu geben – natürlich in Abendgarderobe. Gewöhnlich höre ich Rock 'n' Roll, doch als ich völlig erschöpft auf dem Rücken lag, in den sternenübersäten Nachthimmel blickte und den wohltuenden Klängen der Saiteninstrumente sowie der lieblichen Stimme der Sopranistin lauschte, fragte ich mich, warum ich noch nie in der Oper gewesen war. Mein vor Erschöpfung halb betäubter Zustand trug sicherlich einen großen Teil dazu bei, dass dieses surreale Erlebnis das zugleich bizarrste und großartigste all meiner Reisen war.

Von Brendan Sainsbury

Der Moment

Meine schönsten Reiseerfahrungen ergeben sich meist aus spontanen Entscheidungen, aber selten habe ich etwas so Unerwartetes und Unvergessliches erlebt wie dieses Konzert inmitten der Wüste am sechsten Tag eines auch geistig zermürbenden Rennens. Die Musik inspirierte und belebte mich, und ohne Zweifel half sie mir dabei, am nächsten Tag die Ziellinie zu erreichen.

Der Weg dorthin

Ungeachtet der extremen Bedingungen, ist der Marathon Des Sables eine populäre Veranstaltung. Sinnvollerweise sollte man mit der Vorbereitung mindestens zwei Jahre vorher beginnen und sich zunächst auf der offiziellen Website über die Teilnahmebedingungen informieren (marathondessables.com). Die anfallenden Kosten variieren je nach Herkunftsland. Briten müssen etwa 4000 Pfund einkalkulieren, mit denen die Startgebühr, Flüge, Transfers, Verpflegung und Unterbringung nach dem Rennen abgedeckt sind. Üblicherweise wird der Wettbewerb in der Zeit von Ende März bis Anfang April veranstaltet.

Das erforderliche Vorbereitungstraining sollte man nicht auf die leichte Schulter nehmen. Absolute Voraussetzung ist eine überragende körperliche Fitness, und ohne eine aktuelle ärztliche Unbedenklichkeitsbescheinigung erhält man keine Starterlaubnis. Zudem gibt es eine lange Liste an Ausrüstungsgegenständen, die man sich vorab beschaffen muss.

Wer den musikalischen Genuss erleben möchte, ohne dafür den Preis körperlicher Qualen zu zahlen, kann auch direkt die Pariser Oper besuchen (operadeparis.fr).

Links: Teilnehmer des Marathon Des Sables bei ihrer Plackerei in der Sahara
Oben: Erschöpfte Läufer bei der abendlichen Erholung

EINE NEUE SICHT DER DINGE AUF DEM WEST COAST TRAIL

PACIFIC RIM NATIONAL PARK RESERVE, BRITISH COLUMBIA, KANADA

Als mein Mann und ich das Zelt verließen, war es auf dem Campingplatz dunkel, und alle anderen schliefen bereits. Erschöpft nach der anstrengenden Tagesetappe über schlammige und schlüpfrige Küstenpfade, hatten wir uns früh zurückgezogen. Wir wollten uns noch die Zähne putzen und machten uns mit unseren Zahnbürsten in der Hand auf den Weg zum Meer. Die Wellen rauschten sanft am Strand, und der Geruch nach Lagerfeuer mischte sich mit dem von Seetang. Mein Mann schaltete plötzlich die Taschenlampe aus und flüsterte: »Sie mal nach oben ...« Ich war sprachlos: In der absoluten Dunkelheit um uns herum zeichnete sich die Milchstraße vor dem tiefschwarzen Nachthimmel strahlender und klarer ab, als ich sie je zuvor gesehen hatte. Voller Demut spürte ich, dass ich nur ein winziger Teil des unendlichen Universums war.

Wir legten uns auf den Rücken und verfolgten gebannt, wie Sternschnuppen durch den Himmel schossen. All die Anstrengungen und Schrammen, die der Tag auf dem Trail mit sich gebracht hatte, waren wie weggeblasen. Alles in meinem bisherigen Leben schien nur den Sinn gehabt zu haben, mich diesen faszinierenden Augenblick erleben zu lassen. Ich hoffte, dass er niemals enden würde.

Von Dayna Aamodt

Der Moment

Diese unglaubliche Nacht hinterließ einen nachhaltigen Eindruck in meiner Seele. Ich befand mich im Frieden mit mir selbst und erlebte das Wunder der Welt wie ein staunendes Kind. All die »großen« Probleme, die mein Denken vor der Wanderung bestimmt hatten, erwiesen sich angesichts der Unendlichkeit und Schönheit des Universums als nichtig und klein.

Der Weg dorthin

Der West Coast Trail erstreckt sich über 75 Kilometer entlang der Küste des Pacific Rim National Park Reserve. Er bietet erfahrenen Wanderern eine atemberaubende Wildniserfahrung. Zwischen dem 1. Mai und dem 30. September sind pro Tag nicht mehr als 75 kampierende Wanderer auf dem Trail erlaubt.

Eine Genehmigung beantragt man bei Parks Canada (pc.gc.ca); die Reservierungsgebühr hierfür beträgt pro Person 24,50 US-Dollar. Die Start- und Endpunkte liegen bei Pachena Bay, Gordon River und dem Nitinaht Lake. Jeder, der wild zelten will, muss an einer einstündigen Einführung teilnehmen. Für die gesamte Wanderung werden 127,50 US-Dollar fällig, für die Fähre 16 US-Dollar, für das Wassertaxi zwischen Nitinaht Village und Gordon River weitere 62,50 US-Dollar. Einführungsveranstaltungen finden in Gordon River und Pachena Bay täglich zwischen 10 und 14 Uhr statt. Nahe der Trailheads gibt es diverse Parkplätze. Der West Coast Trail Express Bus (trailbus.com) bringt Wanderer nach Beendigung der Tour zu ihrem Ausgangspunkt zurück.

Links: Der Nachthimmel ist nur eines der grandiosen Erlebnisse einer Wanderung auf dem West Coast Trail

53

TOD UND WIEDERGEBURT AUF EINER KORA

MOUNT KAILASH, TIBET

Erschöpft lag ich lang ausgestreckt am Boden, mit dem Kopf in Richtung heiliger Berg. Über mir ragte der 5636 Meter hohe Drölma La empor: ein Pass, der höher liegt als das Base Camp am Mount Everest und kaum niedriger als der Kili-mandscharo. Um dort hinzugelangen, würde ich mein Leben lassen müssen – zumindest symbolisch. Denn ab dem Opfer-platz Shiva Tsal hielt ich mich im Reich des »Gottes der Toten« auf und würde erst auf dem Drölma La wiedergeboren werden. Ich befand mich auf meiner Kora, einer dreitägigen und 52 Kilo-meter langen rituellen Umrundung von Tibets heiligem Berg Kailash. Meinen Sündentest hatte ich bereits absolviert, indem ich meine Hüfte unter dem legendären Bardo-Trang-Fels hin-durchgezwängt hatte. Jetzt arbeitete ich mit jedem Schritt auf dem Pass mein Sündenregister weiter ab. Doch um alle in meinem Leben begangenen Sünden zu tilgen, würde ich den Kailash weitere 107-mal umrunden müssen. Der tibetische Buddhismus macht es einem wahrlich nicht leicht.

Die Tradition verlangte, dass ich am Shiva Tsal etwas zurück-ließ, das mein früheres Leben symbolisierte, etwa einen Trop-fen Blut oder eine Haarsträhne. Doch offenkundig entschieden sich die meisten Pilger für ein Kleidungsstück. So breitete auch ich respektvoll eine leuchtend gelbe Unterhose von mir unter einem Stein aus, in den ein buddhistisches Mantra eingraviert war: Om Mani Padme Hum – »Juwel im Lotus«.

Von Tony Wheeler

Der Moment

Tibet ist ein wirklich beeindruckender Ort, und eine Kora offenbart dem Pilger vielerlei Einsichten. Ich erkannte insbesondere, dass es wichtig ist, im Leben voranzugehen – und zumindest ein entbehrliches Kleidungsstück dabeizuhaben.

Der Weg dorthin

Die Trekkingsaison für eine Kora beginnt Mitte Mai und endet Mitte Oktober, wobei es in den hohen Lagen immer Schnee geben kann. Viele haben am liebsten ihr eigenes Zelt und eigenen Proviant dabei, aber mittlerweile kann man auch in Dira Puk und Zutul Puk übernachten und Grundnahrungsmittel kaufen. Entlang der Route bieten Teehäuser Wasser, Nudeln und – wenig überraschend – Tee an. Wer einen Filter dabei hat, kann sich an den vielen Wasserläufen selbst versorgen.

Die meisten Wanderer tragen ihr Gepäck selbst oder bezahlen einen Träger (210 Yuan pro Tag). In Darchen, dem Startpunkt für die Rundtour, kann man außerdem Pferde und Yaks mieten. Das kleine Dorf liegt rund 1200 Kilometer von Lhasa entfernt. Man erreicht es nach einer endlos scheinenden Fahrt über eine Straße, die inzwischen ausgebessert wurde.

Individuelle Reisen sind in Tibet verboten, sodass man eine Tour über einen Veranstalter buchen muss, der beim tibetischen Tourismusbüro (TTB) die notwendigen Genehmigungen beschafft. Diese sind für maximal 14-tägige Reisen über Lhasa hinaus erforderlich. Außerdem benötigt man vor Antritt der Reise ein chinesisches Visum.

Links: Bei einer Kora trifft man auf viele Steine, in die ein buddhistisches Mantra eingraviert ist
Unten: Tibets heiliger Berg Kailash

DER GLÜCKSPIER

ITILLEQ, GRÖNLAND

Alles begann mit einer Lüge. Die einzigen Passagiere, die das kleine Boot am völlig verlassenen Pier von Itilleq im Süden Grönlands verließen, waren ich und eine reizende Dame aus Kanada, die allerdings sehr gern und sehr viel redete. Vor uns führte ein Weg über einen sonnigen Hügel hinauf zum Dorf Igaliku und zum Hotel, wo wir übernachten würden. Die Vorstellung, an diesem idyllischen Ort einer nicht endenden Plapperei ausgeliefert zu sein, war mir unerträglich. Deshalb griff ich zu einer Notlüge und täuschte ein dringendes Telefonat vor. Während sich die Quasselstrippe entfernte, hockte ich mich, mit dem Handy am Ohr, an das Ende des hölzernen Piers und ließ glücklich die Beine baumeln. Erst langsam dämmerte mir, dass sich weder auf dem Pier noch ringsum auch nur eine andere Menschenseele befand. Die redselige Lady war inzwischen hinter der Anhöhe verschwunden, und das Boot hatte längst den Fjord verlassen. Kein Flugzeug befand sich in der Luft, und nirgendwo war ein Haus zu sehen – nicht ungewöhnlich im dünn besiedelten Grönland. Nur ein Geräusch war zu hören: das Knarzen und Krachen minzfarbener Eisberge. Sonst nichts. Vollständige Stille umhüllte mich. Und eine mich zutiefst beseelende, innere Ruhe stellte sich ein. Seit Jahren empfand ich zum ersten Mal keinerlei Hektik

oder Sorge, sondern einzig und allein das Glück, hier und jetzt am richtigen Ort zu sein. Nie zuvor hatte ich mich lebendiger gefühlt.

Von Richard Mellor

Der Moment

Der Pier von Itilleq ist für mich zu einem geistigen Rückzugsort geworden. Wann immer ich Beklommenheit oder Panik empfinde, stelle ich mir vor, wie ich am leeren Anleger sitze, die Beine baumeln lasse und sich mein Atem in der erlösenden Stille beruhigt. Zurück in der Gegenwart, erscheint dann alles längst nicht mehr so bedrängend.

Der Weg dorthin

Boot- und Bustransfers von Qassiarsuk nach Itilleq (auch: Itivdleq) sowie Übernachtungen im Igaliku Country Hotel kann man beim Veranstalter Blue Ice Explorer (blueice.gl) buchen, dessen Chef Jacky Simoud gut Englisch spricht. Die meisten kommen nach Südgrönland, um auf dem ausgezeichneten Wegenetz zu wandern, und übernachten auf Farmen und/oder in Hotels. Darüber hinaus kann man in der Region auch Pferdetouren unternehmen, angeln, Kajak fahren oder Wale beobachten. Auf Grönlands offizieller Website (visitgreenland.com) werden lizensierte Veranstalter genannt.

Da es im Süden Grönlands keine Brücken gibt, dauern Autofahrten entlang der labyrinthartigen Fjorde lang. Sehr viel schneller gelangt man wie die Einheimischen mit kleinen Fähren von Ort zu Ort. Die Boote von Blue Ice Explorer und der Disko Line (diskoline.dk) verkehren regelmäßig. Weitere Hinweise finden sich auf visitgreenland.com unter »How To Get Around«.

Südgrönlands internationaler Flughafen Narsarsuaq wird von Kopenhagen (Dänemark) aus von Air Greenland (airgreenland.com) angeflogen und vom Keflavik International Airport nahe Reykjavík (Island) aus von Air Iceland Connect (airicelandconnect.com). Die Maschinen beider Linien verkehren dreimal wöchentlich von Anfang Mai bis Ende September.

Oben: Eisberge vor der Küste Grönlands
Links: Fischerboote und andere kleinere Schiffe bringen Touristen an der Küste von Ort zu Ort

55

GEMEINSCHAFTSGEFÜHL IM GRAND CANYON

ARIZONA, USA

Ich trottete im Morgengrauen auf dem Bright Angel Trail zu der Hängebrücke, die über den Colorado zu den steilen Serpentinen auf der Südseite des Grand Canyon führt. Dort stand eine Gruppe von Frauen. Gab es ein Problem?

Ich erfuhr, dass sie ihre Kräfte für den brutalen Aufstieg sammelten. Als ich aufbrach, fragte mich eine von ihnen: »Wie heißt du?« Eine einfache Frage, aber auch eine, die den Sinn meiner Reise auf den Punkt bringen sollte.

Zur Vorgeschichte: Ich war zum Canyon gekommen, um eine Entscheidung zu treffen. Bleibe ich in Los Angeles oder ziehe ich zurück an die Ostküste? Zwei Tage Wandern in ungestörter Einsamkeit sollten mir Gelegenheit zum Nachdenken geben. Von wegen Einsamkeit!

Die Nacht zuvor hatte ich nach dem Abstieg über den South Kaibab Trail auf der berühmten Phantom Ranch verbracht. Dort teilte ich den Schlafraum mit fünf Dentalhygienikerinnen aus Kanada, drei Schwestern auf Geburtstagstour und einer Frau, die mit dem Abenteuerbuch *Ein Spaziergang im Hindukusch* durch den Canyon wanderte. Mein Vorhaben, ungestört nachzudenken, konnte ich vergessen! Stattdessen teilten wir in unserer lebendigen Zimmergemeinschaft Snacks, Pflaster, Wandertipps und Geschichten.

Und die Frau, die sich am nächsten Morgen nach meinem Namen erkundigte? Sie hatte im benachbarten Frauenschlafsaal übernachtet. Eine Fremde, die nicht einfach nur freundlich war, sondern sich sorgte, dass ich sicher oben ankommen würde. »Amy Balfour« antwortete ich und betrat die Brücke – voll neuer Energie.

Von Amy C. Balfour

Amy wählte auf ihrer Tour den empfehlenswerteren Trail

Oben: Sonnenaufgang
über dem Canyon vom
Yavapai Point aus

Keine Frage, der
Skeleton Point ist
ebenso großartig

LETON POINT

Der Moment

Die Fürsorge der unbekannten Frau, aber
auch das gemeinsame Teilen der Vorräte
und Geschichten mit meinen Zimmergenos-
sinnen machten mir klar, was ich in L. A. ver-
misste – ein Gefühl von Zusammenhalt und
Anteilnahme. Ich wusste nicht, ob an der
Ostküste alles besser werden würde, aber
diese Erfahrung unter Fremden bestärkte
mich, den Umzug zu wagen.

Der Weg dorthin

Der South Kaibab Trail führt vom Yaki
Point am Südrand über gut 11 Kilometer
hinab zur Phantom Ranch. Die Blicke in
den Canyon sind überwältigend, aber der
Weg ist steil, bietet wenig Schatten und
hat keine Wasserstellen. Viele Wanderer
wählen daher den 16 Kilometer langen
Bright Angel Trail mit einem angenehmen
Zwischenstopp auf dem schattigen Indian
Garden Campground.

Die besten Bedingungen für den Trip bieten
Frühling oder Herbst. Im Sommer liegen die
Temperaturen regelmäßig bei über 38 Grad
Celsius. Der kluge Wanderer nimmt den frü-
hen Express Shuttle von der Bright Angel
Lodge (die Fahrtzeiten sind saisonabhängig)
und hat möglichst viel Wasser dabei.
Die Phantom Ranch ist nur zu Fuß, auf dem
Rücken eines Esels oder per Floß erreichbar.
Sie verfügt über getrennte Hütten und
Schlafsäle für Frauen und Männer. Ab Januar
2019 werden Reservierungen nur noch verlost (grandcanyonlodges.com), Anmeldun-
gen müssen 15 Monate im Voraus erfolgen.
Mit viel Glück können Alleinreisende kurz-
fristig von einzelnen Stornierungen profi-
tieren und sollten sich eine Nacht zuvor in
der Bright Angel Lodge auf die Warteliste
setzen lassen.

INMITTEN VON WALHAIEN

GOLF VON TADJOURA, DSCHIBUTI

Kein Land mehr in Sicht und wohlwissend, dass unter mir in der Tiefe fremdartige Kreaturen lauerten, war niemand überraschter als ich selbst, dass ich den Sprung aus dem kleinen Boot in den Golf von Tadjoura tatsächlich wagte. Nie zuvor war ich im offenen Meer geschwommen, und nun fand ich mich mit Schnorchel und Maske im Wasser wieder. Meine Erleichterung, dass ich nicht wie ein Stein zum Meeresboden sank, wich schnell der Überraschung, als wenige Meter unter mir ein riesiger Körper meinen Weg kreuzte. Die weißen Flecken darauf glitten vorüber wie Farbmarkierungen auf einem endlos langen, vorbeifahrenden Güterzug.

Der Koloss gehörte zu einer Schule von Walhaien, die hier ihre Bahnen zogen, um Plankton aus dem Meer zu filtern. Umgeben von diesen sanften Giganten, kam ich mir vor, als befände ich mich inmitten eines Dokumentarfilms von David Attenborough über prähistorische Fische. Dank des friedlichen Verhaltens der Haie wurde aus meiner Furcht bald Staunen. Obwohl ich mich nur knapp unter der Wasseroberfläche befand, hatte ich das Gefühl, in eine unbekannte, vergangene Welt mit vorzeitlichen Wesen eingetaucht zu sein. Die weiten Ozeane – eine bis heute weitgehend unentdeckte Welt.

Von Georgina Wilson-Powell

Der Moment

Abgesehen von dem Triumph, meine Angst vor tiefem Wasser (und den urzeitlichen Riesen darin) überwunden zu haben, bewirkte meine Erfahrung einen Bewusstseinswandel. Seit dieser Begegnung dient ein Großteil meiner Arbeit dem Kampf gegen Plastikmüll in unseren Ozeanen.

Der Weg dorthin

Dschibuti ist ein an Eritrea, Äthiopien und Somaliland angrenzender Staat am Golf von Aden, dem Zugang zum Roten Meer. Der internationale Flughafen der gleichnamigen Hauptstadt bildet hier das Tor zur Welt. Zudem wurde eine neue Bahnlinie nach Addis Abeba in Äthiopien gebaut.

Die Hochsaison für die Beobachtung von Walhaien geht von November bis Januar. In dieser Zeit kommen die friedlichen Riesen in die warmen Gewässer des Golfs von Tadjoura, um vor allem in der angrenzenden Bucht Ghoubbet-el-Kharab ihren Nachwuchs zur Welt zur bringen. Dolphin (dolphinservices.com) ist landesweit der einzige Veranstalter von Tauchtouren, der sowohl von der CMAS als auch der PADI zertifiziert ist. Die Ausrüstungen werden regelmäßig gewartet, die Stützpunkte sind gut ausgestattet und die kompetenten wie freundlichen Mitarbeiter sprechen Englisch. Siyyan Travel & Leisure (dive-lucy.com) verfügt ebenfalls über eine PADI-Zertifizierung. Beide Veranstalter bieten für diejenigen, die vor allem viel Zeit unter Wasser verbringen wollen, auch mehrtägige bootgestützte Tauchtouren an. Die verantwortungsbewussten Instruktoren weisen darauf hin, dass man die Walhaie keinesfalls berühren darf, sondern einen Mindestabstand von 4 Metern wahren sollte, um sich selbst und die Tiere zu schützen.

Rechts: Tauchen mit Walhaien, den größten Fischen des Planeten

57

AUF DEM GIPFEL DES TEIDE

TENERIFFA, KANARISCHE INSELN, SPANIEN

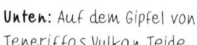

Es war fünf Uhr früh, als ich von der Hütte aufbrach. Meine Stirnlampe erhellte den Weg vor mir, und unter meinen Sohlen knirschte der lose vulkanische Untergrund. Über Nacht hatten sich die Wolken verzogen, und 3000 Meter unterhalb von mir glitzerte der Atlantische Ozean im Licht der Sterne. Weiter oben zeichnete sich der Kraterrand vor der Milchstraße ab.

Fasziniert von einem Foto, das den schneebedeckten Gipfel des Teide zeigte, war ich zwei Jahre zuvor nach Teneriffa gezogen, um dort ein neues Leben zu beginnen. Von meiner Wohnung aus hatte ich einen Blick auf die sich aus dem Atlantik erhebende Silhouette des Berges und dessen 3718 Meter hohen Gipfel. Der Vulkan war für mich von Beginn an ein Symbol der Hoffnung, erinnerte mich aber auch stets daran, dass er bei all seiner Schönheit mit den in ihm schlummernden Naturgewalten auch Zerstörung über mich und andere bringen konnte. Allerdings hatte ich noch nie vom Gipfel aus jenes magische Naturschauspiel erlebt, wenn der Schatten des Teide auf die Erdatmosphäre fällt.

Ich erreichte den Gipfel knapp vor Sonnenaufgang. Mit den ersten Sonnenstrahlen führte der riesige Schatten des Berges wie eine Himmelsstraße über das Meer auf den gebogenen Horizont der Erde zu. Die Welt barg wirklich viele Wunder. Und ich wusste plötzlich: Alles würde gut werden.

Von Paul Stiles

Der Schatten des
Teide – ein atem-
beraubendes
Naturspektakel

Der Moment

Wir begeben uns auf Reisen, um unvergessliche Momente zu erleben, die uns offenbaren,
was jenseits des Banalen und Kommerziellen
wirklich wichtig im Leben ist. Der Schatten
fiel im richtigen Augenblick, um mir zu zeigen, dass ich auf dem richtigen Weg war.

Der Weg dorthin

Um den Schatten des Teide zu erleben, muss
man die Nacht in der Berghütte El Refugio de
Altavista verbringen (25 Euro). Am bequems-
ten gelangt man mit der Seilbahn Teleférico
hinauf (9–16 Uhr, 13,50 Euro). Die Talstation an
der Landstraße TF-21 bietet kostenlose Parkplätze, ist aber auch mit dem Bus zu erreichen. Die Bergstation in 3555 Meter Höhe

liegt nur 163 Meter unterhalb des Gipfels.
Von dort steigt man in etwa einer Stunde ab
zur Hütte auf 3270 Metern, an der man bis
22 Uhr eintreffen sollte. Anstrengender ist
der Aufstieg von der Talstation aus (vier bis
fünf Stunden).
Sofern das Wetter es erlaubt, ist die geheizte
Hütte ganzjährig geöffnet. Sie bietet 54 Bet-
ten. Bettzeug ist vorhanden, ein Schlafsack
nicht erforderlich. Getränke, Wasser und be-
grenzte Kochmöglichkeiten stehen zur Verfügung. Um den Gipfel pünktlich zum Sonnenaufgang zu erreichen, muss man gegen
fünf Uhr aufbrechen. Gäste der Hütte benötigen hierfür keine Genehmigung. Wie die
meisten Naturphänomene ist der Schatten-
fall des Teide wetterabhängig.

58

EINE ODYSSEE ÜBER DEN OZEAN

TRISTAN DA CUNHA, SÜDATLANTIK

Ich war 13, als ich die Insel zum ersten Mal auf der Karte entdeckte. Sie war so klein, dass sie völlig von der Nadel verdeckt wurde, mit der ich das Ziel markierte, das ich eines Tages bereisen wollte. Damals wusste ich nichts über Tristan da Cunha, aber über die Jahre fand ich heraus, dass es unter britischer Souveränität steht, etwa 300 Einwohner und einen aktiven Vulkan hat. Und als ich dann noch erfuhr, dass es die entlegenste bewohnte Insel der Welt ist, stand mein Entschluss fest.

Rund 20 Jahre nachdem ich die Nadel gesetzt hatte, lebte ich in Kapstadt. Immer wieder hatte ich nach einer Möglichkeit gesucht, zu dem Fleck im Südatlantik zu gelangen, auf dem es keinen Flugplatz gab. Hier war ich nun am rechten Ort. Kurz entschlossen plünderte ich meine stille Reserve für die Flitterwochen, schnappte mir meinen damaligen Verlobten und ging mit ihm an Bord eines Fischerbootes.

Trotz all meiner Recherchen hatte ich mich nie mit den Bedingungen auf dem Meer in der Region beschäftigt. Kapstadt lag gerade eine Stunde hinter uns, als ich bereits seekrank wurde. Erst drei Tage später verließ ich meine Kabine zum ersten Mal. Weitere vier Tage vergingen, bis plötzlich die Maschine des Bootes gedrosselt wurde. Ich erhob mich aus meiner Koje und blickte durch das Bullauge hinaus. Am Horizont zeichnete sich Tristan ab. Aufgeregt wie ein Kind am Weihnachtsabend, konnte ich den mein halbes Leben lang ersehnten Moment, endlich einen Fuß auf die Insel zu setzen, kaum erwarten.

Von Lucy Corne

Oben: Fernab im Südatlantik liegt Tristan – die entlegenste bewohnte Insel der Welt
Unten: Der Hauptort trägt den klangvollen Namen Edinburgh of the Seven Seas

Der Moment

Die Jahre als Teenager sind keine leichten und bieten nicht immer Anlass, stolz darauf zu sein. Doch wann immer ich an den Augenblick zurückdenke, als ich Tristan betrat, beglückwünsche ich mich zu meinem mit 13 gefassten Entschluss und merke, wie wichtig es ist, an der Verwirklichung seiner Kindheitsträume festzuhalten.

Der Weg dorthin

Pro Jahr verlassen weniger als ein Dutzend Boote Kapstadt, um eine Handvoll Passagiere für rund 1000 US-Dollar nach Tristan und zurück zu bringen – sechs bis sieben Tage dauert die einfache Fahrt. Meist handelt es sich um simple Fischerboote, die nur wenig Komfort, aber herzhafte Verpflegung bieten. Am empfehlenswertesten ist eine Überfahrt mit der *SA Agulhas* (einmal jährlich im September von Kapstadt aus).

Auf der Insel selbst mietet man ein Haus oder wohnt in Privatunterkünften. Beides ermöglicht viele Kontakte zu den Einheimischen. Es gibt einen Laden, ein Café und eine Kneipe, wo die lokalen Spezialitäten serviert werden: Langusten sowie Lamm mit Kartoffeln.

Die Aktivitäten auf der Insel sind überschaubar: eine Wanderung auf den Vulkan, eine rustikale Golfpartie mit Hühnern und Rindern als Publikum, ein Plausch mit ansässigen Senioren bei Tee und Gebäck oder eine Bootstour zur Nachbarinsel Nightingale. Reisen nach Tristan müssen lange im Voraus gebucht werden und erfordern sowohl eine Einreisegenehmigung der Inselverwaltung als auch viel Flexibilität: Da man von den Wetterbedingungen abhängig ist, kann sich die Überfahrt um Tage oder sogar Wochen verschieben.

DAS WUNDER DES ULURU

ULURU-KATA TJUTA NATIONAL PARK, AUSTRALIEN

Ich war erst neun, spürte aber sofort die spirituelle Bedeutung des Uluru, als ich vor dem Heiligen Berg Australiens stand. Sogar aus großer Entfernung flößte er Respekt ein. Auf der roten Straße scheuchte unser Wagen Scharen von Rabenkakadus auf. Uns allen entfuhr ein Aufschrei, als der legendäre Monolith vor uns auftauchte. Der Anblick des orange leuchtenden Bergs vor dem Hintergrund des strahlend blauen Himmels wirkte vertraut und surreal zugleich, so als handle es sich um ein Gemälde am Horizont. Aus der Nähe schüchterte mich die enorme Größe des zerklüfteten Uluru ein. Während mein Bruder sogleich vergnügt begann, an ihm emporzuklettern, zögerte ich. Der steile Anstieg vom »Chicken Rock« zum Anfang des Handlaufs war

zu viel für mein vor Aufregung rasendes Herz. Mit Tränen in den Augen rutschte ich wieder hinunter und folgte meiner Mutter, die mit mir auf einem anderen Weg den Berg umrundete.
Darüber bin ich noch heute froh. Bei unserer Wanderung wurde mir klar, warum traditionsbewusste Parkaufseher Besuchern empfehlen, den Uluru nicht zu besteigen, sondern von unten zu erleben. An einer Stelle hatten Regenfälle im Lauf der Jahrtausende eine wahre Kathedrale in den Berg geschnitten, an einer anderen befanden sich uralte Felszeichnungen. Auf Schritt und Tritt offenbarte der Uluru immer neue Geheimnisse seiner unermesslich langen Geschichte. Diesen Fels durfte man nicht erobern, man musste ihn verehren.

Von Penny Carroll

Der Moment

Die Magie des Uluru schon in so jungen Jahren zu erfahren, prägte mich und mein Verhältnis zur australischen Landschaft nachhaltig. Vor allem aber wurde in mir der unerschütterliche Glaube geweckt, dass es eine Macht im Universum gibt, die größer ist als wir.

Der Weg dorthin

Der Uluru (frühere Bezeichnung: Ayers Rock) befindet sich 450 Kilometer entfernt von Alice Springs im zentralaustralischen Outback. Man kann direkt zum Ayers Rock Airport fliegen oder von Alice Springs aus

nach 4,5-stündiger Fahrt zum Berg gelangen. Wer mit dem Auto fährt und einige Tage Zeit hat, sollte dem Red Centre Way folgen: einer Touristenstraße, die zu weiteren Sehenswürdigkeiten im Outback führt, wie zum Beispiel zum Kings Canyon und den West MacDonnell Ranges. Eine große Rolle spielt die Jahreszeit: Zwischen Mai und September kann man bei frischem, klarem Wetter bequem den Berg erkunden; im Sommer begrenzt die sengende Hitze eine Umrundung des Uluru auf die Vormittagsstunden, und bei bedrohlichen Wetterlagen kann der Nationalpark geschlossen werden.

Ein Drei-Tages-Pass kostet 25 Australische Dollar und ist am Eingang des Nationalparks erhältlich.
Den Uluru zu besteigen, wird von den Aborigines als unsensibel empfunden und ist vom Oktober 2019 an verboten. Stattdessen kann man den Berg auf einem 10,6 Kilometer langen Rundweg erkunden oder von einer Plattform aus bei Sonnenauf- oder -untergang beobachten, wie sich die Farben des Uluru verändern.

Links: Ab Oktober 2019 ist eine Besteigung des Uluru verboten. Tatsächlich war es immer schon lohnenswerter, ihn von unten zu erleben

60

DURCH DIE WÜSTE GOBI

MONGOLEI

Rund 2000 Kilometer im Nirgendwo lagen hinter uns, als meine Begleiter und ich einen Moment stehen blieben – bald würden wir unser Ziel erreicht haben und in Sicherheit sein. Sechs Wochen lang hatte niemand genau gewusst, wo wir uns aufhielten. Jeden Tag hatten wir im Schnitt 50 Kilometer zurückgelegt, vorbei an sich seitlich schlängelnden Schlangen durch eine Landschaft aus Fels, rotem Sand und Geröll. Manchmal waren wir auf Nomaden gestoßen, die uns zu ihren Wasserquellen führten. Doch meist waren wir allein und in völliger Stille unter dem endlosen blauen Himmel der Mongolei weitergetrottet, so als durchquerten wir einen fremden und oftmals auch lebensfeindlichen Planeten. Meine Begleiter waren weder menschliche noch besonders verlässliche Wesen, sondern zwei Kamele, die bei besonders anstrengenden Etappen versucht hatten, meine Wasserbehälter aufzubrechen. Ein Drittes, Jigjik, hatte sich unterwegs davongemacht. Ich habe alles überstanden, weil die anderen beiden (der einäugige Bert und der riesige Bastion, der seine Last nur unwillig trug) bei mir geblieben sind und meine Ausrüstung getragen haben.

Kamele kommen auch ohne den Menschen aus. Mit ihren großen Höckern, die als Fettspeicher dienen, den breiten Füßen und den fleischigen Lippen, mit denen sie Zweige von Büschen abreißen, sind sie perfekt an den Lebensraum der Gobi angepasst. Und doch hatten sie mich als ihr »Leittier« anerkannt – vielleicht nur wegen der Wölfe, die wir nachts manchmal heulen hörten. Ich war ihnen für ihre Dienste dankbar und teilte am Ende sogar mein Müsli mit ihnen, das allerdings kaum besser schmeckte als das Steppengras um uns herum.

Tag für Tag hatte ich nur den Wind, das Knirschen des ledernen Zaumzeugs und das Klappern der Ausrüstung gehört. Doch jetzt war

Benedict mit einem seiner unentbehrlichen Reisegefährten

Oben: Die öde
Wüstenlandschaft
der Gobi

Das Terrain ist
ausgedörrt und
lebensfeindlich

es geschafft, gerade noch rechtzeitig.
*Bei meinem Aufbruch im September
hatte der heiße Wind mir noch die Lippen versengt, doch jetzt nahte rasch
der Winter. Schneeflocken trieben
vorbei, und die Wasservorräte waren
immer wieder zu Eis gefroren.
Trotzdem zögerte ich, wieder in die
zivilisierte Welt zurückzukehren, in die
Welt, der ich entstammte. Sicher, ich
hatte es geschafft, war wohlauf, vielleicht würde ich sogar mit Zuhause
telefonieren können. Doch hier an der
Grenze der Wüste verharrte ich und
beobachtete eine pinkfarbene Plastik-
tüte, die der Wind als Vorboten der
menschlichen Besiedlung vor sich her-
trieb, während in der Ferne der Lärm
eines Lastwagens zu hören war. In diesem Augenblick wurde mir schlagartig*

*klar, wie sehr ich mich an die gleicher-
maßen herrliche wie Furcht einflößen-
de Gobi gewöhnt hatte. Ich ahnte bereits, wie sehr ich sie und meine beiden
Begleiter vermissen würde, mit denen
ich gemeinsam 2000 Kilometer durch
die unberührte Wüstenlandschaft zurückgelegt hatte.*

Von Benedict Allen

Der Moment

Vermutlich hat noch nie jemand zuvor die Gobi allein zu Fuß durchquert. Aber was mich erfüllte, war nicht der Triumph, der Erste gewesen zu sein, sondern das Glück, einen Ort, der mir zuvor so fremd und bedrohlich erschienen war, als Heimat empfunden zu haben.

Der Weg dorthin

Die Gobi ist eine ausgedehnte Wüstenregion an der Grenze zwischen der Mongolei und China. Um die Sommerhitze (mit Höchsttemperaturen bis 40 Grad Celsius) und die Winterkälte (mit Tiefsttemperaturen bis 40 Grad Celsius minus) zu vermeiden, bereist man die Gobi am besten im Frühling oder Herbst. Für die hier vorgestellte Tour empfiehlt sich vor allem der Herbst, da sich die Kamele im Frühling und Sommer erst die nötigen Fettreserven zulegen müssen. Um die Kamele kontrollieren zu können, muss man sie zu Fuß führen. Für eine Expedition sind drei Tiere ideal, damit jeden Tag jeweils zwei die Ausrüstung tragen und eines sich erholen kann. Das Abenteuer führte mich in sechs Wochen von Ej Uul aus 2000 Kilometer in östlicher Richtung nach Zamyn-Üüd an der Grenze zu China.

Wer nur einen ersten Eindruck von der Region gewinnen möchte, kann von Ulaanbaatar aus mit Minivans, Taxis, Jeeps und öffentlichen Bussen einen Ausflug in die Provinzstädte der Gobi unternehmen. Zudem gibt es in der Hauptstadt Flugverbindungen nach Dalandsadgad und Altai. Von China aus kann man die Grenze bei Zamyn-Üüd überqueren und dann weiter nach Sainschand oder zu anderen Städten in der Gobi reisen. Touren in die Wüste organisiert man jedoch am besten in Ulaanbaatar.

Rechts: Sanddünen kennzeichnen den Süden der Mongolei
Unten: Das einzige Transportmittel der Region

BEGEGNUNG MIT POTTWALEN

ATLANTISCHER OZEAN

Ich war schon monatelang allein mitten auf dem Atlantik unterwegs, als mich ein Geräusch aufhorchen ließ. Immer wieder waren die Laute von Delfinen durch den Rumpf meines Bootes gedrungen. Sie ähnelten einem Radio mit Empfangsstörungen. Aber das hier klang anders: ein tieferes und lauteres Klicken und Klopfen. Ich drehte mich in meiner kleinen Koje auf die andere Seite und legte mein Ohr an die Wasserflaschen, die in der Wärme manchmal seltsame Geräusche von sich gaben. Danach kontrollierte ich die elektronischen Geräte und Batterien. Nach 20 Minuten ergebnisloser Suche beschloss ich, draußen an Deck nachzuforschen. Die Lösung des Rätsels war nicht zu übersehen: Nur 10 Meter entfernt schwammen (und sangen) vier Pottwale, darunter zwei mächtige Weibchen, neben denen mein 7 Meter langes Boot winzig wirkte. Begleitet wurden sie von zwei halb so großen Kälbern. Die Tiere drehten sich an der Wasseroberfläche um ihre Längsachse und schienen zu gähnen. Dabei sah man die Zahnreihen ihrer Unterkiefer, die im Verhältnis zu den mächtigen, rechteckigen Köpfen merkwürdig schmal wirkten. Große Narben an den Flanken der Wale zeugten von ihrer Jagd nach riesigen Tintenfischen 1000 Meter tief im Meer.
Um mich besser sehen zu können, schossen sie senkrecht aus dem Wasser und reckten beim Wiedereintauchen ihre riesigen Schwanzflossen in die Höhe. Ich starrte fasziniert und begeistert auf das ebenso spektakuläre wie friedliche Schauspiel direkt vor meinen Augen.

Von Sarah Outen

Der Moment

Als ich den Walen in die Augen sah, fühlte ich mich mit ihnen wundersam verbunden, zugleich aber auch schuldig für die Verschmutzung der Mooro. (Während der 150 Tage meiner Überfahrt von Cape Cod nach Großbritannien sah ich mehr Plastikmüll als Wale.) Seither habe ich viel zu diesem Problem publiziert und mein Konsumverhalten verändert.

Der Weg dorthin

Beim Ozeanrudern geht es weniger um das Rudern als darum, allein auf dem Meer auf sich selbst zu vertrauen, die richtigen Entscheidungen zu treffen sowie anpassungs- und widerstandsfähig zu sein. Deshalb sollte man schon bei den Vorbereitungen nicht nur sein körperliches, sondern auch mentales Durchhaltevermögen trainieren. Vor allem Letzteres kann sich allein auf hoher See als überlebenswichtig erweisen.
Natürlich ist auch der richtige Proviant wichtig, um Körper und Moral aufrechtzuerhalten. Er darf nur wenig wiegen, muss aber genügend Nährstoffe enthalten und zudem abwechslungsreich, schmackhaft sowie leicht zuzubereiten sein.

Das Wetter ist unberechenbar. Deshalb empfiehlt es sich, den Naturgewalten gleichermaßen mit Respekt als auch duldender Akzeptanz zu begegnen. Die vielen Tage auf dem Meer können sehr monoton und zermürbend verlaufen, aber auch herrlich und erfüllend sein. Darum ist es wichtig, jeden schönen Moment auszukosten – und jeder Sturm geht auch vorbei.

Links: Wer schaut hier wen an? Blickkontakt mit Pottwalen im Mittelatlantik

62

EIN FENSTER
IN DIE ANTARKTIS

DECEPTION ISLAND, ANTARKTIS

Aus der Vogelperspektive ähnelt Deception Island ein wenig dem Gesicht der Pac-Man-Spielfigur: eine fast kreisrunde Caldera, die vulkanische Kräfte vor 10 000 Jahren an einer Seite aufbrachen, woraufhin das Meerwasser in den Krater hineinfließen konnte und eine perfekte Bucht entstand. Unter dem ringförmigen Kraterrest schlummert ein noch immer aktiver Vulkan.

Bevor wir die Insel betraten, informierten uns die Wissenschaftler der Expedition, dass geothermische Aktivitäten das Wasser vor der Küste erwärmen, und wie bei den meisten unserer Landgänge in der Antarktis durften wir unseren eigenen Interessen folgen. Doch anstatt am Strand in Gesellschaft von Zügelpinguinen schwimmen zu gehen, beschloss ich, zum »Fenster« hinaufzusteigen: einem schmalen Durchbruch am Kraterrand.

Der Boden unter meinen Füßen bestand aus einer Mischung von schmelzendem Schnee und bröckeligem schwarzem Geröll. Ich kam nur langsam voran und dachte daran, dass ich nicht mehr viel Zeit hatte bis zur Rückfahrt zum Schiff. Bald blieb das Schnarren der Pinguine hinter mir zurück, nicht aber der scharfe Geruch des Guanos. Schwitzend und außer Atem erreichte ich das »Fenster« und blickte zur einen Seite hinab auf Neptunes Bellows (dt. Neptuns Blasebalg), die dramatische Zufahrt in den natürlich entstandenen Kratersee, während hinter mir die Polar Pioneer vor Anker lag. Doch in diesem Augenblick sah ich nicht nur das Schiff vor mir, sondern die gesamte Antarktis-Expedition – die aufregendste Reise meines Lebens.

Von Jamie Lafferty

Der Moment

War Deception Island der schönste Ort, den ich in der Antarktis besucht hatte? Eher nicht. Aber die Insel war so unberührt und faszinierend, dass ich bei jenem letzten Landgang das Gefühl hatte, dass dort oben am Kraterrand alle Erinnerungen und unvergesslichen Eindrücke der gesamten Reise noch einmal vereint waren.

Der Weg dorthin

Deception Island bildet traditionell den letzten Halt in der Antarktis vor der stürmischen Überfahrt durch die Drakestraße zurück nach Südamerika. Während die Whalers Bay einen geschützten Ankerplatz bietet, an dem man ein Bad im Antarktischen Ozean nehmen kann, beherbergt das dem offenen Meer zugewandte Ufer der Insel eine riesige Kolonie mit Zehntausenden von Zügelpinguinen.

Auch wenn die Wetterbedingungen ein Anlaufen von Deception Island verhindern können, plant die *Polar Pioneer* bei ihren von November bis April durchgeführten Fahrten in die Antarktis dort üblicherweise einen dreistündigen Stopp ein. Das ehemals russische Schiff, das aus der Zeit des Kalten Krieges stammt, kann maximal 56 Passagiere mitnehmen.

Die meisten Veranstalter von Expeditionen in diese Region bieten vielfältige Programme. Die Preise richten sich nach der Reisedauer, der Kabinenkategorie und der Nutzung optionaler Aktivitäten wie Schnorcheln und Kajakfahren.

Oben: Deception Island besteht aus der Caldera eines aktiven Vulkans
Links: Zügelpinguine bevölkern die Insel in großen Kolonien

DIE VISION

VON NONG KHAI NACH BANGKOK, THAILAND

Einige würden sagen, ich sei für ein Jahr ausgestiegen, aber für mich war es weniger ein Aussteigen als ein Richtungswechsel. Die Engstirnigkeit der öffentlichen Debatte in Australien hatte mich als Anwalt für Asylsuchende zermürbt. Deshalb ließ ich mein altes Leben hinter mir und kaufte mir ein One-Way-Ticket, um die Welt zu erkunden. Vielleicht war ich auf der Suche nach Inspiration, doch vermutlich war ich einfach nur unsicher, wie es weitergehen sollte.

Meine Reise begann in Bangkok und führte mich nach Norden zum Mekong. Drei Tage ließ ich mich mit einem Frachtschiff flussabwärts treiben, kaufte auf kleinen Märkten ein, schlief in Hütten am Ufer und genoss die unberührte Stille der Wälder. In Vientiane jedoch packte mich die Rastlosigkeit, und ich überquerte die Grenze zu Thailand, um in Nong Khai am frühen Morgen den Zug nach Bangkok zu nehmen.

Ich reiste dritter Klasse und saß stundenlang in der offenen Waggontür, um das pittoreske thailändische Landleben an mir vorbeiziehen zu lassen. Und ganz plötzlich passierte es. Wie aus dem Nichts war mir klar, dass ich Schriftsteller werden wollte. Dieses emotionale Erdbeben kam derart unerwartet und überwältigend, dass ich unwillkürlich einen Blick nach oben warf in der Erwartung, von einem Lichtstrahl aus dem bewölkten Himmel erleuchtet worden zu sein. Die Euphorie dieses Moments der Berufung war so intensiv, dass ich deren Bedeutung zu diesem Zeitpunkt noch nicht wirklich realisierte. Dennoch: Mein neues Leben hatte begonnen.

Von Anthony Ham

Der Moment

Dieser Moment veränderte mein Leben für immer. Auch, wenn es ein Jahr dauern sollte, bis ich mir meinen Lebensunterhalt durch Schreiben verdiente, war er der Startpunkt meiner Laufbahn als Schriftsteller, die ich in den nachfolgenden zwei Jahrzehnten nie infrage stellte.

Der Weg dorthin

Vielleicht mit Ausnahme einiger Regionalzüge erlaubt es die Modernisierung der thailändischen Bahn nicht mehr, die Beine aus dem offenen Waggon baumeln zu lassen und die Landschaft so ungefiltert zu erleben. Andere Dinge jedoch haben sich nicht verändert: die unfassbar grünen Reisfelder, die faszinierenden Hügel sowie die Freundlichkeit der mitreisenden Thailänder.

Es gibt täglich vier Verbindungen von Nong Khai nach Bangkok, drei davon sind Nachtzüge, die die thailändische Hauptstadt in den frühen Morgenstunden erreichen. Zug 76 ist der einzige, der den Passagier über 621 Kilometer die vorbeiziehende Landschaft bei Tageslicht genießen lässt; er verlässt Nong Khai um sieben Uhr morgens und kommt zehn Stunden später um 17.10 Uhr in Bangkok an. Die Ticketpreise reichen von 407 Baht für die erste über 238 Baht für die zweite bis zu 103 Baht für die dritte Klasse. Letztere bietet zwar nicht immer einen Sitzplatz, dafür aber das größere Erlebnis, sich aus offenen Fenstern und teilweise sogar offenen Türen lehnen zu dürfen.

Links: Ein buddhistischer Mönch auf einem thailändischen Bahnsteig

64

ES GEHT NICHT UM DAS ABHAKEN VON LISTEN

DAS COLCA-TAL, PERU

Nach einer dreistündigen Busfahrt von Arequipa studierten meine Frau und ich den Reiseführer, um die nächste Etappe auf dem Weg zum Colca-Tal zu planen, der zweittiefsten Schlucht der Welt. Abwechselnd blickten wir ins Buch und auf Straßenschilder, bis wir feststellten, dass wir uns in der falschen Stadt befanden und der nächste Bus erst am folgenden Tag fuhr. Wir waren zwar wütend auf uns selbst, aber auch fest entschlossen, unser Ziel dennoch zu erreichen.

Die Dinge wandten sich zum Guten, als ein Taxifahrer anbot, uns zu einem nahen Aussichtspunkt zu fahren. Kurz darauf kurvten wir vorbei an Reisfeldern und strohgedeckten Häusern durch die Berge der Anden, bis wir wegen eines Festumzugs vor uns auf der Straße halten mussten. Anstatt uns vorbeizulassen, klopfte eine Frau in einer traditionellen Tracht an die Seitenscheibe. »Kommt und tanzt mit«, sagte sie lächelnd auf Spanisch. »Wir lassen euch nicht weiter, bevor ihr nicht mitgetanzt habt.«

Meine Frau und ich sahen uns kurz an und stiegen gleichzeitig aus dem Wagen, woraufhin die Peruaner jubelten und die Holzinstrumente lauter aufspielten. Wir wurden in einen Kreis wirbelnder Tänzerinnen gezogen, und schon drehten auch wir uns im Tanz. Man reichte uns Chicha, das Bier der Anden, und wir tanzten mit unseren neuen Freunden Arm in Arm, bis es dunkel wurde. Das Colca-Tal erreichten wir nicht mehr, aber wir waren glücklich...

Von Mike Howard

Der Moment

Wie die meisten Touristen waren auch wir vor allem darauf aus gewesen, unsere Liste mit Sehenswürdigkeiten abzuhaken, bis uns eine Gruppe tanzender Peruaner zeigte, dass man gerade die Umwege und den Augenblick genießen muss. Und dass es die Menschen sind, die das Besondere eines Ortes ausmachen.

Der Weg dorthin

Auch wenn es mit 3270 Metern doppelt so tief ist wie der Grand Canyon, fasziniert das Colca-Tal nicht nur durch seine Dimensionen, sondern auch durch seine Schönheit, die herrlichen Wanderwege, seine Kultur, Geschichte und Traditionen. Das Straßenfest fand anlässlich der Fiesta de Las Cruces statt: ein Volksfest, das am 3. Mai in vielen Regionen Perus gefeiert wird.

Die meisten besuchen die Schlucht von der Stadt Chivay aus, die 3,5 Busstunden von Arequipa entfernt liegt. Von Chivay aus gibt es auch eine Busverbindung (90 Minuten) zum Cruz del Condor, wo Kondore nisten und mühelos im Aufwind schweben. Taxis benötigen nur die halbe Fahrzeit und bieten zudem die Möglichkeit, in traditionellen Dörfern und an herrlichen Aussichtspunkten zu halten. Bei mehrtägigen Aufenthalten eignet sich die reizvolle Stadt Cabanaconde als Quartier. Für den Besuch aller bedeutenden Sehenswürdigkeiten in der Region empfiehlt sich ein *boleto turistico* (70 Peruanische Sol).

Links: Unser Autor, seine Frau und ihre neuen Freunde in Peru
Unten: Das Colca-Tal in Peru zählt zu den tiefsten Schluchten der Welt

65

EINGESCHNEIT AUF DEM WUTAI SHAN

PROVINZ SHANXI, CHINA

Tagsüber hatte es immer weiter geschneit. Schon als ich am Abend zuvor mit dem Bus in der Provinz Shanxi auf dem für Buddhisten heiligen Berg Wutai Shan einge-
troffen war, hatte ein Schneesturm getobt. Mich an einer der Tempel- und Klostermauern entlang-tastend, hatten meine Finger eingravierte chine-sische Schriftzeichen entdeckt und vom Schnee befreit: 殊像寺 – Shuxiang-Tempel. Dort ver-brachte ich die Nacht.

Als sich am nächsten Morgen quietschend die mächtigen Türen des Tempels öffneten, erblickte ich ein Panorama makellos weißer Berge vor einem saphirblauen Himmel. Wir waren völlig eingeschneit. Kein Bus konnte die Tempel und Klöster erreichen oder verlassen. Vor einer Tempel-Stupa entdeckte ich einen Hund, der regungslos dahockte und wie gebannt auf die Berge starrte. Ich gesellte mich längere Zeit zu ihm, bis es erneut zu schneien begann. Während ich umherwanderte und mich umsah, nahm das Schneetreiben weiter zu.

Ungewöhnlich früh setzte die Abenddämmerung auf dem Wutai Shan ein. Wieder erhob sich der Wind, dessen leises Heulen sich zu einem Tosen steigerte. Allein irgendwo im Niemandsland und ein gutes Stück entfernt von meinem Nacht-quartier hörte ich, wie in der Ferne vom Sturm entwurzelte Bäume die Berghänge hinunterkrach-ten. Ich weiß nicht mehr, wie lange ich dastand und einfach nur lauschte. Aber ich hatte das Gefühl, dort ewig verharren und das Spektakel verfolgen zu können.

Von Damian Harper

Damian war nicht der Einzige, der vom Schnee-fall gebannt war

Die Stupa eines
Tempels verschwindet
im Schneesturm

Der Moment

Meine Reisepläne waren durch Ereignisse
durcheinandergeraten, auf die ich keinen
Einfluss hatte, was sich im Nachhinein allerdings tatsächlich als Glücksfall erwies. Auch
wenn man in der empfohlenen Reisezeit
unterwegs ist, können unvorhersehbare
Naturgewalten dazu führen, dass man an
einem Ort festsitzt – und ebenso unvorher-
gesehene Erfahrungen sammelt.

Der Weg dorthin

Der Berg Wutai Shan liegt im Norden Chinas,
und es erfordert etwas Planungsgeschick,
ihn zu erreichen. Die dortigen Winter bringen
viel Kälte, Schnee und Eis mit sich. Der hier
beschriebene Schneesturm ereignete sich
Ende April/Anfang Mai. Man bereist die
Region also am besten vom Frühlingsende
bis zum Spätsommer. Unabhängig von der
Jahreszeit sind warme und wasserdichte

Kleidung sowie Wanderstiefel dringend zu
empfehlen, zumal die Nachttemperaturen
ganzjährig stark fallen können. Angesichts
der Größe der Region sollten zu ihrer Erkun-
dung mehrere Tage eingeplant werden.
Besucher reisen überwiegend von Peking,
Datong oder Taiyuan aus mit dem Bus zum
Wutai Shan. Der nächstgelegene Bahnhof
befindet sich im 50 Kilometer entfernten
Shahe. Für eine Besuchsgenehmigung des
Wutai Shan und maximal dreitägige Reisen
in der Region bezahlt man nur 218 Yuan.
Einige Tempelanlagen kosten zusätzlichen
Eintritt, darunter der entlegene Nanchan-
und der Foguang-Tempel, die einige der
ältesten Holzbauten Chinas beherbergen.
Es gibt Übernachtungsmöglichkeiten und
Restaurants, aber die Auswahl ist begrenzt.

Oben: Tibetische Gebetsfahnen über
der Stadt Taihuai am Wutai Shan

NAHRUNG FÜR DIE SEELE AUF DEM MOUNT BIERSTADT

COLORADO, USA

Nach einem harten Sommer, in dem ich meinen besten Freund durch Leukämie verloren hatte, fuhr ich mit meinem Bruder nach Colorado, in der Hoffnung, dort den Kopf freizubekommen. Meine Liebe zu den Bergen und mein Hang zu verrückten Einfällen resultierten in dem Plan, einen berühmten »Vierzehner« (Gipfel auf über 14 000 Fuß/4267 Meter Höhe) zu erklimmen. Wir waren zwar beide gut in Form, auf eine Tour dieser Größenordnung allerdings nicht vorbereitet.

Wie so oft zuvor ließ sich mein Bruder auch in diesem Fall von meiner kühnen Idee anstecken. Am nächsten Morgen um vier Uhr früh begannen wir in den Rocky Mountains mit dem Aufstieg auf den 4287 Meter hohen Mount Bierstadt – laut Google der leichteste unter den Vierzehnern. Schnell wurde uns klar, dass »leicht« ein relativer Begriff ist. So schleppten wir uns bald keuchend den Berg hinauf und kämpften mit der immer dünner werdenden Luft.

Diese körperlichen Anstrengungen passten zu den emotionalen Turbulenzen, in die ich im Sommer geraten war. Mit jedem Schritt wurde mein Wille durchzuhalten wieder auf die Probe gestellt. Als wir dann schließlich – auf Augenhöhe mit den Wolken – den Gipfel erreichten, wurden wir mit einem unglaublich spektakulären Panorama für unseren harten Einsatz belohnt.

Von Laura Brown

Der Moment

Oben auf dem Gipfel konnte ich spüren, wie die Traurigkeit, die im Sommer Besitz von mir ergriffen hatte, langsam von meiner Seele wich. Nie zuvor hatte ich mich stärker und freier gefühlt als in diesem Moment, und niemals schlief ich besser als nach unserem Abstieg.

Der Weg dorthin

Der Staat Colorado beheimatet 53 »Vierzehner« von 4269 Meter (Sunshine Peak) bis 4401 Meter (Mount Elbert) Höhe. Mount Bierstadt rangiert mit 4287 Metern auf Platz 38 dieser illustren Liste. Der Schwierigkeitsgrad variiert je nach Länge, Gefälle und Zustand der jeweiligen Trails. Der Weg zum Gipfel des Mount Bierstadt beginnt am Guanella Pass, hat eine Länge von gut 11 Kilometern und überwindet einen Höhenunterschied von 865 Metern.

Den Guanella Pass erreicht man über den nach ihm benannten Guanella Pass Scenic Byway. Die Panoramastraße bietet unglaubliche Ausblicke auf die Rocky Mountains, vor allem auf den Mount Evans und Mount Bierstadt. Entlang der Route, die die Städtchen Grant (am Highway US 285) und Georgetown (an der Interstate 70) miteinander verbindet, begegnet man dem ein oder anderen Dickhornschaf.

Unglaublich aber wahr: Im Jahr 2015 bestieg der vierzigjährige Andrew Hamilton aus Denver alle »Vierzehner« innerhalb von neun Tagen, 21 Stunden und 51 Minuten.

Links: *Das Schild sagt alles über den Mount Bierstadt, der auf Platz 38 der höchsten »Vierzehner« Colorados rangiert*

67

AN DER GRENZE ZU TIBET

ARUNACHAL PRADESH, INDIEN

Angetrieben von dem Wunsch, das Nachtquartier vor Einbruch der Dunkelheit zu erreichen, erhöhten wir das Tempo unserer Schritte. Ajidu, mein Idu-Guide, ging voran. Der Weg führte hinab in märchenhafte Täler, quer durch üppige Dschungelabschnitte und über blanken Fels am Fuße eines kleinen Wasserfalls. Und jedes Mal, wenn wir in freies Gelände gelangten, tauchte vor uns im Norden am Horizont das schneebedeckte Hochland von Tibet auf.

An jenem Nachmittag erfüllte mich ein Gefühl der Leichtigkeit und des Glücks, als befreite ich mich mit jedem Schritt von den letzten Resten einer zu eng gewordenen Haut. Es war nicht nur die Freude darüber, diese unbekannte Wildnis zu durchwandern, sondern die Erkenntnis, dass die schrecklichen Monate regelmäßig wiederkehrender Panikattacken der Vergangenheit angehörten. Ich erlebte einen der seltenen Augenblicke, in denen man uneingeschränkt glücklich ist, hier und jetzt am Leben zu sein.

In der Dämmerung erreichten wir das aus Bambus gefertigte Langhaus, das an der Grenze zu Tibet auf einem Hügel am Fluss stand. Es wurde von einem älteren Ehepaar des Idu-Mishmi-Volkes bewohnt, das noch nie zuvor einen Ausländer erblickt hatte. Den ganzen Abend über saßen wir am Feuer und tranken selbst gemachten Reiswein, während wir einander neugierig und fasziniert betrachteten und unser beschwipstes Gelächter den Raum erfüllte. Nie zuvor in meinem Leben verbrachte ich einen glücklicheren Tag.

Von Antonia Bolingbroke-Kent

Antonias großzügige Gastgeber mit ihren Haustieren

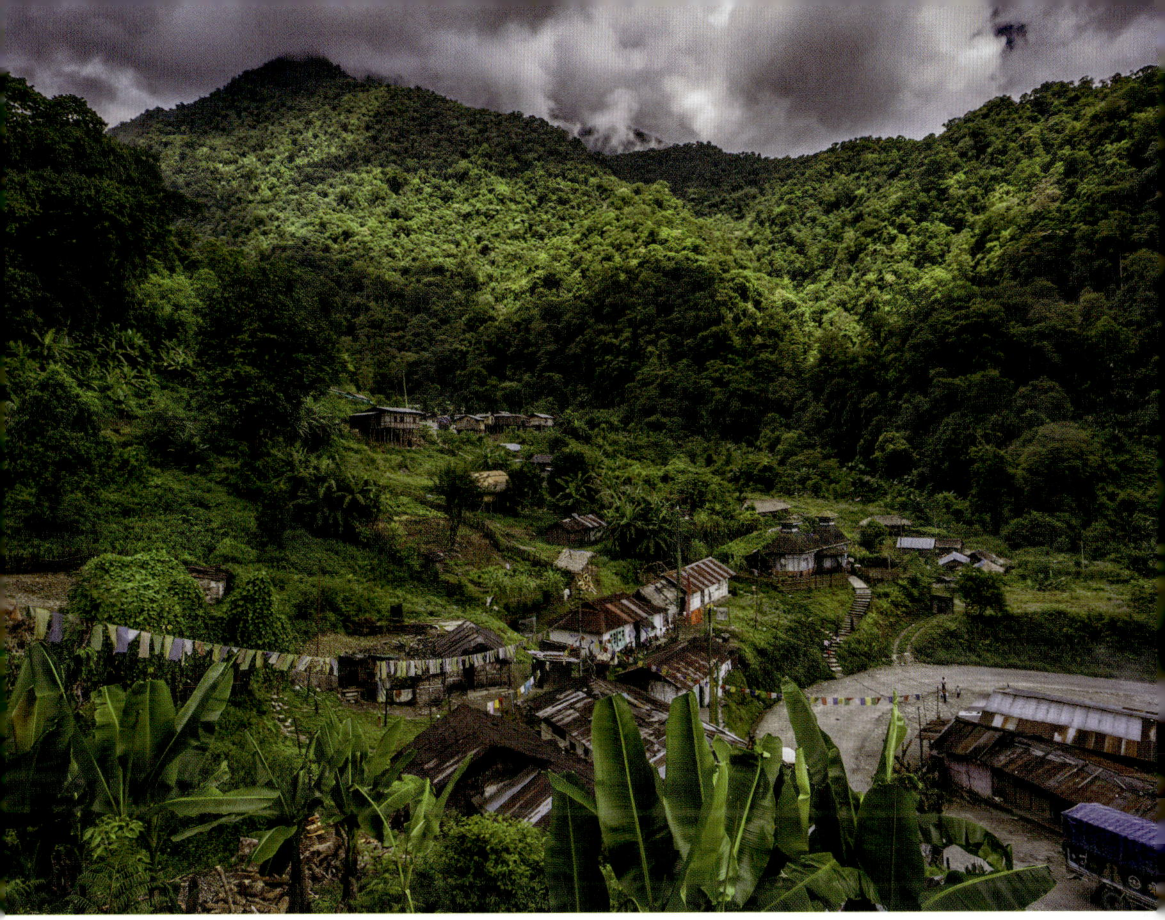

Unsere Autorin beim Bereiten ihres Nachtlagers

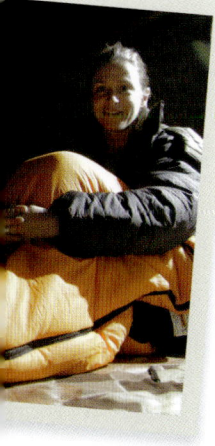

Der Moment

Durch die entlegene Hügellandschaft zu wandern, war allein schon eine wundervolle Erfahrung. Doch hinzu kam die Euphorie, dass ich meine Angstzustände hinter mir gelassen hatte, so als sei ich plötzlich aus einem finsteren Dunkel ins helle Licht getreten.

Der Weg dorthin

Der indische Bundesstaat Arunachal Pradesh liegt als Teil des Himalaja im äußersten Norden des Subkontinents zwischen dem tibetischen Hochland, Burma, Bhutan, Nagaland und dem Brahmaputra-Tal in Assam. Das umstrittene Territorium wird von China als Süd-Tibet beansprucht und öffnete sich dem Tourismus erst Ende der 1990er-Jahre. Noch heute muss jeder Besucher bei der indischen Regierung für den Aufenthalt in der Region eine Genehmigung beantragen, die grundsätzlich nur Gruppen mit mindestens zwei Reisenden erteilt wird und maximal 30 Tage gültig ist. Die Kosten hierfür hängen ab von der Gruppengröße, der geplanten Aufenthaltsdauer und dem genauen Reiseziel sowie davon, ob die Genehmigung direkt oder über einen Veranstalter beantragt wird. Mit einigem Aufwand kann man auch (wie Antonia) eine einzelne Reisegenehmigung erlangen, im Grenzgebiet zu Tibet ist allerdings in jedem Fall ein Guide erforderlich. Zwischen Oktober und November herrschen die besten Bedingungen zum Wandern.

Oben: Ein Dorf in der immergrünen Berglandschaft von Arunachal Pradesh

68

Das riesige
Felsentor von
Dyrhólaey

EINE KETTE
SCHWARZER PERLEN

ISLAND

William Morris umrundete Island 1871 zu Pferd, ich 2017 mit einem Allradfahrzeug. Die Fahrt entlang der Südküste dieses urwüchsigen Landes führte gleich zu einer ganzen Reihe unvergesslicher Augenblicke, die sich im stets wechselnden Zwielicht aneinanderreihten – wie schwarze Perlen einer Kette. In Malkursen lernt man, die Hintergrundfarben kühl zu halten, um Tiefenwirkung zu erzeugen. Doch solche Regeln gelten nicht in Island, wo das unablässig wechselnde Lichtspiel am Himmel spektakuläre Szenarien schafft und die Landschaft zum Leben erweckt. Nicht ohne Grund ist dies die Heimat von Elfen, Feen und Álagablettir, verzauberten Orten. Hier wird es im Sommer niemals völlig dunkel, und in der Mischung aus intensivem Licht und finsterer Dämmerung hat man Mühe, sich zu orientieren. In der ersten Nacht stand ich im fremdartigen Schein der Mitternachtssonne an einem schwarzen Strand unter einem schwarzen, sturmgepeitschten Himmel. Wie im Traum starrte ich lange auf den Horizont. In der zweiten Nacht blickte ich in einen Tunnel aus grauen Wolken über einem Gletscher. Vorder- und Hintergrund verschwammen, ein Vulkan reckte sich bis in die Wolken, und aus dem Zentrum des seltsam grün leuchtenden Lichts blickte mich ein eisiges Blau wie ein Auge an. In der dritten Nacht fuhr ich zu der Gletscherbucht, als eine Windböe mein Auto erfasste und anhob, um es sogleich wieder sanft auf der Straße abzusetzen.

Von Sophie Cunningham

NAHRUNG FÜR DIE SEELE AUF DEM MOUNT BIERSTADT

COLORADO, USA

Nach einem harten Sommer, in dem ich meinen besten Freund durch Leukämie verloren hatte, fuhr ich mit meinem Bruder nach Colorado, in der Hoffnung, dort den Kopf freizubekommen. Meine Liebe zu den Bergen und mein Hang zu verrückten Einfällen resultierten in dem Plan, einen berühmten »Vierzehner« (Gipfel auf über 14 000 Fuß/4267 Meter Höhe) zu erklimmen. Wir waren zwar beide gut in Form, auf eine Tour dieser Größenordnung allerdings nicht vorbereitet.

Wie so oft zuvor ließ sich mein Bruder auch in diesem Fall von meiner kühnen Idee anstecken. Am nächsten Morgen um vier Uhr früh begannen wir in den Rocky Mountains mit dem Aufstieg auf

den 4287 Meter hohen Mount Bierstadt – laut Google der leichteste unter den Vierzehnern. Schnell wurde uns klar, dass »leicht« ein relativer Begriff ist. So schleppten wir uns bald keuchend den Berg hinauf und kämpften mit der immer dünner werdenden Luft.

Diese körperlichen Anstrengungen passten zu den emotionalen Turbulenzen, in die ich im Sommer geraten war. Mit jedem Schritt wurde mein Wille durchzuhalten wieder auf die Probe gestellt. Als wir dann schließlich – auf Augenhöhe mit den Wolken – den Gipfel erreichten, wurden wir mit einem unglaublich spektakulären Panorama für unseren harten Einsatz belohnt.

Von Laura Brown

Der Moment

Oben auf dem Gipfel konnte ich spüren, wie die Traurigkeit, die im Sommer Besitz von mir ergriffen hatte, langsam von meiner Seele wich. Nie zuvor hatte ich mich stärker und freier gefühlt als in diesem Moment, und niemals schlief ich besser als nach unserem Abstieg.

Der Weg dorthin

Der Staat Colorado beheimatet 53 »Vierzehner« von 4269 Meter (Sunshine Peak) bis 4401 Meter (Mount Elbert) Höhe. Mount Bierstadt ran-

giert mit 4287 Metern auf Platz 38 dieser illustren Liste. Der Schwierigkeitsgrad variiert je nach Länge, Gefälle und Zustand der jeweiligen Trails. Der Weg zum Gipfel des Mount Bierstadt beginnt am Guanella Pass, hat eine Länge von gut 11 Kilometern und überwindet einen Höhenunterschied von 865 Metern.

Den Guanella Pass erreicht man über den nach ihm benannten Guanella Pass Scenic Byway. Die Panoramastraße bietet unglaubliche Ausblicke auf die Rocky Mountains, vor allem auf den Mount Evans und Mount

Bierstadt. Entlang der Route, die die Städtchen Grant (am Highway US 285) und Georgetown (an der Interstate 70) miteinander verbindet, begegnet man dem ein oder anderen Dickhornschaf.

Unglaublich aber wahr: Im Jahr 2015 bestieg der vierzigjährige Andrew Hamilton aus Denver alle »Vierzehner« innerhalb von neun Tagen, 21 Stunden und 51 Minuten.

Links: Das Schild sagt alles über den Mount Bierstadt, der auf Platz 38 der höchsten »Vierzehner« Colorados rangiert

67

AN DER GRENZE ZU TIBET

ARUNACHAL PRADESH, INDIEN

Angetrieben von dem Wunsch, das Nachtquartier vor Einbruch der Dunkelheit zu erreichen, erhöhten wir das Tempo unserer Schritte. Ajidu, mein Idu-Guide, ging voran. Der Weg führte hinab in märchenhafte Täler, quer durch üppige Dschungelabschnitte und über blanken Fels am Fuße eines kleinen Wasserfalls. Und jedes Mal, wenn wir in freies Gelände gelangten, tauchte vor uns im Norden am Horizont das schneebedeckte Hochland von Tibet auf.

An jenem Nachmittag erfüllte mich ein Gefühl der Leichtigkeit und des Glücks, als befreite ich mich mit jedem Schritt von den letzten Resten einer zu eng gewordenen Haut. Es war nicht nur die Freude darüber, diese unbekannte Wildnis zu durchwandern, sondern die Erkenntnis, dass die schrecklichen Monate regelmäßig wiederkehrender Panikattacken der Vergangenheit angehörten. Ich erlebte einen der seltenen Augenblicke, in denen man uneingeschränkt glücklich ist, hier und jetzt am Leben zu sein.

In der Dämmerung erreichten wir das aus Bambus gefertigte Langhaus, das an der Grenze zu Tibet auf einem Hügel am Fluss stand. Es wurde von einem älteren Ehepaar des Idu-Mishmi-Volkes bewohnt, das noch nie zuvor einen Ausländer erblickt hatte. Den ganzen Abend über saßen wir am Feuer und tranken selbst gemachten Reiswein, während wir einander neugierig und fasziniert betrachteten und unser beschwipstes Gelächter den Raum erfüllte. Nie zuvor in meinem Leben verbrachte ich einen glücklicheren Tag.

Von Antonia Bolingbroke-Kent

Antonias großzügige Gastgeber mit ihren Haustieren

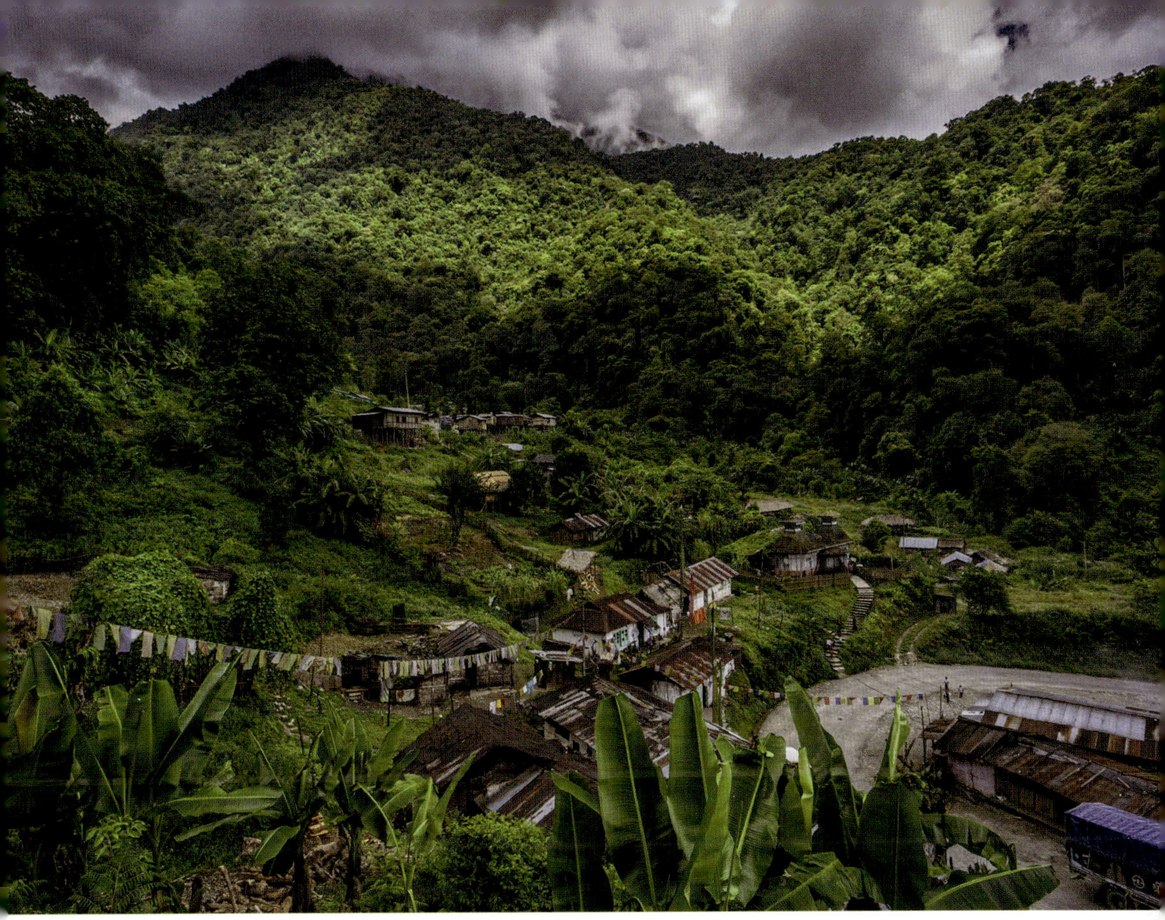

Unsere Autorin beim Bereiten ihres Nachtlagers

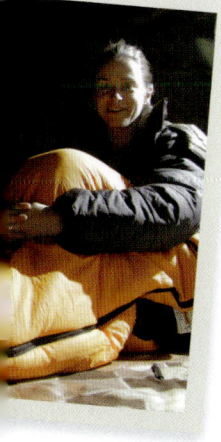

Der Moment

Durch die entlegene Hügellandschaft zu wandern, war allein schon eine wundervolle Erfahrung. Doch hinzu kam die Euphorie, dass ich meine Angstzustände hinter mir gelassen hatte, so als sei ich plötzlich aus einem finsteren Dunkel ins helle Licht getreten.

Der Weg dorthin

Der indische Bundesstaat Arunachal Pradesh liegt als Teil des Himalaja im äußersten Norden des Subkontinents zwischen dem tibetischen Hochland, Burma, Bhutan, Nagaland und dem Brahmaputra-Tal in Assam. Das umstrittene Territorium wird von China als Süd-Tibet beansprucht und öffnete sich dem Tourismus erst Ende der 1990er-Jahre. Noch heute muss jeder Besucher bei der indischen Regierung für den Aufenthalt in der Region eine Genehmigung beantragen, die grundsätzlich nur Gruppen mit mindestens zwei Reisenden erteilt wird und maximal 30 Tage gültig ist. Die Kosten hierfür hängen ab von der Gruppengröße, der geplanten Aufenthaltsdauer und dem genauen Reiseziel sowie davon, ob die Genehmigung direkt oder über einen Veranstalter beantragt wird. Mit einigem Aufwand kann man auch (wie Antonia) eine einzelne Reisegenehmigung erlangen, im Grenzgebiet zu Tibet ist allerdings in jedem Fall ein Guide erforderlich. Zwischen Oktober und November herrschen die besten Bedingungen zum Wandern.

Oben: Ein Dorf in der immergrünen Berglandschaft von Arunachal Pradesh

68

Das riesige Felsentor von Dyrhólaey

EINE KETTE SCHWARZER PERLEN

ISLAND

William Morris umrundete Island 1871 zu Pferd, ich 2017 mit einem Allradfahrzeug. Die Fahrt entlang der Südküste dieses urwüchsigen Landes führte gleich zu einer ganzen Reihe unvergesslicher Augenblicke, die sich im stets wechselnden Zwielicht aneinanderreihten – wie schwarze Perlen einer Kette. In Malkursen lernt man, die Hintergrundfarben kühl zu halten, um Tiefenwirkung zu erzeugen. Doch solche Regeln gelten nicht in Island, wo das unablässig wechselnde Lichtspiel am Himmel spektakuläre Szenarien schafft und die Landschaft zum Leben erweckt. Nicht ohne Grund ist dies die Heimat von Elfen, Feen und Álagablettir, verzauberten Orten. Hier wird es im Sommer niemals völlig dunkel, und in der Mischung aus intensivem Licht und finsterer Dämmerung hat man Mühe, sich zu orientieren. In der ersten Nacht stand ich im fremdartigen Schein der Mitternachtssonne an einem schwarzen Strand unter einem schwarzen, sturmgepeitschten Himmel. Wie im Traum starrte ich lange auf den Horizont. In der zweiten Nacht blickte ich in einen Tunnel aus grauen Wolken über einem Gletscher. Vorder- und Hintergrund verschwammen, ein Vulkan reckte sich bis in die Wolken, und aus dem Zentrum des seltsam grün leuchtenden Lichts blickte mich ein eisiges Blau wie ein Auge an. In der dritten Nacht fuhr ich zu der Gletscherbucht, als eine Windböe mein Auto erfasste und anhob, um es sogleich wieder sanft auf der Straße abzusetzen.

Von Sophie Cunningham

Eine verschneite
isländische
Kirche

Der Moment

Dieses besondere Licht – nicht Tag, nicht
Nacht – schafft einen Raum, in dem Bewusst-
sein und Unterbewusstsein verschmelzen.
Ich begriff, dass unser ausgeplünderter
Planet, sollte er der Menschen überdrüssig
werden, uns mühelos vernichten könnte.
Aber dieser Gedanke erzeugte bei mir keine
Furcht, nur großen Respekt.

Der Weg dorthin

Der Südwesten Islands ist für seine Wasserfälle, Geysire, Eiskappen und Vulkane be-
rühmt, dabei sind die Strände aus schwarzem
Lavagestein besonders faszinierend. Einige
der grandiosesten liegen in der Nähe von Vík,
dem südlichsten Ort Islands, 180 Kilometer
südöstlich von Reykjavík an der Ringstraße 1.
Von dort aus gelangt man nach kurzer Fahrt
in westlicher Richtung auf die nach Süden
führende Straße 215. Ihr folgt man vorbei an

dem Berg Reynisfjall 5 Kilometer bis zum
Strand von Reynisfjara, der sich in magischem
Schwarz erstreckt, mit Gruppen von Basalt-
säulen im Hintergrund, die an eine Kirchen-
orgel erinnern. Weiter nach Westen zweigt
von der Ringverbindung die Straße 218 ab.
Auf ihr gelangt man zu einer der berühmtesten Gesteinsformationen der Südküste:
dem Felsentor von Dyrhólaey. Die dortigen
schwarzen Strände sind genauso atembarau-
bend wie der Ausblick oben von den Klippen.
Wer insbesondere einen stimmungsvollen
Himmel, unglaubliche Lichtverhältnisse und
absolute Einsamkeit erleben möchte, sollte
Islands Südküste zwischen Mai und September besuchen. Zudem ist es dann günstiger
als in der Hauptsaison.

Unten: Die bedrohliche schwarze Wolke
eines Sandsturms verdunkelt den Himmel
über einem Lavastrand nahe Vík

69

FLIEGENDE FLIPFLOPS UND EINE BIRKENSTOCKSANDALE

HANOI, VIETNAM

Scheppernd flog die Cola-Dose in die Dunkelheit der Nacht. Die Zuschauer jubelten, und ich rannte stolz mit einem unbeschuhten rechten Fuß los, um mein Wurfgeschoss zurückzuholen – eine Birkenstocksandale, Größe 46.

Eine Stunde zuvor war ich in den Straßen von Hanois Altstadt stehen geblieben, um Kindern bei einem Spiel zuzusehen. Sie warfen mit Flipflops nach einer Cola-Dose, und schnell begriff ich die Regeln: Verfehlte man die Dose, musste man voller Schmach seine Sandale wieder einsammeln und sich hinter der Dose (und dem Keeper) als »Gefangener« aufstellen. Traf man sie, musste man zusehen, seine Sandale schnellstmöglich wiederzuerlangen, bevor man vom Keeper mit der Dose abgeworfen wurde. Mit einem Treffer befreite man zugleich Gefangene und wurde mit dem Jubel der Zuschauer belohnt.

Als ich zum Mitspielen aufgefordert wurde, beäugten mich die Kinder (und ihre Eltern) mit ebenso neugierigen wie skeptischen Blicken. Aber als sie sahen, was ein Junge aus Vancouver mit seiner Birkenstocksandale anstellen kann, standen sie mit offenem Mund da. Jedes Mal, wenn ich an der Reihe war, feuerten mich die Leute an. Vermutlich riefen sie: »Er ist schrecklich groß, er ist verrückt, aber er kann gut werfen!« Nach jedem neuen Triumph kamen kleine Jungen, zogen mich am Ärmel und zeigten mir mit leuchtenden Augen ihre erhobenen Daumen. Wie sich mein rechter Fuß nach all den Sprints über das harte Pflaster anfühlte? Großartig, denn er berührte nie den Boden!

Von Thomas Mills

Der Moment

Ich wusste schon vorher, dass Lachen und Sport die besten Mittel zur Völkerverständigung sein können, aber ich hatte vor diesem Abend nicht geahnt, wie wirkungsvoll sie sind. Mit Menschen fremder Kulturen Augenblicke gemeinsamer Freude zu teilen, zählt zu den schönsten Erfahrungen im Leben.

Der Weg dorthin

Es ist nicht schwer, in Vietnams Hauptstadt Spaß und Spiel zu erleben: seien es Kinder, die in ihren Flipflops fangen spielen, Hipster beim Straßenschach oder Achtzigjährige beim Tai-Chi am Hoan-Kiem-See. Seit man dort 2016 einige Straßen an Wochenenden und Feiertagen für den Verkehr gesperrt hat, werden wieder vermehrt traditionelle Freizeitaktivitäten gepflegt: Stelzengehen, Seilhüpfen, Tauziehen oder Magisches Quadrat für Kinder, um nur einige zu nennen.

Will man hingegen die Straßen der Altstadt erkunden, erweist sich der endlose Strom an hupenden Mopeds und im Stau steckender Autos zunächst als sehr abschreckend, und schon das Überqueren einer Straße kann zu einer sportlichen Herausforderung werden. Mit der Zeit gewöhnt man sich allerdings an die allgegenwärtige Hektik an einem Ort, der seit mehr als 1000 Jahren durch ungehemmten Handel und Verkehr geprägt wird.

Links: Verkäufer und alle Arten von Fahrzeugen bevölkern Hanois belebte Straßen
Oben: Die vietnamesische Hauptstadt bei Sonnenuntergang

70

WILDES CAMPEN IN WALES

SNOWDONIA NATIONAL PARK, WALES

Ein Tapsen – leise zwar, aber eindeutig in meine Richtung! Trotz der Wärme meines Schlafsacks lief mir ein kalter Schauer über den Rücken. Vor meinem ersten wilden Campen hatte ich über die gelacht, die mich davor warnten, von einem Bären überfallen und gefressen zu werden (»Es gibt keine Bären in Wales!«). Doch hier und jetzt, einsam und verwundbar am Fuß des Nantlle Ridge, war dieser Übermut urplötzlich verschwunden.

Schon zuvor war einiges schiefgelaufen. Erst war ich von einer Gruppe Jugendlicher, die sich nur gezwungenermaßen im Nationalpark aufhielten, verspottet worden, weil ich freiwillig hier war. Dann wurde ich von Mücken zerstochen, von Schafen gejagt und von der unerwartet intensiven Sonne verbrannt. Doch all dies allein zu überstehen, war wichtig für mich.

Ich öffnete den Reißverschluss meines Zeltes und rief in die Dunkelheit: »Ist da jemand?« Schnell offenbarte meine Stirnlampe die Identität des Angreifers – ein Kaninchen. Ich lachte über mich selbst. Natürlich lauert niemand in der walisischen Wildnis auf einen Camper. Danach schlief ich tief und fest. Der Blick in den Rückspiegel meines Autos bot am nächsten Tag einen wenig glamurösen Anblick: Die Haare klebten in meinem von der Sonne geröteten und mit Mückenstichen übersäten Gesicht. Doch nie zuvor hatte ich mich besser gefühlt.

Von Phoebe Smith

Phoebes einsamer Lagerplatz

Vorbereitungen mit dem Gaskocher für ein Mahl unter freiem Himmel

Der Moment

Ich hatte eine Herausforderung, die mir Angst bereitete, ohne fremde Hilfe bewältigt. Drei Dinge wurden mir dabei klar: Ich bin süchtig nach wildem Campen, ich kann alles schaffen, und mein Leben wird nie mehr dasselbe sein.

Der Weg dorthin

Übernachtet man abseits eines Campingplatzes, fehlen die komfortablen Errungenschaften einer Toilette und Dusche, ebenso aber der Lärm von Nachbarn (außer von einigen Kaninchen), die Enge vorgegebener Stellplätze und die Kosten. Obwohl Wildcampen an vielen Orten der Welt legal und sogar erwünscht ist (vor allem in Skandinavien), gilt dies in Großbritannien nur für Schottland (wobei einige neue Verbote für Seeufer im Loch Lommond & Trossachs National Park Ausnahmen bilden) und den Dartmoor National Park

in England. Überall sonst muss der Grundeigentümer seine Erlaubnis erteilen. Da dies wenig praktikabel, wenn nicht gar unmöglich ist, werden Wildcamper in der Regel toleriert, wenn sie sich an die ungeschriebenen Gesetze halten: Diskretion wahren, spät kommen und früh aufbrechen, ohne Spuren zu hinterlassen, Fäkalien mindestens 30 Meter von jeglichen Wasserquellen entfernt vergraben, offenes Feuer vermeiden, von Wanderwegen und Häusern fernhalten und weiterziehen, sollte man dazu aufgefordert werden.

Alles, was man benötigt, ist ein Zelt oder Biwaksack, ein guter Schlafsack, eine Stirnlampe, ein Gaskocher, um Wasser abzukochen, eine Wasserflasche, Proviant und warme Kleidung.

Unten: Der Snowdonia National Park im Norden von Wales

AUF DER SPUR DER WÜSTENELEFANTEN

REGION KUNENE, NAMIBIA

Rund 80 Kilometer von der Skelett-küste entfernt kroch unser Gelände-wagen tief in der Wüste Namib im ersten Gang durch das ausgetrock-nete Flussbett des Hoanib. Während die Räder Spuren durch den braunen Schlamm zogen, hockten mein Guide und ich angespannt auf den schweißfeuchten Ledersitzen und spä-ten wachsam nach der seltensten und größten Tierart Afrikas. Trotz der einsetzenden Abend-dämmerung herrschte noch immer eine Glut-hitze von 42 Grad Celsius.

Wir hatten genug Proviant und Wasser dabei, um uns 24 Stunden lang auf die Suche zu machen, aber bereits 30 Minuten von unserem Camp ent-fernt tauchte vor uns in den flimmernden Luft-spiegelungen eine Herde von mächtigen Wüsten-elefanten auf. In einem Gebiet von 120 000 Quadratkilometern soll es nur noch hundert Exemplare geben – und wir sahen sechs davon. Mit einem tapsigen Kalb in der Mitte rupfte die Herde staubige Gräser vom ausgedörrten Fluss-ufer. Ich nippte an meinem eisgekühlten Bier und war fasziniert von der majestätischen Erschei-nung der Tiere. Ich beobachtete, wie ihre vom Staub verkrustete graue Haut im Licht der unter-gehenden Sonne rotbraun erglühte. Angesichts dieser unerwarteten Begegnung fühlte ich mich privilegiert und irgendwie beschämt zugleich, denn Hunderte von Kilometern abseits der Zivili-sation genossen wir einen freien Blick auf eine der am meisten bedrohten Art unseres Planeten.

Von Simon Parker

Der Moment

Als Journalist gestaltete ich meine Berichte üblicherweise mit einer Ein-leitung, einem Hauptteil und einem Schluss, aber diese Begegnung lehr-te mich, dass im Reich der Tiere sol-che Konventionen nicht gelten. Wir waren darauf eingestellt, dass es Stunden dauern würde, die Elefan-ten aufzuspüren, doch sie kreuzten urplötzlich unseren Weg, als wir es am wenigsten erwarteten.

Der Weg dorthin

Wüstenelefanten aufzuspüren, be-deutet normalerweise eine langwie-rige Suche in heißen, abgelegenen Regionen. Hierfür braucht man un-bedingt einen Guide und einen Ge-ländewagen. Eine Chance, dieser aussterbenden Tierart zu begegnen, hat man nur in Mali und vor allem in der Region Kunene im Nordwesten Namibias. Dort gibt es eine Hand-voll Wüstencamps, von denen aus man sich auf Spurensuche begeben kann, aber solche organisierten Tou-ren sind nicht billig, und die Camps sind oft nur mit kleinen Flugzeugen zu erreichen.

Wer Geld sparen will, kann einen unabhängigen Guide anheuern, sollte aber sicherstellen, dass für den Fall einer Panne genügend Proviant und Wasser mitgeführt werden. Zu beachten ist auch, dass in der Region Mobiltelefone nicht funktionieren und regelmäßig Löwenrudel auf Beutesuche am Hoanib entlangstreifen.

Links: *Die Landschaft der ent-legenen Region Kunene, wo man manchmal noch auf die seltenen Wüstenelefanten trifft*

72

FLIESSENDE LAVA

GALÁPAGOS-INSELN, ECUADOR

Mit einer Schiffstour zu den Galápagos-Inseln erfüllte ich mir einen Lebenstraum. Ich hatte zunächst einige Tage lang im westlichen Teil des Archipels erstmals nicht nur Blaufußtölpel, Riesenschildkröten und Meerechsen beobachten können, sondern war außerdem beim Schnorcheln Mantarochen und Seeschildkröten begegnet.

Nach der Hälfte der Reise ankerten wir vor Isabela, der größten Galápagos-Insel. Mitten in der Nacht, als alle längst in ihren Kojen lagen, knackte es plötzlich in den Lautsprechern, und der Kapitän beorderte uns an Deck. Verschlafen schlüpften wir in unsere Kleidung und stolperten aus den Kabinen hinauf zum Oberdeck. Kiké, unser Naturkundler an Bord, erwartete uns mit einem breiten Grinsen, zeigte auf den Horizont und sagte: »Schaut, der Vulkan Wolf bricht gerade aus.«

Es war klar zu erkennen, dass einer der Vulkanschlote auf Isabela eine große Wolke aus Rauch und Asche ausstieß. Der obere Rand glühte, und rote Lavaströme flossen an seinen Hängen hinab. Als wir uns näherten, konnten wir den Schwefel in der Luft riechen und verfolgen, wie Wasserdampfsäulen in den Himmel stiegen,

als die Lava auf das Meer traf. Mir war, als erlebte ich die Geburtsstunde des Lebens auf der Erde mit.

Von Oliver Berry

Die Galápagos-Inseln sind die Heimat der Blaufußtölpel

Meerechsen gehören zu
den endemischen Spezies
der Region

Der Moment

Der Vulkan Wolf war seit 30 Jahren nicht
mehr ausgebrochen, entsprechend war
ich froh und stolz, bei der Eruption dabei
sein zu dürfen. Eine solche Chance, die
geologischen Prozesse mitzuerleben, die
tatsächlich einst die Galápagos-Inseln er-
schufen, bietet sich nur einmal im Leben.

Der Weg dorthin

Am umweltverträglichsten erkundet man
die Galápagos-Inseln mit einem Schiff,
auf dem man wohnt und verpflegt wird
und von dem aus erfahrene Guides Führungen ins Landesinnere unternehmen.
Es ist gesetzlich vorgeschrieben, dass
alle Besucher des Archipels in Begleitung
eines offiziell anerkannten Naturkundlers
einem festen, von der Nationalparkver-
waltung abgesegneten Programm folgen
müssen. Nähere Informationen zu den
geltenden Vorschriften erhält man auf den
Websites der Galápagos Conservancy
(galapagos.org) und der Darwin Foundation
(darwinfoundation.org).
Die Kapazität der Schiffe variiert zwischen
zwölf und hundert Passagieren. Die größeren
bieten überlicherweise mehr Luxus und ver-
fügen über die Ausstattung für Kajak- und
Schlauchboottouren sowie für Tauchgänge.
Die Nebensaison von April/Mai bis Septem-
ber/Oktober lockt mit niedrigeren Preisen,
und da die Schiffe lieber voll als halb leer ab-
legen, kann man mit Glück auch ein Last-
minute-Angebot ergattern. Auf der offiziellen
Website der Galápagos-Inseln (galapagos
islands.com) findet man, nach Preisniveau ge-
staffelt, Links zu empfohlenen Veranstaltern.

Oben: Der Vulkan Wolf bei einem
seiner seltenen Ausbrüche

73

MIT DEM RAD DEN MONT VENTOUX EROBERN

PROVENCE, FRANKREICH

Der 1912 Meter in den Himmel der Provence ragende Mont Ventoux wirkt wie ein riesiges Geschwür – und er ist alles andere als harmlos. Seine Anstiege attackieren die Oberschenkelmuskulatur und waren bei der Tour de France schon oft die Bühne für Tragödien, wie etwa den Tod des britischen Radrennfahrers Tom Simpson im Jahr 1967. Es war die Tour de France, die mich 2002 zum Mont Ventoux führte. Mein damaliger Ehemann und ich befanden uns auf einer Reise, bei der wir die Gelegenheit erhielten, einzelne Etappen nur Stunden vor dem Feld der Profis abzufahren. An einem heißen Julitag versuchten wir, den Gipfel des Berges zu erreichen, aber wir waren zu langsam: Wenige Kilometer vor dem Ziel sperrten Offizielle die Strecke für uns Freizeitsportler. Doch einige Jahre und eine Ehe später erhielt ich die Chance, es besser zu machen.

Mein zweiter Ehemann und ich übernachteten im Schatten der Berge in Crillon-le-Brave. In unserem Hotel dort liehen wir uns zwei Räder und schafften nach der Anfahrt zum nahen Ort Bedoin im kleinsten Gang den 21 Kilometer langen Aufstieg. Oben in der mondähnlichen Landschaft des Gipfels angekommen, gesellten wir uns stolz zu anderen verschwitzten Radfahrern, die wie wir darüber strahlten, die Herausforderung gemeistert zu haben. Dann bemerkte ich einen Mann, der an die Radfahrer Süßigkeiten verkaufte. Welche Symbolik! Der Erfolg war umso süßer, nachdem ich das erste Mal am Mont Ventoux gescheitert war.

Von Lori Rackl
Reiseredaktion, Chicago Tribune

Der Moment

Man erhält im Leben nur selten eine zweite Chance. Wieder aufs Rad zu steigen und den Mont Ventoux zu bezwingen, einen der kräftezehrendsten Anstiege im gesamten Radsport, war ein unglaublicher Triumph – und das zusammen mit der wahren Liebe meines Lebens.

Der Weg dorthin

Radsportler können den Mont Ventoux von drei Orten aus angehen: Bedoin, Malaucène und Sault. Die Tour ab Sault gilt als die leichtere, da sie zumeist weniger steil ist. Die meisten wählen jedoch die klassische Route von Bedoin aus, einem lebendigen Dorf mit vielen Läden, die Straßenräder vermieten (francebikerentals.com). Die beste Zeit für eine Radtour am Mont Ventoux ist von Mai bis Oktober. Man muss allerdings darauf gefasst sein, sich die Straße mit Autos zu teilen und die Tour wetterbedingt verschieben zu müssen, da am Gipfel gefährliche Windböen auftreten können. Einen guten Ausgangspunkt für Radtouren in diesem südöstlichen Teil Frankreichs bietet das Hotel Crillon Le Brave. Es liegt 40 Kilometer nordöstlich von Avignon, das von Paris aus mit dem Hochgeschwindigkeitszug TGV in weniger als drei Stunden zu erreichen ist. Wer lieber in der Gruppe fährt, kann beim Veranstalter Backroads (backroads.com) Touren buchen, die auch auf den Mont Ventoux führen.

Links: Die letzten Meter vor dem Gipfel des Mont Ventoux
Oben: Unterwegs auf dem qualvollen Anstieg

74

VERLOREN (UND GEFUNDEN) OHNE VERSTÄNDIGUNG UND ORIENTIERUNG

TIGERSPRUNGSCHLUCHT, CHINA

Sechs Stunden lang waren wir mühsam durch dichtes Gebüsch bergauf geklettert. Meine gute Laune war dahin. Ich hatte keine Ahnung, wohin ich lief und wie weit es noch bis zum Ziel war. Mein chinesischer Guide – 16 Jahre jung, blasses Lächeln und kein Wort Englisch – kletterte vor mir mit einer lässigen Leichtigkeit, als mache er einen Abendspaziergang. Ich bekam kaum noch Luft, mein Rucksack hing bleischwer auf meinem Rücken, und das aufregende Gefühl, zur berühmten Tigersprungschlucht in der Provinz Yunnan zu wandern, war längst hinter einem Schleier aus Selbstmitleid verschwunden. Ich verfluchte meinen stummen Begleiter, China – und Abenteuerreisen sowieso. Endlich, ich war schon drauf und dran aufzugeben, wichen die

Bäume einige Hunderte Meter vor mir einem offenen Stück Grasland. Als ich dort ankam, erkannte ich sie: die tiefe Schlucht des Jangtsekiang, der 3900 Meter unterhalb der umliegenden Berggipfel nur als grünbraunes Rinnsal zu erkennen war. Umgeben von dieser wilden, unberührten, majestätischen Kulisse, schossen mir vor Freude Tränen in die Augen. Für einen kurzen Moment glaubte ich an die Gegenwart des Göttlichen. Mit Blick auf die untergehende Sonne war die Mühsal der letzten zwei Tage vergessen. Das lähmende Gefühl, ohne Verständigung und Orientierung unterwegs zu sein, wich einem starken Gefühl: dem Bewusstsein, einen perfekten Moment zu erleben.

Von Fionn Davenport

Der Moment

Das Glücksgefühl, das mich beim Anblick der Schlucht überkam, werde ich nie vergessen. Zum Teil war es die Freude darüber, dass sich all die Strapazen gelohnt hatten, aber mehr noch entsprang das Gefühl dem Anblick der Schönheit in ihrer reinsten, natürlichsten Form.

Der Weg dorthin

Nur einmal am Tag fährt ein Direktbus (Abfahrt: 8.30 Uhr) vom Fernbusbahnhof in Lijiang nach Hutiaoxia, dem Startpunkt der Wanderung. Als Alternative kann man den Bus nach Shangri-La nehmen und in Hutiaoxia aussteigen. Die Tickets kosten zwischen 22 und 40 Yuan (ca. 2,75 – 5 Euro), die Fahrt dauert ca. 1,5 Stunden.

In Lijiang arrangieren zahlreiche Pensionen Fahrten mit Kleintransportern zum Startpunkt der Wanderung. Ein angenehmes Extra: Sie transportieren auch das Gepäck, das man unterwegs nicht mitschleppen möchte, und bringen es gleich zu einem Gasthaus an der Strecke. Die bei Touristen beliebtesten Unterkünfte sind: Tina's (Zhōngxiá Ludiàn) und Jane's (Xiágǔ Xíng Kèzhàn).

Die Strecke ist anspruchsvoll, selbst für Trainierte, denn sie ist steil und erfordert höchste Aufmerksamkeit. Im Sommer lösen starke Regenfälle oft Erdrutsche aus und angeschwollene Wasserfälle machen den Weg unpassierbar. Erkundigen Sie sich in Lijiang oder Hutiaoxia nach dem Streckenzustand und dem Wetter. Karten – wenn auch nicht maßstabsgerecht – sind hilfreich, ausreichend Trinkwasser, Sonnencreme und Lippenbalsam unverzichtbar.

Links: Insgesamt 16 Kilometer lang und beeindruckende 3900 Meter tief ist die Tigersprungschlucht

75

ROADTRIP AUF DER CARRETERA AUSTRAL

PATAGONIEN, CHILE

In Patagonien fühlte ich mich winzig wie eine Ameise. Die Natur ist dort so überwältigend, eine Wildnis, die wie mit breiten Pinselstrichen auf die größte aller Leinwände gemalt zu sein scheint. Die Gipfel der Anden sehen wie ein gigantischer, zerklüfteter Unterkiefer aus. Der an die zwei Kilometer breite und bis zu 100 Meter hohe San-Raphael-Gletscher ächzt, als wäre er ein Monster, und es stürzen gigantische Stücke mit Getöse in die Laguna San Rafael. Da stand ich, am Rande einer tiefen Schlucht: In der Tiefe lag der tosende Fluss, über mir zogen lautlos die Kondore ihre Kreise.
Durch diese imposante Wildnis schlängelt sich die Carretera Austral. Sie ist die einzige Verbindung in diesen entlegenen Teil Südchiles und so wild wie die Landschaft rundherum. Von Felsen überragt, widersetzt sich die Fernstraße allem,

was sie befährt, spuckt Steine und füllt die Luft mit dichten Staubwolken. Rostige Autowracks am Wegesrand zeugen stumm von ihren gefährlichen Bodenwellen und Schlaglöchern.
Ich war gerade oberhalb eines unbeschreiblich blauen Sees unterwegs, als plötzlich – wie von unsichtbarer Hand gelenkt – das Heck meines Wagens mit einem Ruck nach links ausbrach. Die Reifen rutschten gefährlich nah zum Abgrund hinüber, dann schob mich ebenso ruckartig wieder etwas zurück auf die Fahrbahn. Ich hielt an, um mich zu sammeln. Um mich herum nur Stille. Die Berge in der Ferne badeten in der gleißenden Sonne, die Oberfläche des Sees glänzte seidig. Nie zuvor hatte ich mich derart klein gefühlt, nie zuvor war die Natur so überwältigend.

Von Adrian Phillips
Geschäftsführer von Bradt Travel Guides

Der Moment

Es mag seltsam klingen, aber nichts ist so befreiend und beglückend wie die Erfahrung, sich unbedeutend zu fühlen. Im Licht dieser erhabenen Landschaft erscheinen die eigenen Probleme ganz und gar belanglos. In Patagonien diktiert die Natur die Bedingungen, man selbst ist nur ein winziger Fleck in der Landschaft.

Der Weg dorthin

Die Carretera Austral (Ruta 7) führt 1250 Kilometer weit durch die südliche Hälfte Chiles, von Puerto Montt

bis nach Villa O'Higgins, und ist heute der landschaftlich reizvollste Roadtrip der Welt. Mit dem Bau wurde in den 1970er-Jahren begonnen, die Fertigstellung erfolgte erst vor etwa einem Jahrzehnt. Bis dahin waren Reisen in den Süden Chiles mit seinen Gletschern, tiefen Schluchten, Bergen und dichten Wäldern extrem schwierig. Einigermaßen gut zugänglich war die Region nur über das Nachbarland Argentinien. Die Carretera Austral ist daher für die wenigen Einwohner eine lebenswichtige Verkehrsader.

Die Strecke ist nicht einfach zu befahren. Einige Abschnitte sind geteert, die meisten jedoch nicht, und das Unfallrisiko ist hoch, wenn man zu schnell unterwegs ist. Befahrbar ist die Straße ohnehin nur von November bis März (Hochsaison ist Januar und Februar, da sind viele Unterkünfte belegt). Wer einen Wagen mieten will, sollte einen mit Allradantrieb wählen. Achtung: Die Mietgebühr ist höher, wenn Abhol- und Rückgabeort nicht identisch sind.

Links: Die Carretera Austral im chilenischen Teil Patagoniens

76

ERLEUCHTUNG IN NOTRE DAME

PARIS, FRANKREICH

Nach dem Studium lebte ich drei Monate in Paris, bevor ich wegen eines Forschungsauftrages nach Griechenland zog. Frei und ziellos, wie ich war, wollte ich herausfinden, was ich mit meinem Leben anstellen sollte. Es dämmerte schon, als ich an einem Spätnachmittag im Winter die Kathedrale Notre Dame betrat. Ich war überwältigt von der Stille im riesigen Raum, den gewaltigen Bögen und Säulen und den schimmernden Bleiglasfenstern. Dann entdeckte ich ein steinernes Becken mit einer Inschrift in sieben Sprachen: »Im Namen des Vaters, des Sohnes und des Heiligen Geistes.« Eine Bildtafel zeigte, wie eine Hand in das Wasser eintaucht und dann die Stirn eines Menschen berührt. Zögernd streckte ich meine Hand in das kühle Wasser des Beckens. Als meine nassen Finger meine Stirn berührten, bekam ich Gänsehaut, und Tränen schossen mir in die Augen. Auf unbeschreibliche Weise war eine Verbindung mit der Vergangenheit entstanden: der Strom von Pilgern zu diesem Ort, die Prozession von Händen zum Wasser und von den Fingern zur Stirn. Sie alle teilten sich dieses Becken, diese eine Geste. Ich spürte, wie die Geschichte mich umfloss – und war erfüllt von einem Gefühl der Sinnhaftigkeit. Was wollte ich mit meinem Leben anstellen? Ich würde meine Finger ins Taufwasser eintauchen,

mit dem Menschen aus der ganzen Welt in Berührung gekommen waren. Ich würde pilgern, schreiben und von den heiligen Stätten, Schöpfungen und Begegnungen erzählen, die uns alle verbinden – von der Geschichte und der Menschheit.

Von Don George

Der Moment

Nach diesem besonderen Erlebnis in Notre Dame hatte mein Leben in Paris und später in Griechenland eine Perspektive und einen Sinn bekommen. Fieberhaft fing ich an, meine täglichen Eindrücke und Erfahrungen festzuhalten, um sie später in Berichte umzuwandeln. Ich wollte Reisebuchautor und -verleger werden. Das bin ich seitdem auch.

Der Weg dorthin

Notre Dame zählt zu den Topattraktionen von Paris, und der Andrang ist zu jeder Tageszeit groß. Vor allem im Sommer sind die Besucherschlangen extrem lang. Geöffnet ist die Kathedrale montags bis freitags von 7.45 bis 18.45 Uhr und am Wochenende von 7.45 bis 19.15 Uhr. Die beste Besuchszeit ist am frühen Morgen oder gegen Abend. Anders als die meisten Touristen sollte man sich Zeit nehmen, um die Atmosphäre des Gebäudes zu erspüren, indem man langsam durch das Mittelschiff in Richtung Altarraum geht, innehält und den Blick rundum schweifen lässt. Nicht nur für die hoch aufragende Architektur und die leuchtenden Glasfenster, sondern auch für die Stille, den muffigen Geruch der Jahrhunderte und den glatt polierten Fußboden sollte man die Sinne öffnen. Am besten setzt man sich in eine Bank und lässt sich in den Bann der Kathedrale ziehen. Überqueren Sie im Anschluss den Platz vor Notre Dame in Richtung Le Petit Chatelet. Dieses Straßencafé ist der ideale Ort, um knuspriges Baguette mit gebackenem Camembert zu genießen und mit einem Glas Rosé auf das lebensbereichernde Geschenk namens Notre Dame anzustoßen.

Oben: Blick in das Gewölbe des Mittelschiffs von Notre Dame
Links: Opferkerzen an einem Seitenaltar

77

DIE BESTEIGUNG DES ELBRUS

RUSSLAND

Als der Rettungshubschrauber in dem kleinen Inuit-Dorf an Grönlands Westküste landete, liefen die Tränen über meine Wangen. Die Schmach des Scheiterns schmerzte genauso stark wie meine Verletzung. Ich wurde inmitten der Eiskappe Grönlands aufgegabelt – auf halber Strecke unserer Expedition – und sehnte mich so nach einem Erfolgsgefühl. Ein Jahr später, auf dem Berg Elbrus, war es wieder da, dieses erhebende Gefühl. Nachdem wir eine 16-stündige Klettertour hinter uns hatten, war ich am Rande der Erschöpfung. Wir befanden uns an einem Punkt der Tour, von dem aus wir hätten umkehren, aber auch weiterklettern können. Als ich hinunterblickte, sah ich unheilvolles Wetter heranziehen. Blitze nahten. Für den Gipfelanstieg blieb nur noch eine kleine Schönwetterlücke über uns. Mein Herz raste, aber wir gingen weiter.
In den folgenden zwei Stunden war der Aufstieg extrem beschwerlich. Bei jedem Schritt hatte ich Mühe, meine Gedanken, Emotionen und meinen Körper unter Kontrolle zu behalten. Meine Muskeln nahmen mir die Anstrengung übel, aber ich ging weiter. Die schmachvolle Erinnerung an mein Scheitern in Grönland hielt mich in Bewegung. Für einen kurzen Moment nur – kurz bevor der Sturm und das Schneetreiben uns unterhalb des Gipfels erfassten – badete ich mein Gesicht in den wärmenden Strahlen der aufgehenden Sonne. Als ich die bunten Gebetsfahnen um einen kleinen Steinhaufen herum sah, wusste ich: Wir werden es schaffen.

Von Hugo Turner

© Hugo Turner

Der Moment

Ich dachte immer, Scheitern wirkt sich negativ aus,
doch heute sehe ich das Scheitern – und das Leben
im Allgemeinen – viel positiver. Läuft etwas nicht nach
Plan, ist dies die Gelegenheit, etwas Neues zu lernen
und daraus Kraft zu schöpfen.

Der Weg dorthin

Die Besteigung des Elbrus ist weniger anspruchsvoll
als die des Mount Everest und schwerer als die des
Kilimandscharo, aber den beiden insofern ähnlich, als
der Gipfelanstieg technisch nicht besonders schwer ist.
Dennoch sollten Erstbesteiger Erfahrung auf Eis mitbringen und in bester körperlicher Verfassung sein. Außerdem darf ein ortskundiger Führer nicht fehlen. Der
Gipfelanstieg lässt sich zwar an einem langen Tag reali-
sieren, man sollte dennoch eine Woche zur Gewöhnung
an die Höhe einplanen, bevor man Hänge in den höher
gelegenen Regionen besteigt. Die meisten verweilen ein
paar Tage in Terskol (2125 m) oder Azau (2350 m), bevor
sie zur weiteren Akklimatisierung mit der Seilbahn zu
Übernachtungsgelegenheiten auf dem Berg fahren.
Der Gipfelanstieg beginnt in der Regel am Diesel Hut
(4130 m) oder Pastukhov Rocks (4700 m). Vom Ersteren
aus dauert der Aufstieg gut zwölf Stunden, vom Letzte-
ren sieben bis acht Stunden.
Die beste Zeit für die Besteigung sind die Monate Mai
bis Oktober. Für Gipfeltouren oberhalb von 3700 Metern
benötigt man eine Genehmigung, die man beim Büro
des Elbrus Area National Park beantragen kann.

Oben: Die Turner-Zwillinge im Schneetreiben am Gipfel
Links: Am Elbrus zieht ein heftiger Sturm auf

78

AUF DER JAGD NACH POLARLICHTERN

LAPPLAND, FINNLAND

Der Schnee knirschte unter den Schuhen, die arktische Kälte bohrte sich in meine Knochen, und Adrenalin schoss durch meine Adern. Es war eine finstere Nacht, als ein lang gehegter Traum von mir auf einem zugefrorenen Fluss im finnischen Teil Lapplands in Erfüllung ging. Wie schon in den Nächten zuvor waren wir in dieser Nacht Hunderte Kilometer von Ivalo aus gefahren – mit einem Auge auf der Straße, mit dem anderen Richtung Himmel. Nahe der russischen Grenze hielten wir an einem Flussufer an und kletterten über eine Böschung hinunter auf das Eis. Nach einigen Fehlversuchen in Island, Kanada und Norwegen war meine Hoffnung groß, endlich Zeuge des schönsten Auftritts von Mutter Natur zu werden.
Der Himmel war klar und tiefschwarz, also standen die Chancen gut. Still und gebannt sahen wir hinauf. Mit einem Mal blitzten smaragdgrüne Spritzer auf, schillernde Gebilde und skurrile Wirbel erschienen, die sich sekündlich verwandelten. Dann war die Erscheinung verschwunden. Wir gingen zum Wagen, doch ein Gefühl riet mir, noch zu warten. Tatsächlich: Explosionsartig verwandelte sich der schwarze Himmel in Hunderte Grünschattierungen und rötliche Streifen, saphirblaue Funken sprühten. Wie ein Teenager tanzte und wirbelte das Polarlicht. Ich sank im Schnee ein, während ich versuchte, die himmlische Schönheit zu fassen, die wie Puderzucker auf mich hinabrieselte. Ich zitterte und weinte, jedoch nicht vor Kälte.

Von Nick Boulos

Der Moment

Jahre später denke ich oft an diesen Moment zurück. War es bloß Einbildung gewesen? Hatte mich der Himmel wirklich zu Tränen gerührt? Glücklicherweise erinnere ich mich jeden Abend daran, dass das stimmt. Denn die Bilder, die ich damals schoss, hängen heute über meinem Bett.

Der Weg dorthin

Polarlichter, auch Nordlichter oder Aurora borealis bzw. Südlichter oder Aurora australis genannt, lassen sich am besten oberhalb des 35. Grades Nord von Oktober bis März beobachten. Gebildet werden die Leuchterscheinungen von elektrisch aufgeladen Teilchen, die auf die Erdatmosphäre oberhalb des magnetischen Nordpols treffen. Auf gleiche Weise entstehen Polarlichter auch am magnetischen Südpol.

Polarlichter fotografisch einzufangen, ist schwierig und gelingt nur, wenn einige Faktoren mitspielen: Die Nacht muss klar sein und der Standort weit genug von der Zivilisation (Lichtverschmutzung) entfernt. Etwas Glück darf auch nicht fehlen. Experten raten, in Nordeuropa die Monate November und Dezember zu meiden, da dann der Himmel oft wolkenverhangen ist. Die besten Chancen hat man als Teilnehmer von geführten Gruppen, die viel Zeit draußen verbringen und lange Strecken zurücklegen. Noch ein Tipp: Blicken Sie beim Flug über den Nordpol regelmäßig aus dem Flugzeugfenster. Auch wenn der Himmel bewölkt ist, tanzen Polarlichter – unsichtbar für die Menschen auf der Erde – über den Wolken.

Links: im Norden, abseits der Lichtverschmutzung
Unten: Aurora borealis in voller Pracht

79

DIE GOLDENE STADT

SALAMANCA, SPANIEN

Als die Morgensonne den feinen Dampf, der aus meinem Milchkaffee aufstieg, einfing, steckte ich die kleine, zerknitterte Packung mit den zuckrigen Magdalenas in meinen Rucksack und hörte Moni zu, die sich gerade »pummelig« nannte und erzählte, dass sie den Tag im Parque de los Jesuitas verbringen wolle. Ich schmunzelte, denn ich wusste, dass Moni es liebte, zu rauchen und auf Stöckelschuhen durch den Park zu stolzieren. Ich versicherte ihr, dass sie schlank genug sei, gab ihr einen Kuss auf die Wange und verabschiedete mich in den klaren, frischen Morgen. Ich bummelte an Konditoreien mit verlockenden Auslagen vorbei und an Metzgereien, in denen Serrano-Schinken hingen, bog um die Straßenecke und stieg die Treppe durch die Gasse zum Hauptplatz Plaza Mayor hinauf. Oft ließ mich der Anblick der gotischen Bögen auf dem Platz ein wenig innehalten, aber an jenem Tag trieb mich ihr Glanz näher heran. Die blutroten Strahlen der Morgensonne tanzten über die ockergelbe Sandsteinfassade und beleuchteten die rot-goldenen spanischen Flaggen. Nach einem Blick auf meine Uhr ging ich widerwillig weiter, dem diagonalen Schatten entlang, der nun über die ganze Breite des Platzes fiel.

In einer Konditorei jenseits des Platzes, wo ich selten vorbeigehe, ohne ein Croissant zu kaufen, erkundigte ich mich bei dem Bäcker nach dem Wohlbefinden seiner Töchter, bevor ich mich verabschiedete. Die goldenen Bauten bewundernd, die mir so vertraut geworden waren, biss ich in das Croissant und schlenderte zu meinem Kurs.

Von Kait Reynolds

Die berühmte Casa de las Conchas

Der Moment

In diesem Sommer veränderte sich mein ganzes Leben: Moni wurde meine spanische »Mutter«, und ich besuchte die Schule mit neu entdeckter Freude. Mein Traum, einmal fließend Spanisch sprechen zu können, ging in Erfüllung. Ich wunderte mich über mich selbst – nicht, weil ich mich in Spanien verliebt hatte, sondern vielmehr, weil ich anfing, den spanischen Alltag mit all seinen Nebensächlichkeiten zu schätzen.

Der Weg dorthin

Viermal täglich fahren Direktzüge von Madrids Bahnhof Chamartín aus nach Salamanca. In weniger als zwei Stunden erreicht man Salamancas Bahnhof La Alamedilla, knapp 10 Gehminuten vom Plaza Mayor entfernt. Nach dem Parque de la Alamedilla folgt man den Schildern in Richtung Altstadt und geht dann links auf der Calle Azafranal direkt zum Hauptplatz. Von dort überquert man den Platz in südwestliche Richtung, wo eine Markierung (Jakobsmuschel) den Camino de Santiago (Jakobsweg) anzeigt. Gehen Sie an der Markierung vorbei und biegen Sie in die erste Straße ein, die zur Universität Salamancas und der Plaza de Anaya führt.

Hier verbirgt sich der Rana (Frosch) de Salamanca im kunstvollen Fassadenschmuck. Ein paar Schritte weiter wartet die zweite Suchaufgabe am Portal der Kathedrale: Wo versteckt sich der mittelalterliche Astronaut? Salamanca ist traditionell. Am Wochenende haben die Geschäfte zwischen 14 und 17 Uhr zu oder sind ganz geschlossen. Sehenswürdigkeiten besucht man am besten morgens oder während der Siesta, um danach wie die Einheimischen auf dem Plaza Mayor *pinchos* (tapasähnliche Snacks) zu genießen.

Ganz oben: Plaza Mayor, der leuchtende Mittelpunkt der Altstadt
Oben: Serrano-Schinken

207

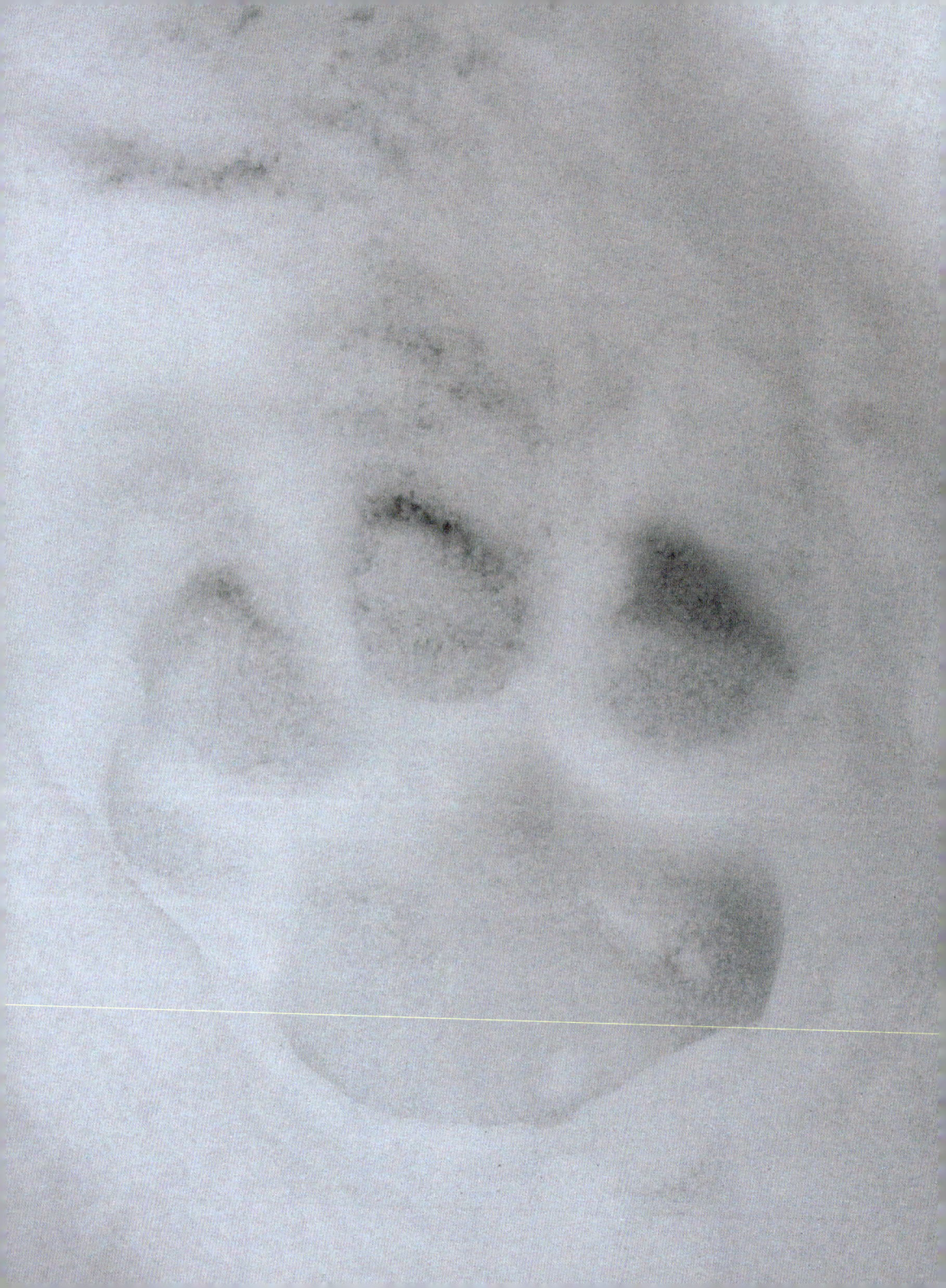

80

AUF DER SPUR DES SCHNEELEOPARDEN

LADAKH, INDIEN

Drei Tage lang wagten wir uns morgens aus unserem kleinen Lager hinaus und kehrten abends zurück, um am Lagerfeuer aufzutauen. Schneefälle behinderten unsere Ausflüge – auf 3800 Meter Höhe und bei minus 20 Grad Celsius ist das Gehen äußerst mühsam. Der Vorteil: Da der Schnee die raue Landschaft in eine weiße Leinwand verwandelt hatte, würde jeder Leopard Spuren hinterlassen. Manchmal suchte Norbu, unser Führer, die Hänge nach Spuren ab, während wir Steinböcke beim Hochklettern und Adler am blauen Himmel beobachteten. Großkatzen fand ich schon immer faszinierend, aber Schneeleoparden üben einen besonderen Zauber auf mich aus. Vielleicht liegt es daran, dass ich diese Tiere als Kind in ihrer nachgebauten Heimat im Zoo beobachtet habe – oder weil ich Peter Matthiessens Reiseklassiker aus dem

Jahr 1978 gelesen habe, in dem dieser beschreibt, wie er Tibet sechs Monate nach Schneeleoparden durchkämmte und keine zu Gesicht bekam. Schon der Name scheint das Unerreichbare zu verkörpern: Schnee. Leopard. Wie ein fantastisches Wesen aus Narnia. Die Steinböcke verrieten seine Anwesenheit schließlich: ihr panikartiger Galopp über eine Senke und ihr kollektiver Blick über die Schulter in Richtung Geröllfeld. Wir blickten mit und hofften so sehr, dass sich die Raubkatze zeigen würde. »Shan«, flüsterte Norbu. Und auf einmal spazierte er mit seinem enormen Schweif in mein Fernglas: langsam, anmutig. Mit zwei mühelosen Sätzen sprang er auf einen Felsvorsprung – für gute Fotos zu weit weg. Doch sahen wir hin und warteten – bis die Wolken kamen und die Berge sich ihr Geheimnis zurückholten.

Von Mike Unwin

Der Moment

Ich weiß jetzt, dass die Magie der Begegnung mit Wildtieren im Erlebnis liegt, nicht im Beweisfoto. Ich sah den Schneeleoparden nur aus der Ferne, doch er prägte sich mir wegen der beißenden Kälte und der Erschöpfung noch mehr ein. Hinzu kam die einschüchternde Weite des Himalaja, eines Ortes, der sich dem menschlichen Zugriff verwehrt.

Der Weg dorthin

Die weniger als 7500 Schneeleoparden leben in einem 1,5 Millionen Quadratkilometer großen Gebiet in Zentralasien und werden daher nur selten gesichtet. Die beste Chance, eine dieser Großkatzen zu sehen, bietet eine geführte Tour. Der Hemis National Park in Ladakh ist ein Hotspot: Hier sind die Tiere geschützt, und die Veranstalter von Touren arbeiten eng mit der Verwaltung des Parks zusammen. November bis April sind die besten Monate für eine Tour, da die Schneeleoparden in dieser Zeit ihren Beutetieren in die Täler folgen und balzen. Nach der Ankunft sind die ersten zwei bis drei Tage der Tour zum Akklimatisieren in Leh (Ladakhs Hauptstadt) vorgesehen. Danach geht es zur privaten Unterkunft in den Bergen, von wo aus man mit ortskundigen Führern zu Fuß und per PKW die Umgebung

durchstreift. Höhe, Topografie und Kälte sind nicht immer angenehm. Die scheuen Großkatzen bekommt man zwar nicht oft zu Gesicht, aber dafür Steinböcke, Blauschafe, Wölfe und Gebirgsvögel. Zudem kann man die buddhistische Kultur und das höchste Gebirge der Welt erleben. Touren bieten u.a.Diamir (diamir.de), Biosphere (biosphere-expeditions. org) sowie Natural World Safaris (naturalworldsafaris. co) an. Auch in Bhutan, Pakistan, Nepal und in der Mongolei gibt es Safariangebote.

Links: Auf der Fährte des seltenen Schneeleoparden

81

DAS GROSSE HINDU-FEST

HARIDWAR, INDIEN

Als in Haridawar das hinduistische Fest Kumbh Mela seinen Höhepunkt an Chaos und Kakofonie erreichte, meldete die Hindustan Times, dass sich in der Stadt gegenwärtig 14 Millionen Pilger aufhielten und stündlich weitere 100 000 hinzukämen. Beim Verlassen des Hotels wurde auch ich vom Sog der Pilger erfasst – alle auf dem Weg zum Glück verheißenden snan, dem Bad im heiligen Ganges. Abertausende von Menschen waren wie ein reißender Strom in Richtung ghat *Har Ki Pauri* unterwegs, der Treppe zum Ganges, wo Vishnu den Unsterblichkeitsnektar verschüttet haben soll. Schwer lag der süßliche Geruch von Marihuana in der Luft und vermischte sich mit dem intensiven Duft von Sandelholz und Weihrauch. Ein grinsender Pilger mit langen Haaren, der den Dreizack von Shiva schwang, strich *kumkum*, ein heiliges Pulver von purpurroter Farbe, auf meine Stirn. Ich bemühte mich, im dichten Gedränge nicht zu stolpern. Noch nie in meinem Leben hatte ich mich derartig lebendig gefühlt – innig verbunden mit dem Glauben, der ein Leben nach dem Tod verspricht.

Wie ein Wasserfall strömten wir gemeinsam über die steinerne Treppe in den Ganges, und getragen von dem Moment, wurde mein Karma in den alten, heiligen Stein von Har Ki Pauri gemeißelt. Wie die Pilger legte ich meine Kleider ab und sprang in das eiskalte Wasser. Nie zuvor hatte ich mich so beschwingt gefühlt. Der inbrünstige Gesang von Hara Hara Mahadeva grub sich in mein Gehirn, während ich mit einer Tasse süßem Chai versuchte, meine ausgekühlten Glieder wiederzubeleben. Die größte Show der Welt hatte mich im Griff.

Von Mark Stratton

Ein Sadhu oder heiliger Mann in Haridwar

© Mark Stratton

Vor dem Aarti
sammelt ein Pilger
Almosen

Der Moment

Neben den überwältigenden Emotionen,
die dieses Erlebnis auslöste, weckte es in mir
ein ganz neues Bewusstsein: Nichts kann
mir im Leben etwas anhaben. Ich habe auf
meine Instinkte gehört und das bewusst-
seinsverändernde Gedränge überlebt. Zudem verstehe ich jetzt die Religion der Hindus besser, die für Außenstehende so
unergründlich wirken kann.

Der Weg dorthin

Bestimmt von der kosmischen Ausrichtung
des Himmels findet das Kumbh-Mela-Fest
viermal in einem 12-jährigen Zyklus statt, und
zwar in Haridwar, Prayag (Allahabad), Nashik
und Ujjain (im Jahr 2022 wieder in Haridwar).
Für Erstbesucher ist diese Indien-Erfahrung
eher nicht geeignet. Am besten verbringt
man eine Woche in Varanasi, um zu sehen,
ob man mit dem komplexen kulturellen
Gefüge (und mit der Hitze) klarkommt.
Die Pilgerreise muss gut geplant sein; nicht
die Flüge sind das Problem, sondern der
Transport in die Stadt und die Unterkunft.
Die Zugreise von Delhi nach Haridwar (Indian
Railways, indianrail.gov.in) sollte man einige
Monate im Voraus buchen. Gute Unterkünfte
(extra für diesen Zweck errichtete Großzelte)
lassen sich über spezialisierte Veranstalter
finden. In Anbetracht der enormen Dimensi-
on des Festes und der Nähe zu Millionen
von Feiernden ist es wichtig, Impfungen zu
erneuern, da ein gutes Karma nicht Unsterb-
lichkeit bedeutet. Menschen mit Platzangst
sollten dieses Fest meiden.

Unten: Gläubige steigen zum Ganges hinab

BLICK ÜBER DAS OUTBACK

RED CENTRE, AUSTRALIEN

Aufgeregt legte ich den Flügel meines Motorschirms auf den heißen Sand der australischen Wüste. Ich war startklar für den 30-Kilometer-Flug zum Mount Conner (859 Meter), einem markanten, imposant aus der Landschaft emporragenden Tafelberg im Northern Territory. Von diesem Flug hatte ich schon immer geträumt. Nach den Sicherheitschecks und dem Warmlaufen des Motors war mein Motorschirm in der spätnachmittäglichen Wintersonne fertig zum Abheben. Ich war schnell in der Luft, die Bedingungen waren ideal – leichter Rückenwind trieb mich wie von selbst meinem Ziel entgegen. Während die Sonne am Horizont unterging, umströmte kalte Luft meine nackten Beine (dank der kurzen Hose

spürte ich den wechselnden Luftdruck und konnte die turbulenteren, wärmeren Luftschichten umfliegen). Überraschenderweise schwand das Tageslicht sehr rasch, und es war klar, dass ich den Mount Conner nicht mehr bei Helligkeit erreichen würde. Enttäuscht kehrte ich um. Doch dann geschah es: Hoch und majestätisch aus dem Red Centre aufragend, erblickte ich in gut 120 Kilometer Entfernung die Felsformationen Uluru und Kata Tjuta. Ich war überwältigt von dem Panorama, das sich mir bot. Die Mischung aus Staub und den Strahlen der untergehenden Sonne tauchte alles in ein unfassbares orange–farbenes Licht, das ich nie vergessen werde.

Von Ross Turner

Der Moment

Ich war so auf den Mount Conner fokussiert gewesen, dass ich alles andere ausgeblendet hatte. Doch manchmal muss man nur nach vorn blicken und die Reise genießen, anstatt sich lediglich auf das eine Ziel zu konzentrieren. Heute nehme ich mir Zeit, innezuhalten, nachzudenken und alles in mich aufzunehmen.

Der Weg dorthin

Zum Fliegen eines Motorschirms, also eines motorisierten Paragliders, braucht man auch in Australien einen entsprechenden Flugschein

(siehe www.motorschirmfliegen.de). Die Dauer der Ausbildung hängt von den Vorkenntnissen und den absolvierten Flugstunden ab.
Für eine solche Expedition benötigt man neben dem Motorschirm auch eine Menge Zusatzmaterial wie Ersatzschirme, Helme, Satellitentelefone, GPS-Tracker, Solarmodule, Zeltausrüstung, Brennstoff, Nahrung und Wasser etc. – und vor allem Zeit, um sich nach lokalen Vorgaben, Flugrouten von Linienfliegern, Notfallrouten und Wegen, Wettersystemen und Großwetterlagen sowie Thermikvorhersagen zu erkundigen.

All das ist unerlässlich für die Planung der eigenen Flugroute. Der Mount Conner hat eine besondere Bedeutung für die Aborigines, die Ureinwohner Australiens, die den Tafelberg Atila nennen. Den schönsten Blick auf den Mount Conner, der oft für Uluru gehalten wird, bietet der Lasseter Highway, der den Uluru-Kata-Tjuta-National Park mit Alice Springs verbindet. Ein Aussichtspunkt befindet sich 20 Kilometer östlich von Curtin Springs.

Links: Blick auf Uluru und die unendlich scheinende Weite des Red Centre

83

BESONDERE BEGEGNUNG AUF DER THEMSE

LONDON, ENGLAND

An einem ungemütlichen Nach-mittag im März war ich auf einem Stand-up-Paddelboard auf der kalten Themse unterwegs – meine erste SUP-Fahrt ganz allein. Von Kew Bridge aus war ich flussaufwärts in Strömungs-richtung gefahren und wollte nach der Gezeiten-wende wieder zurückpaddeln. Ich kam gut voran und erreichte sogar Teddington Lock, den End-punkt des Tidenabschnitts der Themse. Als ich zurückfuhr, entdeckte ich über dem südlichen Ende von Eel Pie Island eine große Möwenschar. Etwas irritierte mich daran, denn ich sah aus eini-ger Entfernung, dass unter ihnen eine schwarze Kappe aus dem trüben Wasser herausragte. Einen Moment dachte ich, es sei ein Schwimmer mit Bademütze. Aber Schwimmer haben norma-lerweise keine große Schleie im Mund. Also musste es eine Robbe sein, der Kopfform nach ein junger weiblicher Seehund. Ich konnte mein Glück nicht fassen. Das Tier kaute eine Weile ge-nüsslich auf dem Fisch herum und tauchte dann ab. Wie die Möwen folgte auch ich dem Seehund flussabwärts. Gute 20 Minuten paddelte ich kräf-tig in gehockter Position, bis ich ihn im tieferen Wasser aus den Augen verlor. Ein Seehund, der

so weit stromaufwärts schwimmt und dabei Brü-cken und Verkehr ignoriert… In Anbetracht der Tatsache, dass man den Fluss 1957 für biologisch tot erklärt hatte, keimte in mir Hoffnung auf.

Von Marcel Theroux

Das Stehen auf einem SUP will geübt sein

Die Themse bei Teddington

Der Moment

Was mir bei dieser Begegnung besonders in Erinnerung geblieben ist, ist der überraschende Moment, der für mich an ein Wunder grenzte. Ich erinnerte mich an ein Märchen über eine Robbe, die sich in einen Menschen verwandelt. Das Märchen endet zwar tragisch, sagt aber etwas über die Verwandtschaft von Mensch und Robbe aus – über das Gefühl, Teil derselben biologischen Familie zu sein.

Der Moment

Stand-up-Paddeln (SUP) zählt mittlerweile zu einer der beliebtesten Sportarten. Überall, wo Wasser ist, schießen die SUP-Schulen und -Verleihfirmen wie Pilze aus dem Boden. Für SUP-Begeisterte, die sich für eine Fahrt auf der Themse interessieren, bietet Active 360 Paddleboarding im Londoner Südwesten (active360.co.uk) Verleihboards, Anfängerkurse und geführte Touren für Geübte an.

Abhängig von den Gezeiten kann man entweder flussaufwärts nach Richmond oder flussabwärts nach Hammersmith paddeln. Weitere Angebote: SUP auf der Themse in Putney, bei Brentford Lock (am Zusammenfluss von Brent und Grand Union Canal) und im Paddington Basin (am Zusammenfluss von Regents Canal und Grand Junction Canal). Während es in Paddington zum Ausleihen eines Boards für eine alleinige Themsefahrt genügt, kurz seine Manövrierfähigkeiten vorzuführen, muss man anderswo mindestens eine SUP-Stunde erfolgreich absolvieren. Der Veranstalter Wakeup Docklands (wakeupdocklands.com) am Western Beach im Royal Victoria Dock bietet in Ostlondon von Mai bis Oktober ein- und zweistündige Kurse an.

Oben: *Ein verspielter, neugieriger Seehund*

84

FOLGE MIR: JAPANISCHE GASTFREUNDSCHAFT

HIDA-FURUKAWA, JAPAN

Japan hatte immer schon ganz oben auf meiner Wunschliste gestanden, und die Hochzeit, zu der ich nach Japan eingeladen war, fand während der legendären Kirschblüte und dem berühmten Takayama-Festival statt. Monate später, am Tag der Hochzeitszeremonie, explodierten die Kirschblüten – und nachdem ich zehn Tage das Land erkundet hatte, durfte ich miterleben, wie zwei enge Freunde den Bund fürs Leben schlossen. Nur ein Traum war noch nicht erfüllt: der Besuch des Festivals. Dieser Traum drohte zu zerplatzen, als ich feststellte, dass das Hotel, das ich gebucht hatte, eine ganze Tagesreise von Takayama entfernt lag und es in der Stadt selbst keine Übernachtungsmöglichkeiten mehr gab. Aufgeregt fuhr ich mit dem Zug am Vortag des Festivalauftakts bis Hida-Furukawa, eine Bahnstation außerhalb der Stadt. Hungrig und gestresst fand ich ein kleines Hotel und ging aus, um Sushi zu essen. Der Koch im Sushi-Restaurant weckte seine Frau, um zu dolmetschen, als er erkannte, dass ich Engländerin bin. Trotz der Umstände unterhielten wir uns lange und vergnügt. Da mich das Paar nach dem Essen nicht allein in den Regen ziehen lassen wollte, schnappte sich die Frau einen Schirm und signalisierte mir, ihr zu folgen. In den folgenden Stunden besuchte sie mit mir eine Gesangsaufführung von Kindern, eine Sake-Brauerei, drei Tempel, eine eindrucksvolle Brücke, üppig blühende Kirschbäume, verwinkelte Gassen und Kanäle mit Koi-Karpfen – und zum krönenden Abschluss lud sie mich zu einem Essen mit ihrer Familie ein.

Von Katharine Nelson

Der Moment

Auf Reisen erfährt man zuweilen eine unglaubliche Gastfreundschaft. Indem diese japanische Familie mit mir
ihr Leben (und ihre Stadt) teilte, wurde aus einer grauen,
ungemütlichen Nacht ein wundervolles Erlebnis. Und
mein kleines, traditionelles Last-Minute-Hotel erwies sich
als die großartigste Unterkunft auf der ganzen Reise.

Der Weg dorthin

Japans zahllose Kirschbäume erwachen im Frühling
schlagartig zum Leben und überziehen Parks wie
Straßen mit einem Teppich aus weißen und pinkfarbenen
Blüten. Den genauen Zeitpunkt der Kirschblüte kann man
nicht vorhersagen, aber ihr Höhepunkt liegt in Takayama
(ebenso wie in Tokio und Kyōto) zumeist zwischen dem
25. März und dem 7. April.
Das Takayama-Matsuri-Festival zählt zu den bedeutends-
ten Festen des Landes und findet am 14. und 15. April
statt (das kleinere Hachiman Matsuri am 9./10. Oktober).
Bei den farbenfrohen Umzügen des Frühlingsfestes sind
kunstvoll mit Figuren, Schnitzereien, Stoff und Laternen
dekorierte Festwagen zu sehen. Dazu erklingt geistliche
Musik. Verpasst man das Festival, kann man einige dieser
Wagen, die teils aus dem 17. Jahrhundert stammen, in der
Ausstellungshalle des Takayama-Festivals besichtigen.
Zwischen Takayama und Nagoya verkehren regelmäßig
Hochgeschwindigkeitszüge (Shinkansen) mit Anschluss
an die Takayama-Hauptlinie nach Tokio. Die Fahrt dauert
ca. 2,5 Stunden und kostet 5510 Yen (ca. 43 Euro). Der
kleine Bahnhof Hida-Furukawa befindet sich drei Haltestellen nördlich von Takayama an einer Regionalbahn-
strecke (Fahrtzeit: 15 Min.; Fahrpreis: 240 Yen).

Oben: Japanischer Kirschbaum in voller Blüte
Links: Ein Festwagen auf dem Takayama-Festival

85

An einem Strand auf den Äußeren Hybriden

SORGENFREIES CAMPERABENTEUER

INSEL LEWIS, ÄUSSERE HEBRIDEN, SCHOTTLAND

Unten: Menschenleerer Sandstrand auf der Insel Lewis

Wir hatten kein klares Ziel, und genau darin lag der Reiz. Das komfortable Bett in unserer Londoner Wohnung hatten wir gegen eine Liegefläche in einem VW-Camper eingetauscht und unsere kostbaren Habseligkeiten – Kissen, Jacken und Teebeutel – im Staukasten verstaut. Wir nahmen den erstbesten Weg, drehten die Musik im Radio auf und fuhren an goldfarbenen Getreidefeldern vorbei. Ab und an hielten wir an, um Schafe queren zu lassen oder um Fotos von Vogelscheuchen zu machen. Wir waren unterwegs auf den Äußeren Hebriden, genauer, auf der rauen, entlegenen Insel Lewis.
Unvergesslich war ein Ort an der Küste, an den wir kamen: Ein wunderschöner weißer Strand – eine Bucht mit smaragdgrün glitzerndem Wasser, von Felsen flankiert und von kleinen Wellen benetzt. Wir hielten an, zogen unsere Schuhe aus und rannten zum eiskalten Wasser – unsere Fußabdrücke waren die einzigen Spuren im Sand, unsere Füße die ersten, die das Nordatlantikwasser an diesem Tag an diesem Ort berührten. Von hier wegzufahren, war undenkbar. Wir parkten den Bus auf einer Wiese und tranken Bier, während der Himmel erst türkis, dann magentafarben und schließlich pechschwarz wurde und mit unzähligen Sternen übersät war. Keine Lichter, kein Verkehrslärm. Keine Sorgen, kein Streit, kein Stress. Und erfrischend: keine anderen Menschen. An diesem Abend schliefen wir bei dem Geräusch von Wind und Brandung ein. Am nächsten Morgen? Die Aussicht – unvergesslich.

Von Hannah Summers

Der Moment

Einer der schönsten Strände der Welt ... Oft sehne ich mich nach dem einfachen und freien Leben im Campingbus zurück und nach den 24 seligen Stunden, die wir am entlegenen Strand bei Bhaltos verweilten.

Der Weg dorthin

Reisen mit dem Camper werden immer beliebter, und eine wachsende Zahl von Internetportalen bietet Mietcamper für kurze und längere Reisen an. Für einen Camperurlaub auf den Hebriden empfiehlt es sich, ein Fahrzeug auf der Insel zu mieten. Fähren zur Insel Lewis legen in Ullapool an der Nordwestküste Schottlands, ca. 4,5 Autostunden von Glasgow entfernt, ab. Wer die Morgenfähre von Ullapool nimmt, erreicht Stornoway, den Hauptort der Insel, in ca. 2,5 Stunden (am besten online im Voraus buchen; den günstigsten Preis findet man auf calmac.co.uk).

Wildes Zelten und Campen ist in Schottland (noch) fast überall erlaubt – vorausgesetzt es geschieht verantwortungsbewusst. Den kleinen Ort Bhaltos und den nahe gelegenen Strand erreicht man von Stornoway aus über die A858 westwärts und die B8011 südwärts Richtung Garrynahine. Von dort folgt man der Beschilderung nordwärts zum Strand Cnip. Den Ort erkennt man sofort wieder, sobald man ihn sieht. Achtung: Es gibt keine Läden, keine Tankstellen oder elektrisches Licht in diesem Teil der Insel. Die letzte Gelegenheit, Nahrungsmittel etc. einzukaufen, ist Stornoway. Mitbringen sollte man ausreichend Trinkwasser und andere Campingbasics.

86

DIE ULTIMA THULE EVEREST EXPEDITION

MOUNT EVEREST, TIBET

Eine Gebirgslandschaft zu fotografieren, ist weit mehr, als die materiellen Elemente festzuhalten. Die Kunst ist es, die Erfahrung, dort gewesen zu sein, im Bild einzufangen: den Zauber des Lichtes, die dünne, kalte Luft, die Höhe und ihre Auswirkungen auf den Körper sowie die Aufregung, wenn man die Komposition sieht, die man fotografisch festhalten möchte. Anfang der 1980er-Jahre wurde ich eingeladen, als Fotograf an der Ultima Thule Everest Expedition teilzunehmen. Wir waren das erste westliche Team seit der Expedition von George Mallory und Andrew Irvine, die 1924 am Everest für immer verschwunden waren, das den berühmten Nordostgrat besteigen durfte.

Nach der Landung in Lhasa am 27. März 1984 fuhren wir über entlegene Orte zum Basislager. Drei Monate lang versuchten wir vergeblich, jemanden aus unserem Team zum Gipfel zu bringen. Zwei von uns schafften es beinahe – nicht einmal 250 Höhenmeter fehlten. Schlechtwetter, Krankheit und die Abreise einiger Sherpas brachten uns in Zeitnot. Laut der Besteigungsgenehmigung mussten wir den Berg und China bis 5. Juni 1984 verlassen, sonst erwartete uns eine Strafe in Höhe von an die 44 000 Euro. Wir hatten keine Wahl und stiegen wieder ab. Es war das Ende eines großen Abenteuers: der Besteigung des wohl spektakulärsten Berges der Welt.

Von Art Wolfe

Der Moment

Es gehört zur menschlichen Natur, Berggipfel erstürmen zu wollen, über allem erhaben zu sein, bis an die Grenzen des Machbaren zu gehen. Menschen träumen davon, sind besessen davon und riskieren ihr Leben, um einmal oben zu stehen – egal auf welchem Gipfel. In meinem Leben hallt diese Expedition noch immer nach. Kann ein Augenblick Monate, ja gar Jahre andauern? Ich meine schon.

Der Weg dorthin

Neben den Hauptrouten über den Nordostgrat und den Südsattel gibt es über 16 weitere Routen zum Gipfel des Mount Everest, von denen einige bislang noch niemals erfolgreich zurückgelegt wurden. Die Südsattelroute gilt als wärmer und weniger dem Wind ausgesetzt. Sie bietet Kletterern überdies die Option, im Basislager von einem Rettungshubschrauber abgeholt zu werden. Dennoch lauern hier viele Gefahren, u.a. der Khumbu-Eisbruch und ein sehr langer Anstieg zum Gipfel. Am Nordostgrat sind die Witterungsbedingungen ungünstiger, die Lager liegen auf schlechter erreichbaren Anhöhen, und die Besteigung ist insgesamt schwieriger. Der Gipfelanstieg hat jedoch den Vorteil, dass er kürzer als auf der Südsattelroute ist.

Ausländer dürfen das Autonome Gebiet Tibet nur mit Genehmigung der chinesischen Regierung bereisen. Diese muss man vor der Flugbuchung und der etwaigen Zugreise von Beijing nach Lhasa beim Tibet Tourism Bureau (TTB) beantragen. Erteilt wird sie nur, wenn man bei einem chinesischen Reiseveranstalter eine Reise nach Tibet gebucht hat. Für Reisen außerhalb von Lhasa ist ein Zusatzdokument, Alien Travel Permit genannt, nötig, das nach Vorlage des Reiseplans vom Public Security Bureau ausgestellt wird. Freies Reisen ist nicht erlaubt.

Links: Die Ultima Thule Everest Expedition vor der Nordseite

87

WIE ICH LERNTE,
DIE EINSAMKEIT ZU LIEBEN

MENDOZA, ARGENTINIEN

»Aus der Lektüre dieses großartigen Werks taucht man wie aus einem Traum auf: voller Gedanken…«, schrieb John Leonard, *Journalist bei der* New York Times, *sehr treffend über den Roman* Hundert Jahre Einsamkeit *von Gabriel García Márquez.*

Am späten Nachmittag saß ich in einem Straßencafé und nippte an einem Glas dunklem, fruchtigem Malbec. Der breite Bürgersteig war noch von der Spätsommersonne beschienen und mit welken Platanenblättern übersät. Auf dem Tisch stand eine Platte mit lauwarmen Empanadas, die mit Rindfleisch, Huhn und Käse gefüllt waren. Daneben lag mein vergilbtes Exemplar von Hundert Jahre Einsamkeit. *Erstanden hatte ich das Buch schon vor Jahren bei einem Londoner Buchhändler an der Waterloo Bridge, es aber nie gelesen. Jetzt hatte ich Zeit: Gesundheitliche Probleme und ein schwerer Verlust zwangen mich zur Pause. Nach einer Phase der Trauer beschloss ich, eine Weltreise zu unternehmen. Ich wollte in Argentinien starten – und blieb dort hängen. Da Malbec mein Lieblingswein ist, nahm ich sofort nach meiner Ankunft in Buenos Aires den Nachtbus nach Mendoza. Als ich während der nächtlichen Fahrt einen spektakulären Gewittersturm über den Pampas beobachtete, stiegen mir die Tränen in die Augen. In London hatte ich es*

nicht mehr geschafft, irgendetwas zu tun – würde ich jetzt den Mut aufbringen, allein zu reisen? Und da saß ich nun in einem Café in Mendoza – ganz allein, aber in mir ruhend.

Von Abigail Butcher

Der Moment

Blicke ich zurück, dann fühle ich eine große Zufriedenheit. Ich hatte mich seit Jahren nicht mehr so wach, lebendig und energiegeladen gefühlt. Ein paar Empanadas, ein Glas Malbec und ein aufrüttelndes Buch veränderten mein Leben. Sie veränderten alles: Sie gaben mit den Mut, weiterzumachen.

Der Weg dorthin

Mendoza liegt im Herzen des argentinischen Weinbaugebietes und ist eine der schönsten Städte des Landes. Hier, 1050 Kilometer westlich von Buenos Aires, findet das Leben auf den Plätzen und in Straßencafés im Schatten riesiger Platanen statt.
Am Fuße der Anden und nahe der chilenischen Grenze bietet Mendoza eine spektakuläre Naturkulisse. Das Schmelzwasser aus den Anden fließt in der Stadt in *acequias* (offene Bewässerungskanäle) an den breiten, mit Platanen bepflanzten Straßen entlang.

Darüber hinaus versorgen die Bewässerungskanäle die Weinberge mit Wasser: Etwa 70 Prozent der argentinischen Weinproduktion stammt von hier. Neben Malbec kann man in den Cafés, Bars und Restaurants der Stadt auch Syrah, Cabernet und Chardonnay kosten. Noch besser ist ein Besuch – zu Fuß, mit dem Rad oder mit dem Bus – auf einem der zahlreichen Weingüter der Gegend.
Wer Zeit hat, dem sei die Fahrt von Buenos Aires nach Mendoza per Bus empfohlen. Argentinische Busse sind komfortabel und bezahlbar – die Fahrt dauert 13 bis 18 Stunden, Tickets kann man unter omnilineas.com für ca. 950 Pesos (ca. 21 Euro) buchen. Flugverbindungen zwischen beiden Städten gibt es mehrmals am Tag.

Oben: Die Weinberge von Mendoza am Fuße der Anden
Links: Frisch gebackene Empanadas

88

GUYANAS GRÖSSTES GESCHENK

KAIETEUR NATIONAL PARK, GUYANA

Guyana zu überfliegen, bedeutet, in ein unbekanntes Südamerika vorzudringen: Fast schlagartig weicht der Lärm von Georgetown, der Hauptstadt Guyanas, dem Grün des Regenwalds, der sich unter den Tragflügeln des Flugzeugs endlos ausdehnt. Ich wusste, ich würde einen Ort besuchen, dessen Entdeckung einst viktorianische Forscher Jahrzehnte gekostet hatte, aber die Realität übertraf meine Erwartungen. Die Kaieteur-Wasserfälle sind das, was man sich idealtypisch unter Wasserfällen im Dschngel vorstellt – weniger wuchtig als die Iguazú-Fälle, kürzer als der Salto Ángel in Venezuela, aber als höchster einstufiger Wasserfall der Welt dennoch imposanter als die beiden anderen. Hier stürzt der Fluss Potaro 226 Meter in die Tiefe.

Ich hörte ihn schon, bevor ich ihn sah: am Anfang ein Flüstern, dann ein Keuchen – und schließlich ein ohrenbetäubendes Getöse. Der Wasserfall ist ein Meisterwerk der Natur: der Fluss, glatt wie Marmor, stürzt in einer riesigen Nebelwolke hinab. Ich legte mich vor dem Abgrund flach auf den Boden, um in die Tiefe zu blicken. Hier soll der Namensgeber der Fälle, Indianerhäuptling Kai, in seinem Kanu mit den Wassermassen in die Tiefe gestürzt sein. Sein Stamm wurde von Feinden angegriffen. In seiner Not suchte er Hilfe bei dem Geist Makunaima, der Kais Tod als Opfer forderte. Am Boden liegend, hypnotisiert vom Ruf der Sturzflut, begriff ich für einen kurzen Moment die Verlockung jener Opfergabe.

Von Chris Leadbeater

Der Moment

Die gewaltigen Wasserfälle in einer solchen Abgeschiedenheit zu erleben, ist mir in Erinnerung geblieben. An diesem Erlebnis messe ich all meine anderen Reiseerfahrungen. Befeuert wurde meine Begeisterung noch durch den Rückflug – direkt über die Wasserfälle.

Der Weg dorthin

Die wenigen Touristen belegen, wie abgeschieden der Kaieteur National Park gelegen ist – obwohl er offiziell als die beliebteste Sehenswürdigkeit

des Landes gilt. Im Rekordjahr 2012 wurden lediglich 6667 Besucher verbucht. Normalerweise erreicht man das Gebiet nur mit einer geführten Gruppe. Interessenten wird auf der Website des Touristenbüros des Landes (exploreguyana.org) geraten, Touren zum Wasserfall bei einem anerkannten Veranstalter zu buchen. Dazu einige Tipps: Empfohlen wird Wilderness Explorers (wilderness-explorers.com), ein namhafter, seit 1994 in Guyana aktiver Veranstalter. Die meisten Guyanareisen, die bei Wilderness Explorers angeboten

werden, enthalten eine Tour zu den Wasserfällen im Kaieteur National Park. Diese Tagesauflüge starten von Georgetown aus. Aktivurlauber können eine achttägige Kaieteur-Expedition buchen, in der die Fahrt zu den Wasserfällen teils per Geländewagen und Boot, teils zu Fuß erfolgt.

Links: Die Kaieteur-Wasserfälle in Guyana stürzen 226 Meter in die Tiefe

89

Unterwegs in der Wildnis des Kidepo Valley National Park

AUGE IN AUGE MIT SIEBEN LÖWEN

KIDEPO VALLEY NATIONAL PARK, UGANDA

Es war Nachmittag, und ich kämpfte unter der heißen Sonne gegen die Müdigkeit an. Mit den Füßen auf der Stoßstange des Land Rover saß ich jetzt schon seit einer Stunde an meinem Laptop. Ich wusste, dass überwältigende Ausblicke auf die flirrende Ebene auf mich warteten, aber da ich als Freiwilliger im Kidepo Valley National Park arbeitete, musste ich erst Kartendaten updaten, bevor ich die Gegend erkunden konnte. Ein Geräusch riss mich aus meiner Konzentration. Es klang, als würden Klauen ein Moskitonetz zerreißen. Ich sah vom Bildschirm auf und blickte in die bernsteinfarbenen Augen eines Löwen, der keine 50 Meter entfernt stand. Im Bruchteil einer Sekunde überblickte ich die Lage: Auf den umliegenden Felsen hielten sich noch sechs weitere Löwen auf. Die Pfoten anmutig übereinandergelegt, wirkten sie sehr entspannt. Offenbar lagerten sie schon eine ganze Weile dort. Losstürmen kam mir nicht in den Sinn – das wäre vielleicht auch übertrieben gewesen. Also bewegte ich mich langsam um den Wagen herum, öffnete die Tür und schlüpfte hinein. Dann rief ich meinen schlafenden Teamkameraden leise zu: »Hey Jungs ... wollt ihr nicht unsere neuen Gäste begrüßen?«
Die Löwen verhielten sich weiterhin ruhig, sogar als wir in der Dämmerung anfingen, Würstchen zu grillen. Hunger werden sie dennoch gehabt haben, da mich in der Nacht das Gebrüll eines von dem Rudel niedergestreckten Büffels weckte.

Von Mark Eveleigh

Der Moment

Allzu oft bekomme ich nichts von den Lebensdramen um mich herum mit. In diesem Fall war ich nicht nur blind für die Schönheit des großartigsten Nationalparks Afrikas, sondern ließ es zu, dass sich ein ganzes Löwenrudel unbemerkt an mich heranpirschte. Den Blick zu heben, kann also nicht schaden!

Der Weg dorthin

Im äußersten Nordosten Ugandas gelegen, zählt der Kidepo Valley National Park zu den letzten wilden Orten Afrikas. Das Gebiet mit seinen spektakulären Ebenen und Tälern ist nicht viel größer als der Großraum London. Nur gibt es hier kaum Fahrzeuge. Dafür beherbergt Kidepo Elefanten-, Antilopen- und Zebraherden und zahlreiche umherziehende Löwenrudel. Der Park ist Heimat von rund 500 Vogelarten und 86 verschiedenen Säugetierarten, von denen 28 ausschließlich hier vorkommen. Manchmal sammeln sich lange Büffelkarawanen mit mehr als 4000 Tieren im Tal am Fuße des Mount Morungole, des heiligen Berges des geheimnisvollen Ik-Stammes. Kidepos abgeschiedene Lage zwischen dem Südsudan und der kenianischen Region Turkana ist der Grund dafür, dass die meisten Besucher den Charterflug einer zwölfstündigen Autofahrt vom Flughafen in Entebbe aus vorziehen. Kidepo ist ein Abenteuer, und die Abgeschiedenheit macht den Nationalpark noch reizvoller. Als Unterkunft empfehlen sich die luxuriöse Apoka Safari Lodge (wildplacesafrica.com) oder die preisgünstigeren *bandas* der Uganda Wildlife Authority (ugandawildlife.org).

Unten: Einer der Löwen, die sich für Mark und sein Lager interessierten

90

LEBENSLEKTIONEN AM AMAZONAS

RIO URUBU, BRASILIEN

Es war der vierte Tag unserer Hochzeitsreise, und wir fuhren mit einem Einbaum auf dem Rio Urubu im Herzen des Amazonas – ausgerüstet mit Hängematte, Machete und Angelleine. Während wir paddelten, deutete unser Guide Cristóvão auf die gekräuselte Wasseroberfläche. »Piranhas«, murmelte er. Cristóvão machte einen kräftigen Schlag vorwärts in Richtung der schwimmenden Fleischfresser. Er warf eine Leine mit Ködern ins Wasser, und es dauerte nicht lange, bis sich die Piranhas beißwütig darauf stürzten. Sofort zog Cristóvão die Leine hoch und mit ihr zwei wild zappelnde Piranhas, die auf dem Boden des Bootes landeten. Panikartig zog ich meine schlotternden Beine an, bevor Cristóvão die Fische schnell (aber ruhig) mit dem Griff der Machete tötete. Dann forderte Cristóvão mich auf: »Ana ... jetzt du.«

Mir wurde klar, dass wir trotz der gründlichen Vorbereitungen für unsere Weltreise (und auch für diese Amazonasreise) einfach nur unwissend waren. Cristóvão dagegen war hier geboren und hatte hier immer gelebt. Deshalb wirkte alles, was er im Regenwald tat, so mühelos: der Bau eines Unterschlupfes aus Palmblättern, das Schnitzen eines Blasrohres, die Bevorratung mit Obst, Navigieren auf fremdem Terrain. Sein Leben war vollkommen anders als unser Leben in den USA, und wir konnten so viel von Cristóvão lernen.

Von Anne Howard

Der Moment

In den fünf Tagen mit Cristóvão lernten wir drei Dinge: sich immer an die Umgebung anpassen, erfinderisch sein und Geduld haben. Zuerst dachten wir, Cristóvão bringe uns nur bei, im Dschungel zu überleben, bis wir begriffen, dass er uns auf unserer Reise für das Leben gerüstet hatte.

Der Weg dorthin

Manaus, das Tor zu diesem Amazonas-Erlebnis, erreicht man per Flugzeug oder Schiff. Nächster Flughafen ist der Aeroporto Internacional Eduardo Gomes, ca. 13 Kilometer nördlich des Zentrums. Große Passagierschiffe verbinden Manaus flussaufwärts mit Tabatinga. Eine siebentägige Fahrt nach Tabatinga kostet an die 350 Real (ca. 83 Euro). Der Preis für eine viertägige Fahrt flussabwärts nach Belém beträgt 300 Real (ca. 72 Euro). Kleinere, etwas bequemere Schnellboote brauchen nur die Hälfte der genannten Fahrtzeiten, kosten aber das Doppelte. In Manaus empfiehlt sich das familiengeführte Amazonas Indian Turismo (311 Dos Andradas St). Bestenfalls steht der Inhaber höchstpersönlich am Empfang.

Das Haus am Rio Urubu, ein offener Bereich mit Strohdach und einem Holzklohäuschen (fließendes Wasser bzw. Stromanschluss – Fehlanzeige!), dient als Basislager für die Nächte zwischen den mehrtägigen Ausflügen. Entlegene Orte im Dschungel sind nur zu Fuß und per Kanu erreichbar, die Nächte verbringt man in Hängematten unter Palmblättern. Die Reiseführer sprechen Englisch, wissen alles über den Dschungel und über die praktische und kulturelle Nutzung.

Oben: Mit dem Guide Cristóvão baut Anne einen Unterschlupf
Links: Cristóvão paddelt über ein von Piranhas bevölkertes Gewässer

91

DIE EDMIGAZELLE

JEMEN

Ich war in Jemens Hauptstadt Sanaa. Es war faszinierend dort, aber ständig blickte ich aus dem Fenster in Richtung Wüste und dachte dabei an Freya Stark, die in den 1930er-Jahren der Weihrauchstraße gefolgt war. Mein Gastgeber sagte: »Vielleicht kann ich ja was für dich organisieren.«

Am Tag darauf fuhren wir früh am Morgen los zur Ruinenstadt Shabwa, der einstigen Hauptstadt von Hadramaut, in der Wüste Ramlat es-Sayhad. Bewaffneter Begleitschutz hatte sich uns angeschlossen, und ich war in eine Abaya (traditioneller Umhang) gehüllt. Das Ganze erschien mir wie ein Spiel, allerdings mit echten AK-47s. Ich genoss die Weite des Himmels, die Beduinenlager, die Kamelkarawanen und die Sanddünen. Doch irgendwann wurden wir angehalten. Man nahm uns die Papiere ab. Die Stimmung kippte. Ich entfernte mich vom Wagen, bebend vor Angst, denn wir befanden uns in einer Gegend, in der Entführungen Normalität sind.

Ich blickte über das Tal und bemerkte, dass mich ein Wesen mit einem eleganten Geweih beobachtete. Seine Ohrinnenseiten erinnerten an ein fein geadertes Blatt. Es war eine Edmigazelle, so schwach und wehrlos wie ich. Während ich ihre Schönheit mitten in dieser weiten Landschaft bewunderte, ließ meine Angst nach. »Ende der Fahrt«, rief mein Freund und bedeutete mir, einzusteigen. Wir drehten um. »Freya Stark hat es damals auch nicht geschafft«, sagte ich. Die Gazelle beobachtete unsere Umkehr. Auf einmal begriff ich, dass das Leben Mut und Bewegung braucht, nicht nur Sicherheit. Wichtig ist es, nicht wegzurennen und sich zu verstecken, sondern zu vertrauen – wie die Gazelle mir vertraut hatte.

Von Suzanne Joinson

Der Moment

Trotz des Gefühls, wehrlos zu sein, war das Vertrauen der Edmigazelle das schönste Geschenk, das die Wüste mir machen konnte. Es zeigte mir, welchen Zauber diese Welt bereithält und dass Verstecken nichts bringt. Am letzten Abend in Sanaa stießen wir auf die Zukunft an: auf die Wege, die wir wirklich nehmen würden, und die, die wir uns nur vorstellen. Da begriff ich, dass es ein Gleichgewicht geben muss zwischen dem Gefühl der Verletzbarkeit und dem der Sicherheit.

Der Weg dorthin

Den Jemen zu bereisen, ist in der momentanen Situation nicht empfehlenswert: Bereits seit 2011 führen Krieg und Terror zur höchster Stufe der Reisewarnungen für das ganze Land. Linienflüge nach Jemen und wieder hinaus gibt es nicht, nur Hilfsorganisationen fliegen dorthin, allerdings unter strengen Bedingungen. Fahrten über Land sind zurzeit ebenso wenig eine echte Alternative, da viele Strecken gesperrt oder blockiert sind. Erst wenn die Sicherheitslage sich entspannt hat, können Besucher den Jemen mit seinen ausgedehnten Wüsten und Landschaften, wunderbaren Bauwerken und extrem gastfreundlichen Einwohnern wieder genießen. Es ist nicht ungewöhnlich, wenn man als Tourist von Einheimischen nach Hause eingeladen wird, um etwas zu essen, einen Kaffee zu trinken oder einfach nur zu plaudern. In den Straßen der Hauptstadt Sanaa ertönen die melodischen Gebetsaufrufe, die Lieder der Straßenhändler und die Klänge der Oud, des traditionellen Instruments der Jeminiten. Auf Märkten wie dem Nogom Central und dem historischen Souk al-Milh duftet es nach Gewürzen, und es werden die unterschiedlichsten Waren angeboten.

Oben: Eine Edmigazelle in der Wüste
Links: Sanaa, Jemens Hauptstadt, vor dem Krieg

EIN ZWISCHNSTOPP, DER MEIN LEBEN VERÄNDERTE

NARITA, JAPAN

Ich war am Ende meiner ersten Süd-ostasienreise, die mich nach Thai-land, Burma, Hongkong und Macao geführt hatte, und sehnte mich nach meiner New Yorker Wohnung – nicht aber nach einem 20-stündigen Aufenthalt am Narita Airport nahe Tokio. Da mein Reiseplan die-sen Zwischenstopp vorsah, nahm ich sofort nach Ankunft in Tokio den Shuttlebus zum Hotel und überlegte mir, was ich mit der restlichen Zeit an-stellen sollte. Am nächsten Morgen hatte ich in Erfahrung gebracht, dass es eine kostenlose Bus-verbindung zum Zentrum Naritas gab, und da ich nicht wusste, ob ich Japan jemals wieder besu-chen würde, fuhr ich kurzerhand mit. Ungefähr 20 Minuten lang spazierte ich durch die engen Gassen mit Holzhäusern in Richtung des

1000-jährigen Tempels. Es war ein herrlicher, milder Spätoktobertag und die Herbstfarben leuchteten bunt. Ich wusste nicht, dass der Tem-pel in Narita eine beliebte Pilgerstätte ist und Gläubige aus Tokio manchmal bis zu 75 Kilometer zu Fuß zurücklegen, um die Gebetsräume und die Gärten zu besuchen. Ich spürte jedoch auf seltsa-me Weise, dass mir all die persönlichen kleinen Dinge wie zum Beispiel die Tatamimatten am Boden heimelig und vertraut vorkamen, wie ein Zuhause, das ich immer haben wollte. Als ich am frühen Nachmittag in den Flieger stieg, beschloss ich, nach Japan zu ziehen. Und dort lebe ich in-zwischen seit über 30 Jahren.

Von Pico Iyer

Der Moment

Jahrzehntelanges Reisen hat mich gelehrt, dass einen oft ganz unspek-takuläre Orte mehr berühren als die berühmtesten Sehenswürdigkeiten. Meist stehen genau die Erlebnisse, die dem Leben eine Wende geben, eben nicht im Reiseplan. Einen bes-seren Beweis dafür als meinen Zwi-schenstopp in Japan gibt es nicht.

Der Weg dorthin

Ein fünfstündiger Aufenthalt am Flughafen von Narita reicht aus für eine Stadterkundung, um etwas zu essen, und wieder rechtzeitig am Flughafen zu sein. Man fährt mit der Keisei-Linie (Fahrtzeit: 10 Min.) oder mit dem JR (Abfahrt Terminal 2/1; Fahrtzeit: 10 Min.). Von Tokio aus kommt man am schnellsten nach Narita mit dem Keisei-Cityliner (Bahnhof Keisei Ueno, Fahrtzeit: 41 Min.) oder mit dem Expresszug (Tokkyu; Fahrtzeit: 71 Min.). Die meis-ten JR-Narita-Expresszüge halten jedoch nicht in Narita. Nach Ankunft in Narita (egal, an welchem Bahnhof) geht es entlang der kurvenreichen, stimmungsvollen Omotesando,

einer Straße mit traditioneller Archi-tektur, zum buddhistischen Tempel Narita-san Shinshoji.
Der Landschaftsgarten von Narita-san zählt zu den größten im Land. Am besten folgt man hier einem der unzähligen Spazierwege, sollte aber rechtzeitig wieder am Ausgang Niomon sein, um die dreistöckige Pagode und die anderen imposan-ten Tempelbauten zu bewundern.

Links: Der buddhistische Tempel Narita-san Shinshoji inNarita

93

AUFSTIEG MIT SKIERN, ABFAHRT MIT SNOWBOARD

SUNNMØRE, NORWEGEN

Vom 1420 Meter hohen Blæja, auf dem absolute Stille herrscht, blickt man auf den Hjørundfjord, einen der vielen tiefblau glitzernden Fjorde zwischen den schneebedeckten Gipfeln in Norwegens Sunnmøre-Region. Hier oben zu sein, ist grandios – und dann folgt ein wilder Ritt bergab...

Snowboard fahre ich schon mein ganzes Leben, aber meine erste Skitour machte ich erst in Norwegen. Ich verwendete hier ein Splitboard, ein Snowboard, das sich in zwei Tourenski zerlegen lässt. Der Aufstieg – gute 1000 Höhenmeter – mit Start nahe der idyllischen Unterkunft Villa Norangdal war zäh, aber das langsame Vorwärtsgehen in der Aprilsonne hatte etwas Meditatives. Mit den Steigfellen an den Skiern trotzte ich der Schwerkraft bei jeder Bewegung einige Meter ab und hatte reichlich Zeit zu überlegen, welche Abfahrtstrecke durch den unberührten Pulverschnee ich wohl nehmen würde.

Kurze Zeit später kostete ich die Abfahrt voll aus: Es war eine Mischung aus lang gezogenen Kurven und zauberhaften Ausblicken auf den Fjord – alles inmitten einer Stille, die nur von meinem Gejohle und Gebrülle durchbrochen wurde. Es ist pure Freude und Freiheit – an diesem Tag hörte ich nicht mehr auf, vor Glück zu lächeln.

Von Toby Skinner

Den mühsamen Anstieg macht die Abfahrt wieder wett

Nach dem
Schneeabenteuer
an der Küste

Der Moment

Die Skitour in der Sunnmøre-Region war eine Offenbarung für mich – zuerst die Gipfeleroberung und dann die schiere Freude an der Abfahrt auf einem Hang mit unberührtem Pulverschnee.

Der Weg dorthin

Die beste Skitourenzeit in Norwegen ist von März bis Mitte Mai. Dann sind die Schneebedingungen ideal und die Tage wieder etwas länger. Wer sich nicht auskennt, sollte sich nur in Begleitung eines Ortskundigen auf den Weg machen.

Headnorth (headnorth.no), die Firma des Briten Brendan Slater und seiner norwegischen Frau Sissel Tangen, bietet maßgeschneiderte Reisen nach Zentralnorwegen an, von denen die meisten auch geführte Skitouren und einfache Unterkünfte für die Nacht umfassen. Probieren Sie das alte, familiengeführte Hotel Union Øye (unionoye.no) und das moderne Juvet Landscape Hotel (juvet.com), das 2014 auch Kulisse für den Kinofilm *Ex Machina* war. Die einwöchigen Tafjord- und Sunnmøre-Reisen kosten pro Person ca. 3300 Euro. Andere Veranstalter wie Adrenaline Hunter's (adrenaline-hunter.com) bieten eintägige Skitouren in der Region an (ab ca. 410 Euro pro Person). Die Ankunft in Norwegen erfolgt am Flughafen der Jugendstil-Stadt Ålesund, wo sich das schicke, am Wasser gelegene Hotel Brosundet (brosundet.no) empfiehlt.

Oben: *Für eingefleischte Skifahrer ist eine Skiabfahrt die bessere Alternative*

94

MITFAHRGELEGENHEIT

VON NIZWA NACH MASKAT, OMAN

Ich wartete in Nizwa auf ein Taxi, das mich in die 160 Kilometer entfernt gelegene Hauptstadt bringen sollte, als ein vorbeifahrender Omani anhielt und fragte, ob ich mitfahren wolle.

Das Auto war alt und verbeult, aber sauber. Der Mann war schätzungsweise Mitte 20. Sofort kamen mir Bedenken, dass man nicht zu Fremden ins Auto steigen solle. Da mich der Oman jedoch von Anfang an überrascht und verzaubert hatte – kein anderes Land entspricht heute vermutlich noch so stark dem klassischen Arabien –, beschloss ich, mich einfach auf das Abenteuer einzulassen, und stieg ein.

Mein Fahrer und ich sprachen nur wenig – logisch, wenn man die Sprache des Gegenübers nicht versteht – doch wir machten einen Halt und teilten uns Kebabs. Zum Glück musste ich dem Mann nicht den Standort meines Hotels in Maskat erklären, sondern ihm einfach nur meinen iPod Touch zeigen, auf dem die Adresse auf Arabisch zu lesen war.

Nach der Ankunft in Maskat, kurz nach Sonnenuntergang, gab ich schnell meine Tasche im Hotel ab. Als ich wieder herauskam, um mich zu bedanken und zu verabschieden, war der Mann verschwunden. Dieser Fremde hatte mich quer durch das Land gefahren, mein Geld für Sprit und Kebabs abgelehnt und nicht mal auf ein Dankeschön gewartet.

Von Gary Arndt

Der Moment

Diese Erfahrung veränderte meinen Blick auf die arabische Welt. Das Bild, das die Medien uns von der Bevölkerung zeigen, entspricht der Realität nicht annähernd. Jedes Mal, wenn ich wieder Vorbehalten begegne, denke ich zurück an den Mann ohne Namen, der mir seine Herzensgüte gezeigt hat.

Der Weg dorthin

Den Oman kann man problemlos besuchen und erkunden. Fast überall spricht man Englisch, die meisten Schilder sind auf Arabisch und Englisch beschriftet, Sprit ist billig, und die Straßen sind ausgezeichnet.
Das Land ist sehr sehenswert und bietet Besuchern die seltene Gelegenheit, gleichzeitig das moderne wie alte Gesicht der arabischen Welt kennenzulernen. Hier trifft man auf eine Welt ohne den unmäßigen Reichtum, den man andernorts auf der Halbinsel erlebt. Traditionelle Ortschaften ohne Hochbau haben ihren Charme bewahrt, und die Werte der Beduinen zeigen sich nach wie vor in der Gastfreundschaft der Omani. Die Landschaften sind wunderschön. Es gibt Gebirge, Wüsten und eine herrliche Küste.
Direktflüge nach Maskat aus Europa, Asien und dem Mittleren Osten gibt es täglich. Von Dubai aus lässt sich die Hauptstadt auch por Bus oder Auto erreichen. Visa (für die meisten Ausländer benötigt) gibt es bei Ankunft oder online auf der Website der Royal Oman Police (www.rop.gov.om). Zwischen Maskat und der historischen Stadt Nizwa verkehren Busse und Taxis.

Oben: Die köstlichen Kebabs machen den Aufenthalt im Oman noch angenehmer
Links: Die Straße nach Maskat, der Hauptstadt und größten Stadt des Oman

95

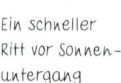

SURFEN IM DÄMMERLICHT

MANGAMAUNU, KAIKOURA, NEUSEELAND

Ein schneller Ritt vor Sonnenuntergang

Unten: Das Erdbeben von 2017 hat die Bedingungen für das Surfen in Mangamaunu verbessert

Es war eine lange Fahrt. Seit Wochen tuckerte ich mit meinem alten Bus über kurvenreiche Passstraßen und holprige Pisten, auf der Suche nach einem Ort zum Surfen. Während ich der kurvigen Küstenstraße folgte – links schneebedeckte Gipfel, rechts die endlose Weite des Pazifiks –, tauchte schließlich Mangamaunu vor mir auf.

Als ich in der beeindruckenden, felsigen Bucht ankam, war mir, als stünde ich am Rand der Welt. Die Dämmerung tauchte Land wie Meer in einen monochromen Ton, in dem Klippen, Strand und Wasser kaummehr zu unterscheiden waren: unüberhörbar das rhythmische Stampfen der perfekten Wellen, unverkennbar die aufgeregte Vorfreude, die sich in mir breitmachte.

Die Zeit, die mir in der Dämmerung verblieb, war kurz, und nachdem ich hinausgepaddelt war, erwischte ich gleich eine herrliche Welle in Richtung Strand. Ich war ganz allein mit den Meeresbewohnern: ein willkommener Eindringling in eine fremde, naturbelassene und schöne Landschaft.

Die Welle kam, und ich paddelte, bis ich spürte, wie sie ihre Energie entfaltete. Sie wölbte sich über mir, und ich schrie vor Begeisterung. Dieser Moment setzte sich in meinem Gehirn als Erinnerung fest – ein außergewöhnliches Panorama, eingerahmt von den durchsichtigen Rändern der Welle, die mich umgibt. Und dann traf sie mich, schleuderte mich weg, ich überschlug mich mehrmals, bis ich schließlich am Strand landete, lachend vor Freude und Erleichterung.

Von Duncan Madden

Der Moment

Schon die Kulisse und die Wellen waren unglaublich. Unvergesslich wurde dieses Erlebnis jedoch durch die körperliche Erfahrung. Frust und Ermüdung der wochenlangen erfolglosen Fahrt waren vergessen durch den kurzen Moment entfesselter Freiheit. Schon seit 20 Jahren ist Surfen meine Passion: Diese Welle aber war einmalig.

Der Weg dorthin

Mangamaunu liegt nur wenige Kilometer nördlich vom State Highway 1, der Straße nach Kaikoura an der Ostküste der Südinsel Neuseelands. Die besondere Kulisse mit den Kaikoura Ranges einerseits und dem Pazifik andererseits ist beliebt bei Einheimischen wie Touristen.

Der Point Break funktioniert am besten bei Wellen mit Nordost- oder Ostausrichtung und Westwind. Man kann bei beiden Tiden Wellen reiten, aber am frühen Morgen und am späten Nachmittag gibt es die besten Winde. Achtung: Auch wenn die Wellen in der Bucht weniger anspruchsvoll sind als an anderen Stellen an der Küste, ist dies kein Ort für Anfänger.

In Kaikoura findet man Wetsuits, Boards und Unterkünfte. Wer sein Erlebnis noch steigern will, mietet in Christchurch einen Camper bei einer der Verleihfirmen wie bei Classic Campers (classic-campers.com). In Neuseeland darf man mit seinem Camper überall an der Küste parken und nächtigen – vorausgesetzt, man hinterlässt den Platz sauber und schont die Umwelt.

96

EIN AUGENBLICK IN MACHU PICCHU

REGION CUSCO, PERU

Als sich um Punkt sechs Uhr morgens die Tore zum Park der Zitadelle der Inkas aus dem 15. Jahrhundert öffneten, befanden wir uns ganz vorn im Gedränge der Wartenden. Der Regenguss am frühen Morgen hatte den Himmel gereinigt, und der Winternebel, der vom tiefer gelegenen Rio Urubamba aufgestiegen war, hatte sich aufgelöst. Die aufgehende Sonne tauchte die schattigen Terrassen und Wege in bleiches Licht. Wir beschlossen, getrennte Wege zu gehen: Mein Sohn schloss sich den durchtrainierten Wanderern in Richtung Sonnentor an, während ich in gemütlichem Tempo abwärts in die Ruinenstätte lief. Niemand folgte mir. Ich orientierte mich an einem ramponierten Plan und suchte nach einem Weg an Grabhügeln und -hütten vorbei. Irgendwann machte ich eine Pause und setzte mich völlig erschöpft an den Wegesrand. Ein Lama tauchte plötzlich auf. Ich machte ein Foto von ihm, wie es da so posierte wie eine Statue, langbeinig und stolz wie ein Supermodel – als würde es Wache stehen. Regungslos sahen uns an. Spürte das Tier vielleicht, dass mir mein Fitnesszustand und Schwindelgefühle ein wenig Sorgen bereiteten? Kein anderer Tourist hatte sich für meine Route entschieden. Als mein Sohn sich endlich wieder zu mir gesellte, galoppierte das Lama davon. Über eine halbe Stunde lang war ich mit ihm allein gewesen – an einer der meistbesuchten Sehenswürdigkeiten der Welt. Die Ruinen von Machu Picchu glänzten wie Gold in der Sonne – wie die berühmten Schätze der Inkas – und mein Herz pochte voller Freude.

Von Susan Kurosawa
Reisekolumnistin, The Weekend Australian

Der Moment

Nach einer komplizierten Augenoperation empfand ich den Besuch von Machu Picchu als große Herausforderung. Immer noch litt ich an Schwindel, doch ich wollte diese Reise unbedingt zu einem einmaligen Erlebnis für meinen Sohn machen. Ich nahm mir vor, die Anstrengungen mitzumachen, wenn auch in meinem eigenen Tempo. Wahrscheinlich war niemand so langsam wie ich, aber das tat meinem Erfolgsgefühl keinen Abbruch. Am nächsten Tag erkundeten wir die Gegend, und mit jedem Schritt wurde ich schneller.

Der Weg dorthin

Jeder, der mit dem Zug nach Machu Picchu fährt, kommt zwangsläufig durch Aguas Calientes, einen Ort in einer tiefen Schlucht unterhalb der Ruinen. Aguas Calientes, das nur mit dem Zug erreichbar ist, macht einen schäbigen Eindruck und erinnert ein wenig an eine Westernstadt. Dennoch bietet der Ort denjenigen, die hier nächtigen, einen Vorteil gegenüber anderen Besuchern: die Chance, Machu Picchu frühmorgens zu besichtigen, wenn der Andrang noch gering ist. Von Aguas Calientes fahren zwischen 5.30 und 15.30 Uhr Busse zum Machu Picchu. Die acht Kilometer lange Bergstrecke kann man auch zu Fuß zurücklegen. Für alle, die gern wandern, bietet sich der berühmte Inka-Pfad zum Machu Picchu, eine vier- bis fünftägige Wanderung, an. Die Besucherzahlen sind limitiert. Es empfiehlt sich, die Tickets online im Voraus zu buchen (machupicchu.gob.pe). Auch die anspruchsvollen Pfade von Lares, Salcantay, Cachicata und Vilcabamba zur historischen Stätte lohnen sich. Die Eintrittskarten zu den Ruinen für morgens (ab 6.00 Uhr) und abends (ab 17.30 Uhr) sind begehrt und kosten 152 Soles (ca. 40 Euro). Man bucht sie entweder online oder kauft sie beim Reiseveranstalter oder in Cusco.

Oben: Lamas trifft man in den Gebirgsregionen oft an
Links: Blick auf die Ruinen von Machu Picchu

97

START DES SPACESHUTTLE

TITUSVILLE, FLORIDA, USA

Wenn man beschließt, in einem Park mitten in Florida zu übernachten, dann muss es sich um die Nacht vor dem Start eines Spaceshuttle handeln. Mein Freund Rob und ich, aufgewachsen in der Blütezeit der Raumfahrt, als Astronauten – unsere Helden – fast allmonatlich ins All abhoben, wollten schon immer einen Start vor Ort miterleben. Im Sommer 2011 standen die Sterne günstig, und wir fuhren südwärts in Richtung Kennedy Space Center – ohne Unterkunft und ohne Plan für die Zeit danach.

Wir hielten an in der Nähe des William J Menzo Park in Titusville, unweit des Launch Complex 39, und fanden an der Küste einen Zeltplatz. Als wir anfingen, Heringe in den sandigen Boden zu rammen, setzte ein kalter Nieselregen ein. Uns wurde klar, dass wir weder warme Kleidung noch einen Campingkocher dabei hatten. Mitten in der Nacht hatten wir aber eine Idee zur Lösung dieses Problems und wärmten kurze Zeit später ein paar tiefgefrorene Kirsch-Teilchen auf dem warmen Motor unseres SUVs auf.

Am Morgen waren wir in Gesellschaft einiger Hundert anderer Zuschauer und ungefähr ebenso vieler Radios, aus denen laut der Countdown ertönte. Die Leute erzählten sich Geschichten über miterlebte Starts, vollbrachte Missionen – und Tragödien. Als die Atlantis dröhnend in Richtung All abhob, johlte die Menge. Die Stimmung war

jedoch ein wenig getrübt, denn die Zukunft der Raumfahrt ist unsicher geworden.

Von Paul Brady
Kolumnist, Condé Nast Traveler

Der Moment

Ich bin aufgewachsen mit Modellraketen, Erzählungen von Isaac Asimov und *Star Trek*, aber all das ist nichts im Vergleich dazu, eine Raumfähre abheben zu sehen. Die Erfüllung dieses Traums markierte jedoch das Ende der Ära, die eine ganze Generation von Amerikanern stolz und optimistisch gemacht hat.

Der Moment

Obwohl Raumfähren nicht mehr fliegen, kann man noch Raketenstarts verfolgen: Im Weltraumzentrum von Cape Canaveral in Florida, wo auch die Mercury- und Gemini-Missionen starteten, heben noch immer Fracht- und Militärraketen ab. Im Kennedy Space Center lässt sich auch das SpaceX-Programm von Elon Musk bestaunen: Auf der Website wearegofl.com/launches sind alle geplanten Starts verzeichnet.

Der einzige Ort, von dem heute regelmäßig bemannte Weltraumflüge zur Internationalen Weltraumstation ISS abheben, ist das Weltraumzentrum in Baikonur in Kasachstan.

Auch wenn der Ort verknüpft ist mit der Geschichte des Wettlaufs im All und des Kalten Krieges, ist es extrem schwierig, einen Start in der von Russland kontrollierten Anlage mitzuerleben. Am besten bucht man eine Reise über einen spezialisierten Reiseveranstalter wie Vegitel (starcity-tours.com), der enge Beziehungen zu Roskosmos unterhält und sich um alle Transportfragen und Genehmigungen kümmert.

Im chinesischen Kosmodrom Jiuquan starteten auch schon bemannte Flüge ins All, aber bis 2019 sind keine weiteren geplant. Irgendwann wird auch vom Kosmodrom Wenchang auf der Insel Hainan ein bemannter Mondflug abheben. Mit der Buchung der Flugreise dorthin kann man sich Zeit lassen, denn die Mission ist nicht vor 2036 geplant.

Oben: Zuschauer beobachteten den Start der Raumfähre Atlantis am 8. Juli 2011 in Florida.
Links: Start am Launch Complex 39

BEGEGNUNG MIT DEN NAGA BABAS

HARIDWAR, INDIEN

Nackt, oft mit Asche bedeckt und mit Blumen geschmückt – das sind die Naga Babas (oder Naga Sadhus) mit ihren Rastalocken. Sie sind die ursprünglichsten Asketen des Hinduismus – sie verzichten auf (fast) alles. Unter den Abertausenden, die das Kumbh-Mela-Fest in Haridwar feiern, stehen die Nagas bei den meisten Veranstaltungen prominent im Vordergrund. Eines Abends begegnete ich einer Gruppe Nagas an einem zeremoniellen Lagerfeuer am Ufer des Ganges. Fasziniert setzte ich mich dazu. Während ich dort saß und plauderte, freundete ich mich mit Maharaj Phiri Giri Baba an – wir redeten über das Leben und über Indien, unser beider Geburtsland. Als es Zeit wurde, zu gehen, zog er tief an seiner Haschischpfeife und fragte nach

meiner Adresse. Ohne nachzudenken, gab ich ihm meine Visitenkarte als Marketing-Mitarbeiter von Google. Während er das Kärtchen betrachtete, sagte er, der nie einen Computer verwendet hatte, kaum Englisch sprach und schon in jungen Jahren die Schule geschmissen hatte, um Asket zu werden, etwas, was mich verblüffte und erfreute: »Ach, ja, Google, eine sehr mächtige Website.« Auf dem Weg zurück zu meinem Lager überraschte mich ein weiterer Naga Baba, der aufgeregt mit einem Handy telefonierte und dabei einen Finger in die Luft streckte. Offenbar lehnte er den Gebrauch von Handys nicht ab! Das sind die Gegensätze des modernen Indien, das gleichermaßen erstaunt und neugierig macht.

Von Gopi Kallayil

Der Moment

Vielleicht erklärt diese Erfahrung, weshalb die indische Gesellschaft schon jahrtausendealt ist – mit einem Fuß in der Vergangenheit verankert, während der andere Fuß den Treibsand der unsicheren, aufregenden Zukunft ertastet. Aus diesem Grund nehme ich mein Erbe an, schätze Erneuerung und möchte mich durch Reisen weiterentwickeln.

Der Weg dorthin

Haridwar, die heiligste aller Hindu-Städte im Bundesstaat Uttarakhand, liegt dort, wo der Ganges den Himalaja verlässt. Am Har ki Pauri, der be-

rühmten Treppe am Ufer des schnell strömenden Flusses, soll Vishnu – der zweite Gott im Hindu-Dreigespann – den Unsterblichkeitsnektar verschüttet und einen Fußabdruck hinterlassen haben. Daher zieht dieser Ort – ganz besonders alle zwölf Jahre, wenn das Kumbh-Mela-Fest hier stattfindet – Millionen Pilger an.

Viel Betrieb herrscht in der Stadt auch von Mai bis Oktober während der jährlichen *yatra, der* Pilgerfahrt. Ihren Höhepunkt erreicht die *yatra* im Juli, wenn Hunderttausende Shiva-Anhänger sich in Richtung Haridwar aufmachen.

Von Delhi aus ist Haridwar mit öffentlichen Verkehrsmitteln gut erreichbar, wobei es sich empfiehlt, frühzeitig zu buchen.

Das nächste Kumbh-Mela-Fest in Haridwar findet im Jahr 2022 statt. Naga Babas trifft man jedoch das ganze Jahr hindurch während hinduistischer Feste und vor allem im Himalaja-Gebiet.

Links: Naga Babas üben die Besitzlosigkeit und unterwerfen sich dem Zölibat

99

UNTERWEGS AUF DER »STRASSE DES TODES«

VON NISCHNI BESTJACH NACH MAGADAN, RUSSLAND

Charley und
Ewan auf der
R504 Kolyma

Wenige Straßen dieser Erde sind mit den sterblichen Überresten derer gepflastert, die sie erbaut haben. Die R504 Kolyma ist so eine Straße. Mein Trip auf ihr, den Ewan McGregor und ich im Rahmen der Dokumentationsreihe Long Way Round *machten, veränderte mein Leben und das meines Begleiters. Beide waren wir völlig unerfahren, was Abenteuerreisen betrifft. Weder wussten wir, was uns bevorstand, noch hatten wir ein genaues Ziel vor Augen. Unser Vorhaben war es, mit dem Motorrad die »Straße des Todes« im Osten Russlands abzufahren. Es war eine weit größere Herausforderung als gedacht. Wegen des Permafrosts ist die gesamte Strecke wie ein Sumpf, und im Sommer überfluten die riesigen Flussläufe, die die Landschaft durchziehen, die Straße. Oft mussten wir erst eine Rampe bauen, um überflutete Abschnitte zu überwinden. Und dann gab es enorme Löcher in der Fahrbahn, die wir mit Holz abdecken mussten...*
Die erste Nacht unserer Tour werde ich niemals vergessen. Fast 14 Stunden waren wir gefahren, als eine gespenstische Dämmerung einsetzte und ich darüber nachzudenken begann, welch furchtbare Dinge an diesem Ort geschehen waren. Wir schlugen unser Lager auf der Straße auf und schliefen auf den Knochen der Gulag-Häftlinge, die beim Bau der Straße ums Leben kamen. Obwohl wir zu zweit waren, fühlten wir uns einsam.

Von Charley Boorman

© Charley Boorman

Pause am Straßen-
rand in Russland

Der Moment

Egal, welche Herausforderung oder welches
Ziel mir bevorsteht, nichts schüchtert mich
mehr ein. Diese Reise hat mir gezeigt, wozu
ich fähig bin und wie weit ich gehen kann.
Sie lehrte mich auch, dass die meisten Menschen auf unserem Planeten nett, gastfreundlich und hilfsbereit sind.

Der Weg dorthin

Die berüchtigte R504 ist selbst für abgehär-
tete Abenteurer eine immense Herausforderung. Wie viele Lagergefangene beim Bau
der Straße erfroren sind, ist unbekannt, aber
der auftauende Permafrost verrät, dass mehr
Leichen unter der Straße als daneben liegen.
Vom entlegenen Jakutsk aus führt die »Straße des Todes« unglaubliche 2200 Kilometer
in Richtung Osten bis nach Magadan am
Ochotskischen Meer. Die Strecke führt am

Werchojansker Gebirge vorbei und an dem
Dorf Oymjakon, dem kältesten bewohnten
Ort der Welt, sowie einstigen Gulag-Lagern
und der verwaisten Bergarbeiterstadt
Kadyktschan. Dabei quert man unzählige
Flüsse, wie Charly bestätigen kann.
Wer die Strecke nicht mit einem gelände-
tauglichen Motorrad abfahren möchte,
kann in einem Lkw mitfahren, ein Sechsrad-
Spezialfahrzeug mieten oder bei Visit Yakutia
(visityakutia.com) eine R504-Reise buchen.
Dieser Reiseveranstalter organisiert das
ganze Jahr über geführte Gruppenreisen
und bietet auch nicht geführte Touren an
(je nach Gruppengröße und Komfort unterscheiden sich die Kosten erheblich).

Unten: Zahlreiche Hindernisse machen die
»Straße des Todes« mit ihrer makabren
Geschichte nur schwer passierbar

KONTAKTE KNÜPFEN

YAZD, IRAN

Die Dämmerung setzte ein, als wir den Markt betraten – ein Labyrinth von Bogengängen, in denen haufenweise verlockende Waren feilgeboten werden: ein versilbertes Service hier, Kupfertöpfe dort – Ali Babas Schatzhöhle voller Geschirr, Kleidung, Handwerk, Gewürzen... Als wir den Markt verließen, war ich gedanklich so mit der bunten Vielfalt an Obst und Gemüse beschäftigt und mit all den exotischen Anblicken wie den ausgestellten Ziegenköpfen, dass ich ebenso wenig wie meine Begleiter bemerkte, dass wir langsam, aber keineswegs bedrohlich eingekreist wurden. Als ich aufsah, blickten uns Menschen – Familien mit Kleinkindern auf dem Arm, Pärchen, alte Frauen mit verschrumpelten Ehemännern – lächelnd an und grüßten uns – zuerst schüchtern, dann, als wir zurücklächelten,

selbstbewusster. Sie fragten uns, wieso wir denn hierher gekommen seien, und bedankten sich dafür, dass wir ihr Land besuchten. In Medienberichten über den Iran schwingt viel Skepsis mit, aber die Begegnung mit den Menschen vor Ort war herzerwärmend. Sie wollten uns zeigen, dass sie so sind wie wir und unsere Aufmerksamkeit verdienen.
»Was magst du am Iran am meisten?«, fragte man uns immer wieder. »Euch«, erwiderte ich mit Tränen in den Augen, »die Menschen. Ihr seid so gastfreundlich.« Ich fühlte mich beschämt, dass wir in unserer Welt nur selten so herzlich sind. Aber ich freute mich, dass diese Menschen, die auf dem gleichen Planeten, unter der gleichen Sonne leben, nur eines wollten: Kontakt.

Von Laura Millar

Der Moment

Noch nie war das Misstrauen zwischen Ost und West so groß wie heute, aber dennoch verbindet uns Menschen eines: Menschlichkeit. Wir mögen zwar nicht die gleiche Kultur, Religion und Geschichte teilen, aber unsere Grundimpulse sind ähnlich: Es ist das Bedürfnis, Kontakt zu Mitmenschen zu haben und sie verstehen zu wollen.

Der Weg dorthin

Für die Einreise in den Iran benötigen die meisten Ausländer ein gültiges Visum. Am besten ist es, das Visum etwa zwei Monate vor der geplanten Ankunft zu beantragen. Mit einem gültigen Visum erwarten Touristen bei der Ankunft am Flughafen selten Scherereien. Anders sieht es dagegen aus, wenn man mit dem Bus oder Zug in das Land reist. Frauen sollten sich entsprechend der Vorschriften kleiden, sobald sie das Flugzeug verlassen oder die Grenze erreichen. Anders als gemeinhin angenommen sind US-Amerikaner, Briten und Kanadier im Land willkommen, sie müssen aber im Vorfeld einen Reiseführer engagieren oder vorweisen, dass sie bei Freunden oder Verwandten unterkommen, die für sie bürgen. Wer den Iran auf eigene Faust erkunden möchte, wird mehr Positives als Negatives erleben. Die Flug-, Zug- und Busverbindungen sind ausgesprochen gut, und der Eintritt zu Sehenswürdigkeiten relativ preisgünstig. Viele Menschen sprechen Englisch und sind äußerst hilfsbereit.

Links: Besucher in den Bogengängen eines iranischen Basars

ORTSREGISTER

AUTORENBIOGRAFIEN

Dayna Aamodt hat auf ihren Reisen um die Welt schon etliche Highlights erlebt, wie die Chinesische Mauer, eine romantische Gondelfahrt in Venedig, einen Seine-Spaziergang in Paris oder süße Momente in Wiener Cafés. Der West Coast Trail (Seite 136) aber schlug alles.

Benedict Allen ist einer der bekanntesten Abenteurer. Sein Markenzeichen: Er verzichtet auf moderne technische Annehmlichkeiten und reist ohne GPS und Telefone jeglicher Art. Stattdessen vertraut er auf seine Erfahrung und auf Kontakte zur lokalen Bevölkerung. Allen war einer der Ersten, der Dokumentationen von Extremreisen drehte (Seite 156).

William Allen lebte in verschiedenen Städten der Welt und bereiste bisher mehr als ein Dutzend Länder in drei Kontinenten, was, wie er findet, noch viel zu wenig ist (Seite 64).

Gary Arndt ist preisgekrönter Blogger und Reisefotograf, der seit 2007 die Welt bereist. Bis heute besuchte er mehr als 120 Länder und über 335 Weltkulturerbestätten (Seite 246).

Brett Atkinson hat fast 80 Länder besucht und ist erst zufrieden, wenn er den typischen lokalen Duft entdeckt oder die örtliche Craftbier-Szene erkundet hat. Zu seinen Lieblingsorten zählen Istanbul, San Francisco und Hanoi. Seine Heimat ist Neuseeland (Seite 56).

Amy Balfour erkundete die USA zu Fuß, mit dem Rad und auf dem Wasser. Zu den Orten, die sie ihren Landsleuten empfiehlt, zählen der Grand Canyon, der Gauley River, der Half Dome und die Racetrack Playa. Für Lonely Planet schrieb sie über 30 Bücher (Seite 144).

Duff Battye hat Schafe schon geschoren, ist Bob gefahren, hat geangelt, ist mit Haien getaucht, war Bergwandern und beim Skydiving, ist gesegelt und hat Länder wie Ägypten, Australien, China, Island, Indien, Mexico, Neuseeland, Russland und Südafrika bereist. Sein Lieblingsziel bleibt aber Nordwales (Seite 22).

Oliver Berry hat großartige Begegnungen mit Wildtieren erlebt: Er beobachtete Bären in den Rocky Mountains, Orang-Utans im Regenwald von Borneo und schwamm auf Tonga mit Buckelwalen. Seine jüngsten Abenteuer veröffentlichte er auf oliverberry.com (Seite 188).

Claire Beyer ist eine passionierte Forscherin, die die ausgetretenen Pfade meidet. Sie hat in Südostasien als Freiwillige für zahlreiche Organisationen gearbeitet, die sich dem Elefantenschutz verschrieben haben (Seite 132).

Paul Bloomfield ist Autor und Fotograf, der zu Fuß in sechs Kontinenten unterwegs war und Wanderungen in Indien, Marokko und Australien unternommen hat. Er schreibt Beiträge für Lonely-Planet, für Zeitungen und Magazine wie The Telegraph, Times, Independent und Wanderlust (Seite 96).

Antonia Bolingbroke-Kent ist Reisejournalistin, TV-Produzentin und Geschäftsführerin von Edge Expeditions. Unlängst erschien ihr drittes Buch Land of the Dawn-Lit Mountains: A Journey Across Arunachal Pradesh – India's Forgotten Frontier. Indien fasziniert Antonia (Seite 174). Mehr über sie auf itinerant.co.uk, Twitter und Instagram (@AntsBK).

Cristian Bonetto ist als Reiseautor unterwegs. Sein Revier umfasst neben Los Angeles auch New York, Italien, Dänemark und Australien. Ihn reizen skurrile Personen, kulturelle Eigenarten – und guter Kaffee (Seite 12).

Charley Boorman ist Schauspieler, Abenteurer und Motorradfan. Sein erstes großes Abenteuer war die Motorradweltreise mit Ewan McGregor, die zur preisgekrönten Doku-Serie Long Way Round führte (Seite 258).

Nick Boulos verfiel dem Reisen bereits als Vierjähriger, eine Passion, die nach wie vor anhält. Als prämierter Reiseautor besuchte er schon über 100 Länder, u.a. für die Washington Post und The Sunday Times (Seite 202).

Paul Brady verfasst Beiträge für Condé Nast Traveler in New York. Er schrieb u.a. über Auswanderer in Mérida, den Riesling aus der Finger-Lakes-Region und eine merkwürdige Puppenshow auf Rhode Island (Seite 252).

Laura Brown bereiste die Welt intensiv, fotografiert in amerikanischen Nationalparks – und liebt das Bergwandern, um Sonnenuntergänge von Gipfeln aus zu genießen (Seite 172).

Abigail Butcher tauschte ihren stressigen Beruf als Nachrichtenredakteurin in London ein für ihr Leben am Meer – im englischen New Forest, Hampshire. Heute bereist sie die Welt als freiberufliche Journalistin mit Schwerpunkt Abenteuerreisen und Skifahren. Wann und wo immer möglich, ist ihre Rhodesian-Ridgeback-Hündin Thala mit dabei (Seite 228).

Jean-Bernard Carillet lebt als Autor und Fotograf in Paris. Er hat einen Faible für Afrika, die Türkei, den Indischen Ozean, die Karibik und den Pazifik, liebt das Abenteuer, archäologische Stätten und gutes Essen (Seite 82).

Penny Carroll wurde 1992 während eines Australien-Roadtrips mit ihrer Familie vom Reisefieber befallen (Seite 154). Seither ist sie unterwegs und schreibt. Eine Wanderung durch eine drei Meter hohe Schneeschicht auf Tasmanien und Polarlichter auf Island zählen zu ihren besten Momenten.

Paul Clammer arbeitete als Molekularbiologe, Reiseleiter und Reiseautor. Seit 2003 hat er Beiträge über Teile Süd- und Zentralasiens, West- und Nordafrikas und die Karibik für etwa 30 Lonely-Planet-Titel verfasst (Seite 44).

Lucy Corne ist freie Reise- und Bierautorin in Kapstadt. Sie hat 50 Länder bereist und besuchte alle Kontinente außer der Antarktis. Auf den Passstempel von Tristan da Cunha ist sie besonders stolz (Seite 152).

Ruth Cosgrove unternahm schon mit sechs Jahren eine Rucksackreise durch Europa mit ihrer Mutter. Seither segelt und wandert sie durch die Welt – und schreibt (Seite 54).

Duncan Craig arbeitete als Redaktionsassistent des Reiseteils der Sunday Times und für das Lonely Planet Magazine. Zweimal war er für die AITO-Auszeichnung »Reiseautor des Jahres« nominiert. Als passionierter Aktiv- und Abenteuerreisender fuhr er Kajak in der Antarktis, durchquerte den Kongo zu Fuß und lief Ultramarathons in der Sahara (Seite 14).

Sophie Cunningham bereist die Welt bereits seit 1982, fünf Jahre länger, als sie bei Verlagen und als Autorin gearbeitet hat. Sie hat vier Bücher geschrieben. Ihre Lieblingsorte sind Indien, Indonesien und die USA (Seite 178).

Fionn Davenport arbeitet, seit er Mitte der 1990er-Jahre in der Tigersprung-Schlucht unterwegs war (Seite 192), als Reiseautor. Auf der Jagd nach neuen Reisegeschichten kehrt er immer wieder nach China zurück.

Liz Edwards war bereits 17 Jahre alt, als sie das erste Mal einen Flieger bestieg und ein Curry aß. Die verlorene Zeit hat sie aufgeholt: Aus 50 Ländern berichtete sie über Reisen und Essen. Heute ist sie Mitherausgeberin des Sunday Times Travel Magazine (Seite 84).

Mark Eveleigh stürzte fast in sein Dasein als Reiseautor – nach einer nervenaufreibenden sechsstündigen Hängepartie an einem ausgefransten Drahtseil einer venezolanischen Seilbahn. Seitdem verfasste er 80 Publikationen. Er lebt in Südostasien, sehnt sich aber nach Afrika (Seite 232). Mehr auf markeveleigh.com

Ashley Garver glaubt, dass man sich selbst, andere und die Welt um einen herum am besten auf Reisen kennenlernt. 2013 nahm sie sich ein Jahr Auszeit für eine Reise durch Südostasien, Indien und Europa (Seite 130).

Ethan Gelber hat die Komfortzone schon vor fast 30 Jahren verlassen und reist seitdem herum, oft auf dem Fahrrad. 1997 führte er erfolgreich ein Team von fünf Radfahrern während der *BikeAbout–the Mediterranean* (bikeabout.org) an (Seite 80).

Don George ist der Autor von *The Way of Wanderlust* und *How to Be a Travel Writer*. Als Reiseautor und Redakteur war er für *San Francisco Examiner-Chronicle*, Salon.com, *Lonely Planet* sowie *National Geographic Traveler* tätig. In 40 Jahren besuchte er an die 90 Länder in sechs Kontinenten (Seite 198).

John Gimlette lebt in London und schrieb fünf Reisebücher. Er gewann den Shiva Naipaul Memorial Prize für seine Reiseberichte und den Dolman Travel Book Prize 2012 (Seite 52).

David Gorvett hat schon weite Teile Amerikas, Europas sowie den pazifischen Teil Asiens bereist. Sein Trip nach Tansania war seine erste Afrikareise – die erste Reise von vielen, wie er hofft (Seite 110).

Sally Gray ist Buchautorin, Herausgeberin und Expertin für Grundschulpädagogik. Als Herausgeberin des Bordmagazins von Kenya Airways bleibt Afrika ihr Lieblingsziel, auch wenn sie heute weltweit unterwegs ist – von Alaska bis nach Neuseeland (Seite 116).

William Gray war auf Heron Island unterwegs, als er beschloss, Fotograf und Autor zu werden. Fast 30 Jahre später ist er einer der namhaftesten Reisejournalisten Großbritanniens. Er erhielt Preise wie die AITO- Auszeichnung »Reiseautor des Jahres« (Seite 70).

Emma Gregg ist preisgekrönte Reisejournalistin, die mehr als 30 Länder in Afrika bereiste und dort vieles erlebt hat – von unbekannten Musikfestivals bis hin zu Fünf-Sterne-Safaris. Beheimatet in Großbritannien, richtet sie ihren Fokus vor allem auf nachhaltigen Tourismus, Wildtiere, Natur und Kultur (Seite 126).

Anthony Ham schreibt für Zeitschriften und Zeitungen auf der ganzen Welt und ist Autor von über 120 Reiseführern von *Lonely-Planet*. Er lebte zehn Jahre in Madrid und ist heute die meiste Zeit in Afrika, der Arktis oder in entlegenen Teilen Australiens unterwegs (Seite 164).

Damian Harper hat zwei akademische Abschlüsse in der Tasche – einen im Fach Kunstgeschichte (Universität von Leeds) und einen im modernen und klassischen Chinesisch (SOAS in London). Als Autor für *Lonely Planet* bereist er die Welt. Seine Leitsätze sind: Sei neugierig! Sei bereit zu staunen über das, was du siehst! Teil mit, was du erlebst! (Seite 170)

Simon Heptinstall nahm als Taxifahrer und Werkstattleiter einen Job als Journalist an. Die Satirezeitschrift *Private Eye* nannte ihn »traurigen, kleinen Fatzke«. Heute sagt er von sich selbst, er sei seitdem ein wenig gewachsen und auch etwas fröhlicher geworden, nur der »Fatzke« sei geblieben (Seite 50).

Nicky Holford fühlt sich überall auf der Welt zu Hause – wenn sie schläft, zu Reggae-Musik auf Jamaica tanzt oder auf einem Pferderücken in der Savanne Botswanas galoppiert. Sie lebt zusammen mit Mann, Norfolk-Terrier und Pferd in den Cotswolds im Herzen Englands (Seite 66).

Anne Howard gab ihren Beruf als Chefredakteurin im Jahr 2012 auf, um mit ihrem Mann Mike eine Weltreise anlässlich ihrer Hochzeit zu machen. Es wurde die längste Hochzeitsreise aller Zeiten, und Anne und Mike avancierten zu führenden Experten für Paarreisen. Ihre Tipps verraten sie auf Twitter (@HoneyTrek) und in ihrem Buch *Ultimate Journeys for Two* (Seite 236).

Mike Howard bereist die Welt mit seiner Frau Anne seit 2012. Ihre Erlebnisse in sieben Kontinenten und in mehr als 50 Ländern der Welt hielten sie auf HoneyTrek.com und in ihrem Buch *Ultimate Journeys for Two* fest, das bei *National Geographic* erschien (Seite 166).

Aurelia India Birwood unternahm ihre erste Afrikareise 1997 – eine aufregende Exkursion zu den Straßen Kairos und den Pyramiden von Gizeh. Seitdem kehrte sie oft dahin zurück und entdeckt jedes Mal Neues (Seite 102).

Anita Isalska ist freie Reiseautorin. Obwohl sie nicht gläubig ist, führen ihre Reisen oft zu Pilgerstätten – von Lourdes in Frankreich bis zum Rila-Kloster in Bulgarien. Für den *Lonely-Planet*-Reiseführer *Israel and the Palestinian Territories* besuchte sie Jerusalem (Seite 26).

Pico Iyer schrieb zahlreiche Reisebücher wie zum Beispiel *Video Night in Kathmandu* oder *The Lady and the Monk*. Erst kürzlich erschienen *The Man Within My Head* und *The Open Road* (Seite 240).

Brian Jackman ist nicht nur der führende Safari-Autor Großbritanniens, sondern auch Journalist und Koautor (zusammen mit Jonathan Scott) des Buchs *The Marsh Lions*. Außerdem ist Brian aktives Mitglied in zwei britischen Umweltorganisationen (Seite 40).

Suzanne Joinson ist preisgekrönte Schriftstellerin. Sie schrieb den Reiseroman *Kashgar oder mit dem Fahrrad durch die Wüste* und *The Photographer's Wife*. Regelmäßig berichtet sie von ihren Reisen für die *New York Times* und andere Medien (Seite 238).

Wailana Kalama arbeitet als freie Reiseautorin in Hawaii und wohnt in Stockholm. Sie besuchte über 40 verschiedene Länder und lebte bereits in sechs (Seite 100).

Gopi Kallayil verschlang bereits im Jugendalter Reisebücher über Orte jenseits der Grenzen seines Geburtslandes Indien. Inzwischen hat er mehr als 60 Länder und alle sieben Kontinente besucht – und er ist tiefer beeindruckt von dieser Welt als je zuvor (Seite 256).

Susan Kurosawa war erst sieben Jahre alt, als sie ihre erste Reise machte – mit ihrem Vater, einem Auslandskorrespondenten. Damals reisten sie nach Frankreich, wo Susan die »Kunst des Beobachtens« lernen sollte. Heute lebt sie in Sydney, hat acht Bücher verfasst, darunter einen Bestseller. Seit 1992 schreibt sie für die *Weekend Australian* (Seite 250).

Jamie Lafferty ist ein schottischer Reiseautor und Fotograf, der mehr als 100 Länder bereiste und bislang dreimal die Antarktis besuchte. Er hasst den Geruch von Pinguin-Guano und kann ihn nicht mehr riechen. Mehr dazu auf jamielafferty.com (Seite 162).

Robert Landon lebte lang an der Copacabana und war Koautor des Brasilien- Reiseführers von *Lonely Planet*. Er besuchte den Karneval als lediger und verheirateter Mann. Beides findet er toll, empfiehlt aber Ersteres (Seite 162).

Chris Leadbeater ist ein britischer Reisejournalist, der seit über 20 Jahren Stempel (viele aus Südamerika) in seinem Pass sammelt. Er lebt in London, ist dort aber eher selten, da er ein Ziel hat: die magische 100-Länder-Marke (heute 85) zu knacken (Seite 230).

John Lee ist seit 20 Jahren Reiseautor und berichtet gern über Städte, Züge und Bier. Seit 2005 schreibt er für *Lonely Planet* (z. B. über Vancouver). Seinen Reisen kann man auf johnleewriter.com folgen (Seite 32).

Stephen Lioy ist Fotograf und Reiseautor mit Wohnsitz in Kirgisistan in Zentralasien, wo man ihm sowohl in den Hipstercafés in Bischkek als auch im Tian-Shian-Gebirge begegnen kann (Seite 74).

Ian MacEacheran war der erste Schotte, der die Eiger-Nordwand bezwungen hat und blickt auf viele Gipfelbesteigungen in den Alpen, Anden und den Rocky Mountains zurück. Er besuchte viele Länder wie Costa Rica und Kenia, begegnete Gorillas in Uganda und Nasenbären in Brasilien, liebt aber besonders das Gebirge (Seite 18).

Mike MacEacheran lebt und arbeitet als Schriftsteller in Edinburgh und schreibt für *Lonely Planet Magazine*, *The Guardian*, *Sunday Times*, *Condé Nast Traveller* sowie *BBC*. Auf der Suche nach dem ultimativen Reiseerlebnis besuchte er bereits 107 Länder (Seite 106).

Duncan Madden schleppt seit 20 Jahren sein Surfbrett auf der Suche nach der perfekten Welle, Naturwundern und dem endlosen Urlaubsgefühl an alle Küsten. Seine Geschichten erzählt er in Magazinen, Zeitungen, Reiseführern und Büchern (Seite 248).

James Gabriel Martin ist Fotojournalist mit einem Faible dafür, die reiche Kultur und atemberaubende Szenerie seiner Reiseziele festzuhalten (Seite 112).

Andrew McCarthy schrieb *The Longest Way Home*, das auf der Bestsellerliste der *New York Times* stand, und den Jugendroman *Just Fly Away*. Er arbeitet als Berichterstatter für *National Geographic Traveler* und ist zudem Schauspieler und Regisseur (Seite 36).

Daniel McCrohan ist gebürtiger Brite, bereist die Welt seit 25 Jahren und hat sich auf Asienreisen spezialisiert. Er arbeitete an über 30 Reiseführern für *Lonely Planet* und *Trailblazer* mit und veröffentlicht Videos von entlegenen Orten auf danielmccrohan.com (Seite 92).

Richard Mellor war zuständig für die PR von Reiseunternehmen, bis ihm eines Tages klar wurde, dass ihm das Schreiben über ferne Länder mehr liegt als das Herumführen von Journalisten. Wohnhaft in London, sind seine Schwerpunkte Natur, historische Leckerbissen sowie alles Neumodische oder Bizarre in Europa und den Städten der Welt (Seite 142).

Aaron Millar ist preisgekrönter Journalist und Autor. 2014 erhielt er die Auszeichnung »Reiseautor des Jahres«. Heute verbringt der Brite die meist in den Rocky Mountains des

Bundesstaates Colorado. Mehr über ihn erfährt man auf thebluedotperspective.com; @AaronMWriter (Seite 16).

Laura Millar ist preisgekrönte, in London lebende und in Schottland aufgewachsene Reiseautorin. Bis zu ihrem 16. Lebensjahr fuhr sie nur nach Frankreich (dank ihrer französischen Mutter), entwickelte aber ein unstillbares Fernweh, das sie in Länder wie Haiti, Patagonien, den Iran und Libanon führte (Seite 260).

Korina Miller wuchs auf Vancouver Island auf und erkundet die Welt bereits seit ihrem 16. Lebensjahr. Sie besuchte oder lebte in 36 Ländern und arbeitete für kulturelle Organisationen und Minderheiten. Für *Lonely Planet* hat sie an die 40 Bände geschrieben (Seite 24).

Thomas Mills verbrachte viele, viele Stunden auf den schönsten Wiesen Vancouvers, um sein Frisbee-Talent auszubauen, das ihm auf seinen Abenteuerreisen nach Timbuktu, Katmandu, Bahir Dar, Yukon oder Hanoi oft hilfreich war (Seite 180).

Joe Minihane bereiste Asien, von Japan bis Myanmar, folgte wilden Hunden im kenianischen Buschland und probierte Restaurants in den Vororten New Yorks aus. Seine Leidenschaft ist: neue Naturbadeplätze in Großbritannien entdecken (Seite 114).

Katharine Nelson war 18 Jahre alt, als sie allein nach Südamerika reiste. Seitdem hat sie die Reiseleidenschaft durch die ganze Welt geführt, ihre große Liebe aber gehört Japan. Sie lebt heute in London und arbeitet im Vertriebsbereich von *Lonely Planet* (Seite 220).

Sarah Outen liebt das Abenteuer zu Wasser und zu Lande. Insgesamt mehr als ein Jahr lang ruderte sie auf den Ozeanen der Welt umher. Sie schrieb zwei Bücher, hält Motivationsseminare und ist eine Befürworterin von jeder Art von Outdoor-Aktivität (Seite 160).

Simon Parker ist Reiseautor und -reporter und hat schon aus nahezu 100 Ländern berichtet. Er macht Dokumentarfilme und -radiosendungen über die ganze Welt und hat sich auf Abenteuerreisen spezialisiert. 2016 segelte und radelte er von China nach London, nordostwärts über den Nordpazifik (Seite 184).

Stephanie Pearson schreibt Beiträge für *Outside*. Sie meditierte in Bhutan und fuhr mit Hundeschlitten durch den arktischen Teil Schwedens, um nur einige wenige ihrer vielen Abenteuer zu nennen. Heute lebt sie im Norden von Minnesota (Seite 104).

Stephen Phelan ist ein irischer Schriftsteller, dessen Fernweh auf die Seemannsgeschichten seines Vaters zurückgeht. Nachdem er in Schottland, Australien, Japan und Argentinien gelebt hat, hat er heute ein Zuhause in Madrid gefunden, wo er mit seinem Straßenhund aus Buenos Aires lebt (Seite 94).

Adrian Phillips ist nicht nur Geschäftsführer von *Bradt Travel Guides*, preisgekrönter Reiseautor, sondern auch Reisereporter, der schon über die unterschiedlichsten Erlebnisse – von Wanderungen in den Everglades bis hin zu Meeressafaris in Schweden – berichtet hat (Seite 194).

Matt Phillips arbeitete als Geologe in den Goldminen im Norden von British Columbia, bis das Reisevirus sein Leben nachhaltig veränderte. Nachdem er *Lonely-Planet*-Reiseführer über Länder in Nordamerika, Asien und Afrika geschrieben hat, heuerte er als Autor bei der britischen Zeitschrift *Travel Africa* an. 2013 kehrte er zu *Lonely Planet* zurück und schreibt seitdem über Afrika südlich der Sahara. Seine Heimat liegt in Hammersmith am Ufer der Themse in London (Seite 8).

Jane Powell ist gebürtige Engländerin. Als Teenager zog sie mit ihrer Familie nach Kanada und wurde dort Lehrerin, ein Beruf, der ihr Fernreisen von Australien bis nach Venezuela ermöglichte (Seite 146).

Lori Rackl leidet an der Angst, etwas zu verpassen, und an Fernweh – zwei »Krankheiten«, die sie in mehr als 70 Länder führten. Viele liegen in Europa, das sie in den 1990er-Jahren als Rücksacktouristin bereiste. Heute schreibt sie für die *Chicago Tribune* (Seite 190).

Sarah Reid war als Redakteurin für *Lonely Planet* tätig, zog es aber vor, die Welt im Auftrag führender Reisebuchverlage als Reiseautorin zu erkunden. Sie informiert auf ihrem Blog ecotravelist.com über alles, was mit nachhaltigem Reisen zu tun hat (Seite 124).

Kait Reynolds stammt aus Texas, USA. Die Autorin und Designerin tauschte erst vor Kurzem ihr Kostüm gegen ein Flugticket ein und begann, die Welt zu entdecken. Das Ende ihrer Welterkundung ist dabei noch lange nicht in Sicht. Mehr von ihren Erlebnissen erfährt man auf kaitflaked.com (Seite 206).

Brendan Sainsbury schrieb, wenn er nicht gerade an irgendeinem Ausdauerwettkampf teilnahm, Beiträge für über 50 Reiseführer, die bei *Lonely Planet* erschienen sind, vor allem über Kuba, Spanien und Alaska (Seite 134).

Toby Skinner ist Herausgeber und Reiseautor und war auch eine Zeit lang für *Ink*, den weltweit größten Reisemedienverlag, tätig. Seine Hobbys sind: mit lokalen Persönlichkeiten plaudern, schwimmen im Meer und Abenteuer in frostigen Gegenden (Seite 242).

Oliver Smith arbeitet als Reisejournalist. Er schreibt für *Lonely Planet Magazine* und ist ein Fan von Wüsten wie der Atacama oder Sahara. 2017 wurde er bei den Travel Media Awards als »Reiseautor des Jahres« geehrt (Seite 76).

Phoebe Smith ist preisgekrönte Herausgeberin, Reiseautorin und Moderatorin. Ihre große Leidenschaft sind Abenteuer bei Nacht, für die sie sich bizarre Plätze zum Übernachten an zumeist wilden Orten aussucht (Seite 182).

Paul Stiles begann für *Lonely Planet* zu schreiben, nachdem er den Schatten des Teide auf Teneriffa gesehen hatte (Seite 150). Danach reiste er von einem Ort zum anderen, nach Marokko, Madagaskar, Borneo, auf die Philippinen, nach São Tomé und Príncipe, Nepal und auf die meisten Inseln Hawaiis. Heute lebt Paul in Spanien.

Mark Stratton ist Schriftsteller, Fotograf und Radioreporter mit Wohnsitz in der Wildnis des Dartmoor National Park. Mark bevorzugt Reisen, in denen er seine Komfortzone verlassen muss, und Abenteuerreisen zu Orten, die fast niemand kennt (Seite 212).

Hannah Summers ist Schriftstellerin und verdankt ihre Karriere zwei Leidenschaften: der Liebe zu Burgern und Bruce Springsteen. Wenn Hannah nicht gerade ihrem Idol Bruce hinterherreist, trifft man sie wahrscheinlich in einer Hinterhofbar oder beim Verzehr nicht genauer identifizierbaren Streetfoods – natürlich mit der Musik von »The Boss« auf den Ohren (Seite 222).

Jurriaan Teulings ist preisgekrönter Reiseautor und Fotograf und immer auf der Suche nach Entdeckungen und Ungewöhnlichem. Er bereiste bereits alle Kontinente der Welt und lernte viele Regionen und Lebenswelten kennen. Er berichtete über *ayahuasca*-konsumiorondo Gomoincohafton im Amazonoo, über iranische Untergrundpartys oder transkontinentale Luxuszüge und Privatinseln. Seine Heimat ist Amsterdam (Seite 34).

Marcel Theroux ist preisgekrönter Romanautor und Reporter und schreibt regelmäßig für *Lonely Planet Magazine*. Zu seinen Romanen zählen *Weit im Norden*, *Strange Bodies* und *The Secret Books* (Seite 218).

Nigel Tisdall ist preisgekrönter britischer Reiseautor und Fotograf, dessen Leben als Weltenbummler an einem regnerischen Montag im Jahr 1985 begann, als er am Londoner Bahnhof Liverpool Street einen Zug nach Hongkong nahm. Seitdem durchstreift er die ganze Welt und schreibt für namhafte Zeitungen und Zeitschriften wie *The Telegraph* und *Financial Times* (Seite 86).

Katalin Thomann ist viel gereist, arbeitete als Freiwillige in Tibet, Kambodscha, Sri Lanka und im Iran für Organisationen wie Amnesty International. Katalin hat schon viel ausprobiert, surfte auf den Malediven, fuhr Kajak in Alaska und Snowboard in Usbekistan. Sie fühlt sich überall wohl, ist aber auch gern zu Hause in Edinburgh (Seite 42).

Jonathan Thompson wurde kürzlich zum britischen »Reiseautor des Jahres« gekürt, schreibt regelmäßig für *The Daily Telegraph*, *The Sunday Times*, *The Guardian*, *Men's Health* und *Condé Nast Traveller*. Mit Wohnsitz in Dallas, Texas, kennt Jonathan alle 50 US-Bundesstaaten wie seine Westentasche und gilt als USA-Reiseexperte (Seite 46).

Emma Thomson ist preisgekrönte freie Reiseautorin, die einen Großteil ihrer Zeit auf der Suche nach guten Geschichten ist – je abenteuerlicher, desto besser. So hat sie vom wilden Zelten auf der Antarktischen Halbinsel erzählt, der längsseitigen Durchquerung der Skelettküste Namibias zu Fuß und der Reise auf der Seidenstraße (Seite 90).

Nicola Trup lebt in London und war stellvertretende Leiterin der Reiseredaktion von *The Independent* und *London Evening Standard*. Sie arbeitet als freie Reisejournalistin und Herausgeberin und liebt eindrucksvolle Landschaften, scharfes Essen und Amerika (Seite 122).

Hugo Turner ist ein britischer Abenteurer aus Devon. Seit seinem 17. Lebensjahr, als er sich bei einem Tauchunfall das Genick brach, stellt er sich zusammen mit seinem Zwillingsbruder Herausforderungen, die noch kein Mensch bewältigt hat – alles zur Förderung der Rückenmarkforschung. Mehr darüber auf theturnertwins.co.uk (Seite 200).

Ross Turner überquerte den Atlantik rudernd, bestieg den Elbrus und durchquerte die Eiskappen Grönlands – immer zusammen mit seinem Zwillingsbruder Hugo. Vor Kurzem haben sie als erste Abenteurer die Pole der Unzugänglichkeit in Australien und Südamerika erreicht. Mehr hierüber kann man auf theturnertwins.co.uk erfahren (Seite 216).

Mike Unwin hat schon viel von der Welt gesehen und veröffentlicht seine Erlebnisse in der Tierwelt regelmäßig in *The Telegraph*, *The Independent*, *BBC Wildlife* und anderen Medien. Der Afrika-Experte hat auch zahlreiche Bücher, zum Beispiel *Southern African Wildlife*, verfasst (Seite 208).

Tasmin Waby arbeitet als Reiseautorin und Herausgeberin. Tasmin stammt aus Melbourne in Australien. Ihr jüngstes Abenteuer: ein Leben auf einem Kanalboot auf dem Regent's Canal in London, der Stadt, in der sich Tasmin liebend gern und regelmäßig aufhält. Ihre Vorlieben: die Nacht und Schnee (Seite 72).

Tony Wheeler folgte 1972 dem Hippie Trail und schrieb anschließend den allerersten Reiseführer für *Lonely Planet*. Danach war er vom Reisefieber infiziert. Mittlerweile war er schon fast überall. Erst kürzlich durchquerte er Asien entlang der Seidenstraße – allerdings in entgegengesetzter Richtung (Seite 140).

Neil Wilson entfloh seinem Job in der Ölindustrie, vier Jahre, nachdem er als Geologe promoviert hatte. Seither reist er durch die Welt und klettert durch vier Kontinente. Neil hat mehr als 80 Reiseführer für verschiedene Verlage geschrieben (Seite 60).

Georgina Wilson-Powell arbeitete 15 Jahre lang als Herausgeberin und rund acht Jahre als Reiseautorin. Sie wohnte bereits in Dubai, in Frankreich, in Irland und in Australien, liebt die skandinavische Küche und Roadtrips in den USA. Georgina erkundet gerade das Land, das vor ihrer eigenen Haustüre liegt: Großbritannien (Seite 146).

Art Wolfe ist preisgekrönter Fotograf, der schon auf jedem Kontinent der Erde fotografiert hat. Seine Fotografien von Urvölkern, Landschaften und Wildtieren, in denen Farbe, Komposition und Perspektive stilisiert werden, sind wahre Meisterwerke der Fotokunst. Art publizierte bereits mehr als 100 Bücher, darunter auch sein Magnum Opus *Earth Is My Witness*. Außerdem produzierte er Fernsehsendungen. Mehr über Art Wolfe und sein Werk auf artwolfe.com (Seite 226).

Chris Zeiher beschreibt sich selbst als skandophil, als Eurovision-Süchtigen und als Möchtegern-Weinkenner. Chris hat fast die ganze Welt bereist und berichtete zum Beispiel von Boutiqueweinregionen auf Tasmanien, von köstlichem Streetfood auf den Straßen von Tokio, von den Flusspferden auf dem Chobe-Fluss in Botswana und von Lavafeldern auf Island (Seite 120).

IMPRESSUM

Titel der englischen Ausgabe
The Best Moment of Your Life
September 2018
Herausgegeben von Lonely Planet Global Limited
CRN 554153
www.lonelyplanet.com
© Lonely Planet 2018

Managing Director, Publishing Piers Pickard
Associate Publisher Robin Barton
Commissioning Editor & Editor Matt Phillips
Proofing Nick Mee
Art Direction Daniel Di Paolo
Layout & Image Research Tina García
Print Production Nigel Longuet
Dank an Neill Coen, Flora Macqueen, Tasmin Waby

Verlag der deutschen Ausgabe
MAIRDUMONT GmbH & Co. KG
Marco-Polo-Straße 1, 73760 Ostfildern
www.mairdumont.com, www.lonelyplanet.de

Projektbetreuung Jana Duran
Übersetzung Wolfgang Bick, Alexander Bick,
Gerrit ten Bloemendal, Daniela Papenberg
Redaktion und Produktion bookwise GmbH, München
Abbildungen Fotos © wie angegeben

1. Auflage 2019
ISBN 978-3-8297-2688-7
Printed in Singapore

MIX
Papier aus verantwortungsvollen Quellen
FSC® C021741

Das Papier in diesem Buch wurde nach den Forest Stewardship Council®-Richtlinien zertifiziert. FSC® fördert die umweltfreundliche, sozialverträgliche und wirtschaftlich tragfähige Bewirtschaftung des weltweiten Waldbestands.